Datenverarbeitung im Recht

Band 3 Heft 1/2, 1974

Bernt Bühnemann
Herbert Fiedler
Hermann Heussner
Adalbert Podlech
Spiros Simitis
Wilhelm Steinmüller
Sigmar Uhlig

J. Schweitzer Verlag Berlin

Datenverarbeitung im Recht

Archiv für die gesamte Wissenschaft der Rechtsinformatik, der Rechtskybernetik und der Datenverarbeitung in Recht und Verwaltung.

Zitierweise: DVR

Geschäftsführender Herausgeber:

Dr. Sigmar Uhlig, D-53 Bonn-Tannenbusch, An der Düne 13,
Telefon 0 22 21/66 13 78 (privat); 0 22 21/5 81 oder 58 48 27 (dienstlich)

Band 3 Heft 1/2, Juni 1974

Inhalt

Abhandlungen

Literatur

Die Autoren der Beiträge dieses Heftes

Spiros Simitis, Dr. jur., Professor an der Universität Frankfurt, Forschungsstelle für juristische Dokumentation, D-6000 Frankfurt/M., Senckenberganlage 31

Wilhelm Steinmüller, Dr. jur., Professor an der Universität Regensburg, D-8400 Regensburg 2, Postfach 397

Werner Robert Svoboda, Dr., Assistent am Institut für Staats- und Verwaltungsrecht an der Universität Wien, A-1030 Wien, Krummgasse 2

Leo Reisinger, Dr., Privatdozent, Institut für Statistik an der Universität Wien, A-1010 Wien, Universitätsstraße 7

Verantwortlich für den redaktionellen Teil: Dr. Sigmar Uhlig, Bonn. ***Verlag:*** **J. Schweitzer Verlag, 1 Berlin 30, Genthiner Straße 13, Telefon 0 30/2 61 13 41, Postscheckkonto: Berlin-West, Konto-Nr. 566 67-108; Berliner Bank A.G., Depka 32, Konto-Nr. 32 71036 400. Der Verlag ist eine KG; persönlich haftende Gesellschafter sind Dr. Kurt Georg Cram, Berlin, und Dr. Arthur L. Sellier, München; Kommanditisten sind Alfred Sellier und Marie-Louise Sellier, beide München.** ***Anzeigenannahme:*** **J. Schweitzer Verlag. Gültig ist Anzeigenpreisliste Nr. 1. Verantwortlich für den Anzeigenteil: Dietrich Foth. Anzeigenschluß 4 Wochen vor Erscheinen des Heftes.** ***Satz:*** **Behr, München.** ***Druck:*** **Gerber, München.** ***Erscheinungsweise:*** **Die Zeitschrift erscheint bandweise, ein Band besteht aus 4 Heften zu je ca. 96 Seiten. Jährlich soll ein Band erscheinen.** ***Bezugspreise:*** **Abonnementspreis pro Band DM 154,–. Vorzugspreis für Studenten und Referendare DM 116,–, Einzelheft DM 44,–, Doppelheft DM 88,–. Alle Preise verstehen sich inklusive Mehrwertsteuer, jedoch zuzüglich Zustellgebühr.** ***Bestellungen*** **nehmen entgegen: jede Buchhandlung und der Verlag. Bestellungen zum Vorzugspreis nur gegen Vorlage einer Ausbildungsbestätigung.** ***Abbestellungen*** **müssen 4 Wochen vor Vierteljahresschluß erfolgen.**

Spiros Simitis

Gesellschaftspolitische Implikationen juristischer Dokumentationssysteme*)

Übersicht

I. Entwicklung und Hintergrund

Lange Zeit sah sich jeder, der versuchte, klarzustellen, welche Vorteile die elektronische Datenverarbeitung der Rechtsordnung bietet, in eine deutlich defensive Position gedrängt[1]. Verständlich, denn die Forderung, sich mit den Folgen der Verwendung von Computern auseinanderzusetzen, rührt an einen besonders empfindlichen Punkt: Sie zwingt dazu, die Aufmerksamkeit auf einen zentralen Aspekt juristischer Arbeiten zu lenken, präziser ausgedrückt, sich mit den Bedingungen zu beschäftigen, unter denen Entscheidungen gefunden und formuliert werden. Wer jedoch Reflexionsprozesse auszulösen sucht, die genau in diese Richtung zielen, stößt sehr bald auf mehr oder weniger offenkundige Abwehr, und dies ohne Rücksicht darauf, ob der Ansatzpunkt, wie bei der Justizforschung, recht allgemein bleibt oder ob man umgekehrt, wie bei der elektronischen Datenverarbeitung, nur Details anspricht. Freilich aus Gründen, die unschwer zu erkennen sind. Überlegungen zum Arbeitsprozeß lassen sich nur anstellen, wenn man zugleich bereit ist, über die eigene Rolle nachzudenken. Betroffen ist also das Selbstverständnis des Juristen; nichts Geringeres als seine Identität steht auf dem Spiel.

Präziser und am Beispiel des Richters verdeutlicht[2]: Seine Position ist nicht nur durch die Aufgabe definiert, Entscheidungen zu fällen, sondern auch und vor allem durch die freie, einzig und allein durch die Bindung an das Gesetz beschränkte Entscheidungsfindung. Diese Bindung ändert aber nichts an der

---

* Zugleich ein Bericht, erstattet für den IX. Internationalen Kongress für Rechtsvergleichung (Teheran/Ramsar, 30. 8.–6. 9. 1974)

[1] Zur Entwicklung vgl. *Simitis*, Informationskrise des Rechts und Datenverarbeitung (1970) S. 43 ff., ZSR 1972 II S. 437 ff.

[2] Wohlgemerkt, die richterliche Tätigkeit steht hier nur deshalb im Mittelpunkt, weil sie der zentralste aber auch markanteste Fall juristischer Aktivität ist. Keineswegs wird jedoch mit der Wahl des Beispiels jene von *Noll*, Gesetzgebungslehre (1973) S. 12 ff., zu Recht gerügte Tendenz gebilligt, Rechts- nur als Rechtsprechungswissenschaft zu verstehen.

Souveränität seiner Position. Denn niemand anders als er besitzt die Interpretationsherrschaft über das für alle verbindliche Gesetz. Dessen Souveränität begründet daher auch die eigene. Gewiß, keine Rechtsordnung übersieht die Schwierigkeiten aber auch die Gefahren einer solchen Konzeption. Gesetze mögen zwar, um ihrer Geltung willen, auf eine einzige Interpretation hin formuliert sein, doch nicht die gewünschte Uniformität, sondern eine oft recht weitreichende Diversität der Auslegung bestimmt zumeist das Bild ihrer Anwendung. In Kenntnis dieser Situation stellt jede Rechtsordnung Regeln zur Lösung von Interpretationskonflikten auf. Nicht umsonst kennen selbst Rechte, die eine Präjudizienwirkung, wenigstens offiziell, mehr oder weniger kategorisch ablehnen, eine strikte Hierarchie der Rechtsprechung. Die sorgfältig statuierte Rangfolge der Autorität soll im Interesse der immer wieder betonten Einheit der Rechtsordnung die Gefahr von Widersprüchen bannen. Dennoch: an der Souveränität des Entscheidenden ändert sich nichts. Abweichende Stellungnahmen werden nur solange korrigiert, wie sie „unrichtig" sind, sich also nicht mehr innerhalb des Rahmens bewegen, den jene Autorität diktiert, an die sich jeder Richter halten muß, das Gesetz[3].

Die Aufmerksamkeit konzentriert sich unter diesen Umständen voll und ganz auf Regeln, die einerseits der Souveränität des Richters Rechnung tragen, ohne andererseits die Bindung an das Gesetz in Frage zu stellen. Entscheidungsfindung ist dann freilich gleichbedeutend mit dem Vollzug dieser Regeln. Reflexionen über die Arbeitsweise des Richters und den Gang der Entscheidung präsentieren sich daher immer nur als Überlegungen zur Technik der Rechtsanwendung, nicht aber zu den Techniken des Rechtsanwenders.

Die Plausibilität einer solchen Einstellung hängt allerdings von einer kaum jemals offen ausgesprochenen Voraussetzung ab – vielleicht weil sie manchem zu trivial erscheint: der genauen Kenntnis des Gesetzes ebenso wie aller anderen verbindlichen Normen[4]. Autorität des Juristen und exakte Information über das jeweils geltende Recht sind untrennbar miteinander verbunden. Nur dann läßt sich dem Betroffenen gegenüber glaubwürdig behaupten, nichts anderes als eben die von der Rechtsordnung vorgeschriebenen Maßstäbe

---

[3] In der Forderung nach verbindlicher, weil authentischer Interpretation findet die Autorität des Gesetzes ihren schärfsten Ausdruck. Die Konsequenzen mögen variieren. Doch gleichviel, ob man sich an geschichtlich überholte Beispiele, wie das referé législatif und gezielte Interpretationsverbote hält oder an gegenwärtig praktizierte Versuche, die Auslegung mit Hilfe ebenso dezidierter wie detallierter Richtlinien in bestimmte Bahnen zu lenken, überall macht sich der Wunsch bemerkbar, divergierende Interpretation möglichst zu vermeiden. Keine Gesellschaft, die Recht zu ihren Steuerungsinstrumenten zählt, kann es sich leisten, die regulierende Qualität der Normen durch Zweifel über ihre Interpretation aufs Spiel zu setzen. Vgl. dazu auch *Noll*, Gesetzgebungslehre S. 21 f.

[4] Nur unter dieser Bedingung ist auch die weitere Überlegung richtig, *Studnicki*, Archivum Iuridicum Cracoviense 1 (1968) S. 25 f., "All enacting of legal norms is based on the assumption, that the information about their content, if properly transmitted, will increase the probability that the norm-subjects, when facing a choice from among a set of alternatives of conduct, will choose the alternatives prefered by the normgiver."

hätten den Ausschlag gegeben, Entscheidungsfreiheit und Gesetzesbindung korrelierten also wirklich miteinander. Und genauso selbstverständlich ist es, daß Gesetze die ihnen zugedachte Entlastungsfunktion nur solange erfüllen können, wie sie auch zur Kenntnis genommen werden[5].

Doch die Annahme, rechtliche Entscheidungen würden stets in vollem Bewußtsein der vorhandenen Normen gefällt, hat mit der Realität wenig gemein. Die Geschichte des Informationsprozesses innerhalb der Rechtsordnung ist nicht die seiner ständigen Perfektionierung, sondern die seiner Pathologie und seines fortschreitenden Zerfalls[6]. Nichts ist für diesen pathologischen Zustand bezeichnender als die sich zunehmend verschärfende Informationskrise, mithin die längst schon offenkundige Unfähigkeit, die immer größer werdende Zahl an Normen der verschiedensten Provenienz auch nur annähernd zu überblicken[7].

Für manchen ist freilich jeder Hinweis auf eine Informationskrise überaus suspekt[8]. Zwar könne niemand vernünftigerweise den hohen Zuwachs an Nor-

---

[5] Die Autorität des Gesetzes erlaubt es in der Tat, den Richter von der Verantwortung für die Folgen seiner Anwendung freizuhalten. Kritik und Vorwürfe treffen nicht das Gericht, sondern den Gesetzgeber. Er hat die Widerspruch provozierende Regel formuliert, ihm bleibt es auch überlassen, sich für eine andere Lösung zu entscheiden. Insofern garantiert die Bindung an das Gesetz „Entlastung von der Folgenverantwortung" im Sinne *Gehlens*, vgl. dazu auch *Luhmann*, Zweckbegriff und Systemrationalität (1968) S. 3 f., Jahrbuch für Rechtstheorie und Rechtssoziologie II (1972), S. 266; *Esser*, Vorverständnis und Methodenwahl (1968) S. 3 f.; *Noll*, Gesetzgebungslehre S. 19. Doch dürfen solche für das Modell klassischer Kodifikationstechnik durchaus zutreffende Überlegungen nicht einfach auf die Gegenwart projiziert werden. Die Positivierung des Rechts hat ihren geschichtlichen Standort, der auch die Relativität aller Hinweise auf die Entlastungsfunktion des Gesetzes bedingt. Für die Tätigkeit eines Gerichts, das wie beispielsweise das Bundesarbeitsgericht, weil es gar nicht anders kann, offen erklärt, den Gesetzgeber zu substituieren, sind Überlegungen zur Entlastungsfunktion fehl am Platz. Sie dienen allenfalls dazu, den Stellenwert der Rechtsprechung zu vertuschen. Nicht anders ist es dort, wo sich die Entscheidung als scheinbar zwingende Ableitung aus einer in ihrer Allgemeinheit kaum noch zu übertreffenden Norm präsentiert. Der Umgang mit dem Grundgesetz, gleichviel ob man ihn zum Verfassungspositivismus hochstilisiert oder nicht, ist ein Musterbeispiel dafür. Man braucht nur an die Rechtsprechung zum allgemeinen Persönlichkeitsrecht zu denken. Darum verdient die Entlastungsfunktion des Gesetzes die Aufmerksamkeit, die man meint, ihr schenken zu müssen, gegenwärtig nicht. Weitaus wichtiger ist es, sich mit der Unfähigkeit zur Kodifikation, ihren Ursachen und Konsequenzen zu beschäftigen. Dann wird es wahrscheinlich auch möglich sein, überzeugende Antworten auf die Frage nach dem Stellenwert der Entlastungsfunktion zu geben, statt sich mit Modellhypothesen zu begnügen.

[6] *Simitis*, ZSR 1972 II S. 440 ff.

[7] Insofern kann man durchaus mit *Luhmann*, Rechtssoziologie II (1972) S. 268 sagen, daß „der Durchsetzungserfolg von Gesetzgebung praktisch ein Informationsproblem geworden ist". *Luhmann* versteht freilich unter Information die Aufnahme von Sinngehalten, ins Bewußtsein, die dann dort eine „Überraschung und Strukturveränderung auslösen". Doch die entscheidende Voraussetzung für einen solchen Vorgang ist die Möglichkeit, die vorhandenen Daten überhaupt wahrzunehmen. Die Wirkung der Information erscheint infolgedessen schon deshalb als problematisch, weil die Krise den Zugang zu den Angaben versperrt, ohne die Information einfach nicht ausgelöst werden kann. Das Informationsproblem läßt sich daher nur richtig umschreiben, wenn auch diese elementare und für jede weitere Überlegung ausschlaggebende Schwierigkeit einbezogen wird.

[8] *Horn*, Frankfurter Allgemeine Zeitung vom 22. 5. 1973; *Hagen*, ZRP 1972, S. 157.

men leugnen, doch sei dies weder neu noch überraschend. Klagen darüber habe es schon immer gegeben, was man in der Tat ohne jede Schwierigkeit mit Zitaten respektablen Alters – von *Alberti* bis *Menger*[9] – belegen kann. Überdies stünden genügend Dokumentationssysteme zur Verfügung, die es ohne weiteres erlaubten, die mit der Wissensvermehrung verbundenen Probleme zufriedenstellend zu lösen, ohne einer „Technologisierung" des Rechts zu verfallen[10]. Kurzum, die „Informationskrise" ist für jeden, der so argumentiert, in Wirklichkeit nur eine geschickt propagierte Erfindung der Gesellschaft der Computerfreunde. Niemand sonst als eben die engagierten Verfechter der elektronischen Datenverarbeitung hat, so scheint es, ein Interesse daran, ein altbekanntes Phänomen in eine einmalige Erscheinungn umzufunktionieren, um dann die Rechner als Retter in der Not feiern zu können.

Über die Seriosität solcher Behauptungen wäre kein Wort zu verlieren, fänden sie erstaunlicherweise nicht immer wieder Anhänger, und, was vielleicht noch mehr ins Gewicht fällt, dokumentierten sie nicht eine ganz bestimmte Sicht der Rechtsordnung. In der Tat, solange die Rechtsordnung nur aus der Perspektive einiger ihrer Teile betrachtet wird, lassen sich auch bei bestem Willen nicht einmal die geringsten Krisenzeichen entdecken. Wer etwa die Grenzen des BGB sowie des HGB kaum überschreitet, und sich im übrigen allenfalls mit den klassischen Gebieten des Strafrechts beschäftigt sowie das Verwaltungsrecht sorgfältig meidet, dürfte auf jede Andeutung, die Rechtsordnung sei unübersichtlich geworden, äußerst befremdet reagieren. An Prokura und Leibrente hat sich seit der Jahrhundertwende wenig geändert, die vergleichsweise spärliche und überaus kontinuierliche Rechtsprechung läßt sich ohne jede Mühe nachzeichnen. Selbst dort, wo, wie im Familienrecht, Reformen das traditionelle Normengefüge beträchtlich modifiziert haben, finden sich weite Gebiete, in denen nach wie vor Entscheidungen respektablen Alters den Ton angeben. Man braucht nur an das Güterrecht zu denken. Aber auch die reformbedingte inflationäre Zunahme von Literatur und Rechtsprechung reicht noch lange nicht aus, um von einer Krise zu sprechen.

Nur: Wer die Rechtsordnung wirklich mehr oder weniger ausschließlich aus diesem Blickwinkel sieht, mag durchaus in der Lage sein, Wichtiges zur Qualifikation des Lotterievertrages beizutragen, weiß aber, gelinde gesagt, reichlich wenig über ihre gegenwärtigen Schwerpunkte. Funktion, Bedeutung und Möglichkeiten des geltenden Rechts manifestieren sich nicht im Streit um die dogmatische Einordnung der anfänglichen Unmöglichkeit, sondern in den Varianten staatlicher Leistungsverwaltung ebenso wie in der Bewertung der am Arbeitsplatz entstehenden Konflikte. Verwaltungs-, Wirtschafts-, Arbeits- und Sozialrecht sind die Gradmesser seiner Entwicklung und seiner Fähigkeit, soziale Probleme erfassen und regeln zu können.

An diesen Rechtsgebieten offenbart sich zugleich die Desorganisation des

---

[9] Vgl. dazu insbesondere *Noll*, Gesetzgebungslehre S. 167 ff.

[10] *Hagen*, ZRP 1972, S. 157.

Informationsprozesses[11]. Je nachhaltiger die staatliche Intervention in den gesellschaftlichen Entwicklungsprozeß, je weitreichender die Ziele der administrativen Steuerungsversuche, desto größer die Produktion an Normen[12]. Arbeits- und Sozialrecht sind nur ein Beispiel dafür, wenngleich ein sehr bezeichnendes. Hier die mit der quantitativen Zunahme an Regeln verbundene Unübersichtlichkeit zu leugnen, heißt vom Zustand dieser Gebiete nichts verstehen[13]. Und wem das nicht genügt, der braucht sich nur die regulierende Tätigkeit der Europäischen Gemeinschaft anzusehen. Fast 18.000 Verordnungen seit 1962. Waren es ursprünglich nicht einmal 200 pro Jahr, so sind es jetzt nahezu dreitausend[14]. Wer will aber unter diesen Umständen noch ernsthaft behaupten, sich unschwer zurechtzufinden und ohne weiteres angeben zu können, was denn nun geltendes Recht ist. Fast möchte man meinen, Ausdrücke wie „Informationskrise" würden den Zustand, in dem sich die Rechtsordnung befindet, eher verharmlosen als zutreffend umschreiben.

Ein gestörter Informationsprozeß stellt letztlich die Existenz der Rechtsordnung in Frage[15]. Die Zahl der widersprüchlichen Entscheidungen nimmt ebenso zu wie die der Normen, die wirkungslos bleiben, weil sie schlicht nicht mehr zur Kenntnis genommen werden. Weitaus realitätsgerechter als der Grundsatz, niemand könne sich darauf berufen, das Recht nicht zu kennen, wäre das Prinzip,

---

[11] *Simitis*, Informationskrise S. 28 ff.; *Noll*, Gesetzgebungslehre S. 164 ff. Bezeichnend dafür sind auch die Ergebnisse der im Rahmen des Projekts für ein Juristisches Informationssystem veranstalteten Umfrage, Informationsverhalten und Informationsbedarf von Juristen. Teil A: Analyse-Band (1974) S. 3 ff., 15 ff. Es ist kein Zufall, wenn gerade Verwaltungs-, Steuer- und Versicherungsrechtler den Informationswert von Verordnungen höher einstufen als die übrigen Juristen. Und ebensowenig überrascht es, wenn Verwaltungsjuristen Gesetz- und Verordnungsblätter als ihre wichtigste Informationsquelle angeben. Beides dokumentiert, wie sich Recht gegenwärtig in diesen Bereichen präsentiert. Seine wichtigste Erscheinungsform, die Verordnung, ist zugleich auch ein untrügliches Merkmal für die permanente Zunahme an Regeln. Wer sich tagtäglich mit einer steigenden Zahl immer komplizierterer und sich zugleich ständig verändernder Normen konfrontiert sieht, hat in Wirklichkeit keine Wahl bei der Festsetzung der Prioritäten für seine Informationsquellen. Das Gesetz- und Verordnungsblatt rangiert zwangsläufig an erster Stelle.

[12] *Denninger*, Staatsrecht I (1973) S. 133 spricht zu Recht in diesem Zusammenhang von einer hohen „Mutationsfrequenz" bei der Normsetzung.

[13] Sicherlich, die Normenproduktion liegt in diesen Bereichen hinter der Quote für Wirtschaftsrecht und Finanzwesen, vgl. die Untersuchung von *Hasskarl*, DÖV 1968, S. 558 ff. Doch gilt es in diesem Zusammenhang zweierlei nicht zu übersehen. Schon die einfache Addition der von *Hasskarl* angegebenen Anteile ergibt, daß die Tätigkeit des Gesetzgebers eindeutig durch Regelungen beherrscht wird, die allesamt den bereits erwähnten, besonders krisenempfindlichen Bereichen angehören. Überdies läßt sich ein genaues Bild des Arbeitsrechts erst gewinnen, wenn man die Tarifverträge einbezieht, vgl. auch *Simitis*, Informationskrise S. 28 f.

[14] Wahrscheinlich gibt es kein besseres Beispiel für die „Trivialisierung" des Rechts, als eben diese Verordnungen und die vergleichbaren Regelungen im nationalen Bereich *Luhmann*, Rechtssozologie II 255. Solemnität und Heiligkeit des Rechts nützen sich unweigerlich an der minutiösen Regelung von Eier- und Getreideproduktion ab.

[15] *Denninger*, Staatsrecht I S. 132, spricht von einer „Krise der Legitimität und Normativität des Rechts"; *Simitis*, ZSR 1972 III S. 443 f., Informationskrise S. 28 ff., 48 ff.

daß die Unkenntnis des Rechts niemandem schade[16]. Die Informationskrise desintegriert mithin mehr und mehr die Rechtsordnung. Die Gesellschaft riskiert zugleich, sich zunehmend als anom im ureigensten Sinn des Wortes zu erweisen.

Solche Überlegungen sind freilich zunächst immer das Ergebnis der Beobachtung einer bestimmten Rechtsordnung. Was „Krise" genau bedeutet, läßt sich nicht abstrakt angeben, vielmehr nur anhand der spezifischen Situation eines konkreten Normenbereiches. Darum überrascht der Versuch nicht, die Informationskrise als partikuläres Phänomen einzelner Staaten auszugeben. Die steigende Normenproduktion stünde, so heißt es, in unmittelbarem Zusammenhang mit der im Spätkapitalismus feststellbaren Tendenz zur Verrechtlichung gesellschaftlicher Verhältnisse[17]. Das zum Flickwerk gewordene bürgerliche Rechtssystem reagiere dann mit einer technokratischen auf Datenbänke gestützten Organisation. Sowohl die Störung des Informationsprozesses als auch die Verwendung elektronischer Anlagen präsentieren sich mithin als Begleiterscheinung eines bestimmten gesellschaftlichen Systems.

Richtig ist daran soviel: Ziel und Formen der Normenproduktion sind immer systemspezifisch. Die konkreten gesellschaftlichen Aufgaben, vor die sich das jeweilige System gestellt sieht, bestimmen ebenso wie dessen strukturelle Besonderheiten den Gang der Entstehung rechtlich verbindlicher Regeln, ihre Inhalte und die Prioritäten, nach denen sich die für die Formulierung von Normen zuständigen Instanzen zu richten haben.

Systemunspezifisch ist aber schon die Notwendigkeit, permanent neue Vorschriften zu entwickeln. Jede Rechtsordnung zeichnet sich zwar durch eine mehr oder minder offenkundige Tendenz zu einer Verspätung gegenüber der gesellschaftlichen Wirklichkeit aus. Rechtliche Entscheidungen orientieren sich an den in den einzelnen Normen reflektierten Strukturen selbst dann noch, wenn diese in der sozialen Realität längst schon problematisch geworden sind. Man braucht nur an die Gegenüberstellung von Verschuldens- und Gefährdungshaftung zu denken und an die Komplikationen, die eine für selbstverständlich gehaltene restriktive Interpretation einer nicht vom Verschulden abhängigen Verantwortung bei der Auseinandersetzung mit den für die technologische Entwicklung typischen Schadenskonstellationen verursacht.

Doch die Verspätung der rechtlichen Regelung ist keineswegs ungewollt und zufällig, sondern ein gezielt genutztes Steuerungselement gesellschaftlicher Ordnung. Der mit dem Normenvollzug angestrebte retardierende Effekt erfüllt konservierende und stabilisierende Funktionen. Die Reaktion auf veränderte gesellschaftliche Konstellationen stellt sich deshalb zunächst einmal als Domestizierung eben dieser Konstellationen durch eine sich ständig verfeinernde Absorption dar. Um beim Beispiel des Haftungsrechts zu bleiben: Die von der Rechtsprechung formulierten und fortschreitend verschärften Verkehrssiche-

---

[16] Verständlich, wenn deshalb *Luhmann*, Rechtssoziologie II S. 254, meint, „Unwissen in Rechtsfragen wird nicht nur unvermeidlich, sondern auch ratsam, ein Tatbestand, von dem das Recht selbst keine Notiz nimmt".

[17] *Negt*, KJ 1973, S. 1 f.

rungspflichten demonstrieren ebenso wie die verschiedenen Erscheinungsformen des Organisationsverschuldens Umfang und Schwierigkeiten dieses Absorptionsprozesses[18]. Existente rechtliche Regelungen können ihrer konservierenden und stabilisierenden Funktion dann allerdings nicht mehr nachkommen, wenn die Verspätung gegenüber der gesellschaftlichen Entwicklung ein Maß übersteigt, das sie ihrerseits zum Konfliktfaktor werden läßt. Die Disparität zwischen sozialer Realität und rechtlichem System wirkt sich dann nur noch destabilisierend aus. Will die Rechtsordnung in ihrer gesellschaftlichen Rolle nicht versagen, so muß sie ihre Lern- und Adaptionsfähigkeit durch ein verändertes Instrumentarium unter Beweis stellen[19].

Genau diese Notwendigkeit einer gleichsam innovativen Reaktion ist freilich zugleich der Angelpunkt der Informationskrise. Einen sparsamen Umgang mit Normen, ja eine gezielte Restriktion staatlicher Gesetzgebungsmaschinerie kann sich nur eine Gesellschaft leisten, die auf hoheitliche Regelung weitgehend verzichtet, weil sie meint, sich auf vernünftige Abmachungen der einzelnen untereinander verlassen zu können. Anders formuliert, Privatautonomie und Zurückhaltung des Gesetzgebers bedingen sich gegenseitig[20]. Für eine politische Verfassung, die in der Vertragsfreiheit das primäre Regulativ gesellschaftlicher Ordnung sieht, sind die Zuständigkeiten des Staates notwendigerweise begrenzt, damit aber auch seine Möglichkeiten, neue und zusätzliche Regeln zu schaffen.

Die Produktion an Normen nimmt daher erst in dem Augenblick merklich zu, in dem sich die Zweifel an der Wirksamkeit privatautonomer Regulierung nicht mehr unterdrücken lassen. In der steigenden Normenzahl drückt sich die veränderte Stellung des Staatsapparates aus. Eine immer deutlicher interventionistische Administration verstärkt den Normenbedarf. Die Komplexität ihrer Aufgaben, Spiegelbild wachsender gesellschaftlicher Komplexität, modifiziert Formen und Ausmaß rechtlicher Regelung[21].

---

[18] Vgl. dazu insbesondere *v. Caemmerer*, in Festschrift für den Deutschen Juristentag II (1960) S. 71 ff.; *Esser*, Schuldrecht II (4. Aufl. 1971) § 108, JZ 1953, S. 129; *Deutsch*, Fahrlässigkeit und erforderliche Sorgfalt (1963) S. 163.

[19] *Luhmann*, Jahrbuch II (1972) S. 268, spricht von Pressionen, denen die Rechtsordnung ausgeliefert ist. Aus der Tatsache freilich, daß sie Entscheidungen nicht verweigern kann, folgt noch nichts über den Weg, den sie dabei befolgen muß. Genauer: Pressionen lösen keineswegs immer Innovationen aus. Im Gegenteil, den Vorrang beansprucht zunächst der Versuch, an den vorhandenen Regeln möglichst nichts zu ändern, alle denkbaren Spielarten einer Absorption also auszuschöpfen.

[20] Was *Mayer-Maly*, Rechtskenntnis und Gesetzesflut (1969) S. 81 f., 85 zu Recht hervorhebt. Doch wäre es verfehlt, in der Privatautonomie deshalb auch den erfolgversprechendsten Ausweg aus der Informationskrise zu sehen. Vorrang der Vertragsfreiheit und Abstinenz des Gesetzgebers sind historisch bedingte Erscheinungen, und ebenso geschichtlich bedingt ist die Hinwendung zu einem Normen produzierenden interventionistischen Staatsapparat. Historische Prozesse lassen sich aber genausowenig beliebig umkehren, wie man veränderte gesellschaftliche Strukturen ignorieren kann.

[21] Freilich besteht keine schlichte proportionale Relation zwischen der zunehmenden gesellschaftlichen Komplexität und der Komplexität rechtlicher Regelung. In welcher Weise sich die Struktur der Rechtsnormen verändert, hängt von den spezifischen Auf-

Deshalb ist eine Erscheinung wie die Informationskrise alles andere als systemspezifisch. Entscheidend sind einzig und allein Stellung und Funktion der Administration sowie die Instrumente, deren sie sich zur Erfüllung ihrer Aufgaben bedient. Solange dazu rechtliche Regeln zählen, löst eine planende, lenkende und verteilende Verwaltung unweigerlich eine Normenflut aus. Daran kann kein gesellschaftliches System vorbei, mögen im übrigen die ordnungspolitischen Grundsätze und die konkreten Zielsetzungen noch so sehr variieren. In nichts unterscheidet sich deshalb auch die Reaktion: Die Vorteile der technologischen Entwicklung sollen der Rechtsordnung ebenfalls zugutekommen, ihr dazu verhelfen, die sich zuspitzende Informationskrise zu überwinden[22]. Die Rechtsordnung kann sich nicht damit begnügen, ihr Instrumentarium permanent zu überprüfen und anzureichern. Sie muß auch für eine störungsfreie Information über Existenz und Tragweite eben dieser ihrer Regeln sorgen. Noch so wohlüberlegte Normen nützen nichts, wenn sie unbekannt und damit unanwendbar bleiben[23]. Nur ein reibungsloser Informationsprozeß garantiert die Funktionsfähigkeit der Rechtsordnung.

Um jedem Mißverständnis vorzubeugen: einwandfreie Information sichert den Normen noch keineswegs die erhoffte Wirkung zu. Wer die Informationsprobleme löst, hat die Kommunikationsfragen noch lange nicht beantwortet. Über Schwierigkeiten und Grenzen der Kommunikation läßt sich aber solange nicht reden, wie die jeweils in Betracht kommenden Normen nicht wenigstens denjenigen bekannt sind, die für ihre Anwendung zu sorgen haben. Darum noch

---

gaben ab, die Recht in einer konkreten gesellschaftlichen Situation wahrzunehmen hat. Vgl. dazu auch *Luhmann*, in Jahrbuch II (1972) S. 273 f.; *Denninger*, Staatsrecht I S. 130, 134. Trotzdem bleibt es dabei: modifizierte gesellschaftliche Struktur und quantitative Zunahme an Normen bedingen einander. Darum lassen sich keine Parallelen zu Situationen ziehen, die unter ganz anderen historisch-gesellschaftlichen Vorzeichen stehen. Das gilt besonders für den Hinweis von *Negt*, KJ 1973, S. 2, auf die Zeit vor der französischen Revolution. Vergleiche zwischen der partikularrechtlichen Zersplitterung und der gegenwärtigen Informationskrise sind deplaciert, weil ahistorisch. Zudem, wer meint, beides auf eine Ebene stellen zu können, muß sich mit Stellenwert und Möglichkeiten von Kodifikationen auseinandersetzen. Partikularrechtlich gefährdete Kalkulierbarkeit läßt sich durchaus über ein einheitliches und umfassendes Gesetzbuch sicherstellen, eine die radikal veränderten gesellschaftlich-ökonomischen Bedingungen widerspiegelnde Informationskrise aber nicht durch eine wie auch immer strukturierte Gesamtkodifikation beheben. Der Realitätsgehalt solcher Überlegungen wäre nicht größer als der jener Forderungen, die von einer Rückkehr zur Privatautonomie auch die Beseitigung der Krise erwarten.

[22] Wer daran zweifelt, braucht nur Argumentation und Projekte in der Sowjetunion und den Vereinigten Staaten miteinander zu vergleichen. Vgl. dazu *Simitis*, Informationskrise, S. 60 ff., mit weiteren Angaben. Verständlich, wenn deshalb auch die Bemühungen, nationale Erfahrungen auszutauschen und unter Umständen zu einer internationalen Kooperation zu gelangen, an Intensität zunehmen, vgl. etwa im Rahmen des Europarats den Vorschlag des Comité de coopération juridique, Doc. 31.068.05.2 sowie die Entscheidung des Ministerrats (73) S. 23.

[23] Die Informationskrise beeinträchtigt insofern unmittelbar die Tätigkeit des Gesetzgebers, vgl. auch *Noll*, Gesetzgebungslehre S. 29 ff. Niemand sonst hat ein auch nur vergleichbares Interesse, sie zu beheben. Die Produktion von Normen verliert jeglichen Sinn, wenn es an der Information über sie fehlt.

einmal: Keine Rechtsordnung kann es sich leisten, einen pathologischen Informationsprozeß auf Dauer in Kauf zu nehmen, ohne sich letztlich selbst zu zerstören.

II. Dokumentationssysteme als Krisenabwehrinstrumente

1. Der enge Zusammenhang zwischen Informationskrise und elektronischer Datenverarbeitung verdeutlicht, warum sich die Forderung nach elektronisch gesteuerten Dokumentationssystemen schließlich gegen den gewiß nicht geringen Widerstand durchsetzte. Die elektronische Datenverarbeitung wird, wenn nicht akzeptiert, so doch toleriert, weil man in ihr das vielleicht einzige Mittel zur Beseitigung dieser Krise sieht. Sie bezieht in den Augen der Juristen ihre Legitimation aus ihrer Funktion als Krisenabwehrinstrument[24].

Nicht von ungefähr sind in der Bundesrepublik jene Versuche am weitesten fortgeschritten, in deren Mittelpunkt Sozial- und Steuerrecht stehen. Und ebensowenig verwundert es, wenn auch alle anderen mehr oder weniger weit gediehenen Pläne für die Verwendung der elektronischen Datenverarbeitung von Anfang an nur das eine Ziel hatten, der konstatierten Krise durch eine bessere Dokumentation abzuhelfen. Schon *Horty's* Experimente sind symptomatisch dafür. Was sich in den Vereinigten Staaten anbahnte, bestätigte sich später auf dem europäischen Kontinent, gleichviel ob es um Credoc, Unidata, Cridon, Iretij oder die Dokumentationsbemühungen am italienischen Kassationshof ging[25]. Die Datenbank soll Normen, Entscheidungen und Literatur bereitstellen, mithin Dokumente, die bisher ebenfalls in just dieser Form benutzt wurden und was vielleicht noch wichtiger ist, in einem Arbeitskontext, der sich vom gegenwärtigen in nichts unterscheidet.

2. Details und Symptome dieser Entwicklung lassen sich an der Geschichte der Sozialrechtsdatenbank nachzeichnen[26]. Sie ist zunächst, und zwar wahrscheinlich mehr als jeder andere vergleichbare Versuch, bezeichnend für den Wunsch, die elektronisch gesteuerte Dokumentation als Perfektionierung der bereits vorhandenen Materialsammlung zu nutzen. Die Einsicht in die Grenzen traditioneller Dokumentation legitimierte die Suche nach neuen Methoden, nicht aber den Verzicht auf das mit Hilfe der bislang zur Verfügung stehenden Mittel erarbeitete Material. So wurde die seit 1954 betriebene, über 450 000 Karteikarten zu den verschiedenen für das Sozialrecht relevanten Bereichen umfassende Rechtskartei zur Grundlage der Datenbank.

---

[24] Insofern spricht *Fiedler*, ÖVD 1973, 443, nicht zu Unrecht von einem „klassischen Ansatz".

[25] Zu den verschiedenen Dokumentationssystemen vgl. die Materialien zur Rechtsinformatik I (1971), II (1972), III (1974).

[26] Zur Entstehung und Konzeption der Sozialrechtsdatenbank vgl. insbesondere *Heußner*, BArbBl. 1971, S. 175 ff.; *Heußner/Richter*, DSWR 1971, S. 14 ff.; *Küppers*, BArbBl. 1972, S. 603 ff.; *Brackmann/Heußner/Schroeder-Printzen/Richter/Geinitz/Hebebrand*, Grundkonzeption für die Errichtung einer sozialrechtlichen Datenbank beim Bundessozialgericht (1972); *Brackmann/Heußner/Schröder/Straub/Richter* u. a., in Materialien zur Rechtsinformatik III (1974). Dort findet sich auch eine eingehende Beschreibung des Testprojekts Kindergeldrecht, in dessen Rahmen manuelle und maschinelle Texterschließung sowie die Gewichtung von Zielinformationen erprobt werden.

Der Vorteil liegt auf der Hand. Das Dokumentationssystem kann sofort auf eine recht ansehnliche Zahl fertig präparierter Angaben zurückgreifen, um sich dann um so intensiver auf den Ausbau und die Verbesserung der Bestände zu konzentrieren. Kurzum, die Kombination mit der traditionellen Dokumentation verkürzt die Anlaufzeit der Datenbank und erhöht ihre Praktikabilitätschancen. Die Entwicklung vollzieht sich nicht auf einem weitgehend spekulativen Hintergrund, sondern in der Auseinandersetzung mit dem in der praktischen Arbeit des Gerichts bereits erprobten dokumentarischen Fundus.

Gewiß, die Ambitionen sind ungleich größer. Mußte sich die Dokumentation bislang, schon mit Rücksicht auf die beschränkten Möglichkeiten traditioneller Verfahren, mit einem wenn auch beträchtlichen Teil der relevanten Dokumente begnügen, so besteht nunmehr kein Zweifel an der vollständigen Bearbeitung des gesamten Sozialrechts. Von der Sozialversicherung über die Kriegsopfer- und Soldatenversorgung, die Kindergeldgesetzgebung, das sozialgerichtliche Verfahren, die Arbeitslosenversicherung bis hin zum einschlägigen ausländischen und internationalen Recht gibt es kein Gebiet, das nicht von vornherein mit einbezogen wird. Und auch die Verknüpfungen mit anderen Teilen der Rechtsordnung, wie etwa dem Arbeits-, dem Verwaltungsrecht und dem bürgerlichen Recht, bleiben keineswegs außer Betracht. Schließlich spielt die Herkunft des Materials keine Rolle, solange es jedenfalls für das Sozialrecht von Bedeutung ist. Die Datenbank soll deshalb Gesetze, Verwaltungsregelungen, Parlamentsmaterialien, aber auch Rechtsprechung und Literatur aufnehmen.

Geändert hat sich freilich letztlich nur die Dimension. Die Dokumente bleiben gleich, lediglich ihre Zahl nimmt zu. Dank der elektronischen Datenverarbeitung werden die quantitativen Grenzen der bisherigen Sammlung durchbrochen, inhaltlich decken sich dagegen beide Dokumentationen. Die formale Abgrenzung der Dokumenttypen nach Parlamentsmaterialien, Normen, Verwaltungsregelungen, Rechtsprechung und Literatur unterstreicht nur dieses Feststellung. Die Klassifikationsschemata ändern daran ebenfalls nichts. Sie sollen es lediglich dem Benutzer erleichtern, eine gebündelte Information zu bekommen, also etwa im Zusammenhang mit einer bestimmten Norm auch Einblick in Reformvorschläge und Literatur zu gewinnen. Man bewegt sich also durchaus im Rahmen der herkömmlichen Ansatzpunkte, doch der Ausnutzungsgrad der vorhandenen Dokumente erhöht sich um ein Vielfaches. Der zuverlässigere und schnellere Zugriff sichert ebenso wie die ständig verfeinerten Verknüpfungsmöglichkeiten einen weitaus exakteren Überblick.

Auch die Verfahren bei der Erschließung von Dokumenten lassen sich letztlich nur richtig verstehen, wenn man die bisher verwendeten Methoden berücksichtigt. Die elektronische Dokumentation reproduziert, wenngleich in modifizierter Form, die ursprüngliche Kartei. Genauso wie diese nur Komprimate enthielt, speichert die Datenbank, sieht man einmal vom Sonderfall der Normen ab, nur bearbeitetes Material. Sicherlich, die Modifikationen des ursprünglichen Dokuments zielen oft darauf ab, den Informationswert zu erhöhen. So etwa, wenn über den Leitsatz hinaus Stichworte aufgenommen werden, die zwar hauptsächlich aus im Text vorkommenden Sachwörtern bestehen, aber dazu dienen, nicht hinreichend gekennzeichnete Probleme besser hervorzuheben. Im übrigen beschränkt man sich auf eine Reihe standardisierter Angaben. Dazu zählen bei Entscheidungen Gericht, Verkündungstag und Aktenzeichen ebenso wie die Leitsätze in unveränderter Form. Bei der Literatur hingegen reduziert sich die Information weitgehend auf die Angabe des jeweiligen Verfassers oder Herausgebers. Die Indexierung erfolgt manuell. Bei der Wahl der einzelnen Sachwort-Suchbegriffe ist der Bearbeiter nicht an einen feststehenden Thesaurus gebunden. Nur solche Deskriptoren, die den Dokumenttyp und die bibliographischen Quellendaten betreffen, sind von vornherein fixiert.

Suchfragen werden unverschlüsselt in natürlicher Sprache gestellt. Der Benutzer kann am Bildschirm die Liste der vorhandenen Deskriptoren ablesen. Er erfährt zugleich die Zahl der Zielinformationen, in denen jeder Deskriptor enthalten ist. Seine Wünsche kann er dann durch Angaben über das entscheidende Gericht, den für ihn wichtigen Zeitabschnitt oder die aus seiner Perspektive relevanten gesetzlichen Bestimmungen präzisieren und so die vorhandene Information seinen Zwecken entsprechend reduzieren. Der Zugriff soll später über Datensichtstationen erfolgen und jedem Interessierten offenstehen. Wer jedoch über ein eigenes Terminal nicht verfügt, bleibt deshalb von den Vorteilen der Datenbank nicht ausgeschlossen. Nur der Weg ändert sich, er muß sich an das mit der Datenbank verbundene Dokumentationszentrum wenden.

Für die weitere Entwicklung der automatisierten Sozialrechtsdokumentation dürfte allerdings ihre mittlerweile vollzogene Eingliederung in das geplante umfassende Juristische Informationssystem von entscheidender Bedeutung sein[27]. Viele ihrer gerade hier besonders betonten Merkmale sind nur aus der Entstehungsgeschichte der Sozialrechtsdatenbank und ihrer Bindung an die Informationserwartungen sowie den Dokumentationsapparat eines bestimmten Gerichts erklärlich,. Ob sie auch im Rahmen eines Systems beibehalten werden können, das weitgehend auf ganz anderen Überlegungen beruht, ist zumindest fraglich.

Offen ist vor allem nach wie vor die Frage, ob der Einspeicherung und Ausgabe nur Komprimate oder die vollen Texte zugrunde gelegt werden sollen. Vor einem Mißverständnis gilt es jedoch zu warnen: Hinweise auf die Aufnahme der vollen Texte beziehen sich sehr oft lediglich auf jene Form, in der die einzelnen in Betracht kommenden Dokumente bereits veröffentlicht wurden. Daß dabei das ursprüngliche Material in aller Regel verändert wird, bleibt unerwähnt. Insofern gilt es sich zu vergewissern, ob mit dem vollen Text auch eine wirklich ungekürzte Fassung gemeint ist.

Der Eindruck der bewußten Anlehnung an die bisherigen Dokumentationen wiederholt sich bei der Steuerrechtsdatenbank[28]. Ihr Träger ist eine 1968 gegründete Gesellschaft, an der die unmittelbar interessierten Berufsgruppen

---

[27] Einen Überblick über den gegenwärtigen Stand der Zusammenarbeit gibt das seit 1973 in Loseblattform erscheinende Handbuch der Sozialrechtsdokumentation, vgl. auch *Brackmann/Heußner/Schröder/Straub/Richter* u. a., in Materialien III (1974).

[28] Zur Entstehung und Konzeption der Steuerrechtsdatenbank vgl. insbesondere *Eckert/Kreppel*, DSWR 1971, S. 72, 373, 381, 427, 457; *Eckert* u. a. in Steuerkongreß-Report 1971, S. 287 ff.; *Sass*, BB 1970, S. 1313.

ebenso beteiligt sind wie spezialisierte Verlage. Obgleich es sich aber um eine eindeutig private Initiative handelt, bestand von Anfang an eine sehr enge Zusammenarbeit mit den Finanzverwaltungen des Bundes und der Länder.

Auch die Steuerrechtsdatenbank begnügt sich nicht mit einem wie auch immer zu präzisierenden Teil der einschlägigen Dokumente. Sie erhebt vielmehr den Anspruch, das gesamte Steuerrecht zu erfassen. Gemeint sind wiederum jene Dokumenttypen, die bislang ebenfalls im Mittelpunkt des Arbeitsprozesses aller Juristen gestanden haben: Normen, Entscheidungen und Literatur. Gewiß, die Akzente verschieben sich etwas gegenüber der Sozialrechtsdatenbank. Richtlinien und Erlasse bekommen ein ungleich größeres Gewicht als in manch anderem Bereich, und die Palette der zu dokumentierenden Entscheidungen weist Nuancen auf, die anderswo nicht zu finden sind. Beides ist freilich die unmittelbare Konsequenz der Informationsstruktur des Steuerrechts.

Ein auffälliger Unterschied zur Sozialrechtsdatenbank besteht immerhin: Im Rahmen der Testdatenbank, die Entscheidungen des Bundesfinanzhofs zum Körperschaftssteuerrecht und zu den Gewinnermittlungsvorschriften der §§ 4 bis 7 EStG enthält, wurden die von Beamten der Finanzverwaltung ausgewählten Dokumente im vollen Wortlaut gespeichert. Ein optischer Belegleser übertrug die in maschinenlesbarer Schrift geschriebenen Texte auf Magnetband. Eine Stopliste mit 256 Wörtern ermöglichte es, Füllwörter auszublenden. Der ursprüngliche Textumfang reduzierte sich dadurch um 39%. Trotzdem enthielt die Datenbank noch eine Wortliste von nahezu 58.000 verschiedenen Begriffen. Mittlerweile sind mehr als die Hälfte der seit 1950 veröffentlichten höchstrichterlichen Entscheidungen gespeichert. An der ungekürzten Aufnahme soll sich auch bei der Verarbeitung von Normen nichts ändern. Bei der Literatur dagegen will man sich, wenigstens während der Aufbauphase, mit Fundstellenhinweisen begnügen.

Die Steuerrechtsdatenbank vermeidet mithin bewußt die sonst für selbstverständlich gehaltene Umarbeitung der Dokumente zu Komprimaten und versucht dagegen dem Benutzer Arbeitsmöglichkeiten zu bieten, wie er sie vorfindet, wenn er sich beispielsweise einer Entscheidungssammlung bedient. Sie nimmt damit freilich bewußt all die Kürzungen in Kauf, die auch für alle bisherigen Sammlungen kennzeichnend gewesen sind. Der Vorteil der Datenbank besteht aber in den radikal veränderten Zugriffsbedingungen. Sie rezipiert zwar auch das vollständige Material, verbessert jedoch den Zugang, indem sie dort zuverlässige Auswege eröffnet, wo die herkömmlichen Dokumentationen unwiederbringlich gescheitert waren, beim Wiederauffinden der einzelnen Texte.

Bei der Steuerrechtsdatenbank wird die gezielte Abfrage durch die Aufteilung der Dokumente in vierzehn Felder erleichtert. Archiv- und Dokumentennummer zählen ebenso dazu wie die betroffenen Vorschriften, die Bezeichnung des Gerichts, Deskriptoren, Leitsätze, Tatbestand und Entscheidungsgründe. Das Klassifikationsschema ermöglicht ohne weiteres kombinierte Abfragen. Auch positionsgebundene Recherchen lassen sich durchführen, weil das System die Position aller Begriffe im Rahmen der verschiedenen Dokumente genau vermerkt. Schließlich können genauso wie bei der Sozialrechtsdatenbank die Suchbegriffe mit Hilfe Boolescher Operatoren verknüpft werden.

Auch hier ist an einen direkten Dialog mit der Datenbank über Datensichtstationen gedacht. Allerdings soll die Benutzung wohl grundsätzlich den Angehörigen steuerberatender Berufe, Anwälten, Richtern und Finanzbeamten vorbehalten bleiben.

3. Beide Datenbanken bestätigen für die Bundesrepublik eine gleichsam universelle Tendenz: die erste rein defensive Phase der Diskussion über die Verwendung elektronischer Anlagen im juristischen Bereich ist endgültig abgeschlossen, eine zweite experimentelle Etappe hat begonnen. Die Versuche beherrschen die Szene[29]. Daran ändert auch der wachsende Projektfriedhof nichts. Was während der ersten Phase auf rein spekulativer Basis konzipiert wurde, konnte verständlicherweise den experimentellen Anforderungen sehr oft nicht standhalten. Die fortschreitende Verwirklichung einzelner Projekte ernüchtert, saniert von mangelnder Seriosität, ohne allerdings die in die elektronische Datenverarbeitung gesetzten Erwartungen zu enttäuschen. Die Bestätigung mag nicht spektakulär sein, doch am Realitätsgehalt der versprochenen Vorteile läßt sich nicht mehr rütteln.

Zugleich aber verlagern sich die Überlegungen über Struktur und Funktion juristischer Datenbanken mehr und mehr auf eine völlig unkritische, rein technische Ebene. Die Reflexion konzentriert sich nahezu ausschließlich auf die Perfektionierung der Apparatur. Hinweise auf die Implikationen des sich verändernden Informationsprozesses bleiben eine zumeist als störend empfundene Ausnahme. Nur zu verständlich, wenn man bedenkt, daß kaum jemand von der elektronischen Datenverarbeitung etwas anderes erwartet als die perfekte Loseblattsammlung. Sie ist nur Ersatz für Instrumente, die sich längst als untauglich erwiesen haben.

Sicherlich, äußerlich verändert sich manches, wie sich schon an den Datensichtstationen zeigt. Doch die Benutzung der Datenbank präsentiert sich im Grunde genommen nicht viel anders als die Einführung einer neuen Schreibmaschine. So gesehen, erscheint die Verwendung elektronischer Anlagen nur als ein partikulärer Aspekt juristischer Bürotechnik[30]. Mit dem Übergang zur elektronischen Datenverarbeitung wiederholt sich im juristischen Bereich spät aber doch noch eine im ökonomischen Sektor längst vollzogene Entwicklung. Auf die Rationalisierung und Automatisierung der Produktionsmethoden folgt die Mechanisierung der gesellschaftlichen und damit auch der juristischen Bürokratie.

---

[29] Für die Bundesrepublik wäre in diesem Zusammenhang auch die im Hinblick auf das geplante Juristische Informationssystem entwickelte Testdatenbasis zu nennen. Sie umfaßt Normen, Entscheidungen und Literatur aus dem Bereich des Verfassungsrechts. Dabei sollen vor allem verschiedene Verfahren für die Wiedergewinnung von Information auf ihre Brauchbarkeit für juristische Fragestellungen untersucht werden. Erste Texte wurden bereits 1971 erfaßt, zwei Jahre später lagen nahezu sämtliche relevanten Dokumente auf Magnetband vor, so daß sich die Testdatenbasis mittlerweile ebenfalls in einer operativen Phase befindet. Vgl. den Jahresbericht 1972 der Gesellschaft für Mathematik und Datenverarbeitung S. 107 f.

[30] Vgl. dazu auch *Vieille*, Analyse & Prévision 12 (1971) S. 1248, 1265; *Simitis*, ZSR 1972 II S . 458 ff.

Um den Wissensanforderungen zu genügen, bedient man sich fortan genau der Methoden, die zuvor für den Produktionsprozeß entwickelt worden sind und sich auch in dessen Rahmen bewährt haben. Die Technologie der Information spiegelt die Technologie der Produktion wider.

Daß aber ein Wandel der Informationsmethoden, zumal ein so tiefgreifender, nicht ohne Konsequenzen für Funktion und Selbstverständnis des Juristen bleiben kann, ist eine Überlegung, der die Initiatoren der verschiedenen Datenbankprojekte zumeist sorgsam aus dem Wege gehen. Der schlichte Hinweis, ein unstreitig unerträglicher Zustand würde offenkundig verbessert, genügt ihnen völlig, um ihre Pläne als vollauf gerechtfertigt anzusehen. Unter diesen Umständen verwundert es auch nicht, wenn Fragen nach dem Sinn der verbesserten Information, den konkreten Zielen, denen sie dient und den Folgen ihrer Verwertung gar nicht erst aufkommen.

III. Zur Notwendigkeit reflektierter Information – Funktion und Grenzen sogenannter Benutzerforschung

1. Daß es freilich bislang an einer Auseinandersetzung mit den Folgen der strukturellen Veränderung des Informationsprozesses gefehlt hat, hängt nicht zuletzt mit Umfang und Wirkungsgrad der einzelnen Projekte zusammen. Genauer: Solange über Vor- und Nachteile der elektronischen Datenverarbeitung nur im Zusammenhang mit der Dokumentation relativ eng begrenzter Bereiche debattiert wird, fügt sich die Datenbank unschwer in das Modell traditioneller Informationsverarbeitung ein. Wer es beispielsweise, wie dies in einer Vielzahl von Ländern geschehen ist, unternimmt, die Entscheidungen eines bestimmten Gerichts zu speichern[31], hat zunächst gar keinen Anlaß, anders als in den überlieferten Kategorien zu denken. Was ihn zur Suche nach neuen Informationsmethoden stimuliert, ist die Einsicht in das restlose Versagen der vorhandenen Dokumentationsinstrumente. Darum zielen auch alle seine Überlegungen darauf ab, eben diese Instrumente zu verbessern oder überhaupt zu ersetzen, immer aber auf der Grundlage einer bestimmten, vorgegebenen und niemals problematisierten Informationsstruktur. Kurzum, das angestrebte Dokumentationssystem hat aus dieser Perspektive seinen Zweck erfüllt, wenn es gelingt, das gegenwärtig unerreichbare Material, gleichviel ob es Entscheidungen, Normen oder Stellungnahmen in der Literatur sind, zugänglich zu machen. Der Erfolg eines Dokumentationssystems und damit letztlich auch die Bereitschaft, es zu akzeptieren, mißt sich mithin letztlich einzig und allein an seiner Fähigkeit, die existente Informationskrise zu überwinden. Dann aber ist es nur konsequent, wenn sich die Diskussion ausschließlich um die technischen Details dreht. Über die Datenbank braucht nur unter dem Aspekt nachgedacht zu werden, ob sie wirklich überzeugend die gescheiterten Dokumentationsmethoden ersetzt.

Die Situation ändert sich allerdings, sobald es um Datenbanken geht, die sich keineswegs mit Teilbereichen abgeben, sondern von vorherein auf eine Doku-

---

[31] Vgl. dazu *Simitis*, Informationskrise S. 67 ff.

mentation der gesamten Rechtsordnung abzielen. Das gegenwärtige Informationsdefizit wird dann vollends und für jedermann sichtbar. Im Vordergrund stehen nicht mehr Probleme, die scheinbar nur die unmittelbar betroffenen Spezialisten etwas angehen. Die elektronische Datenverarbeitung hört auf, eine Sonderfrage zu sein, die lediglich den um die eigene Information besorgten Steuer- oder Sozialrechtler beschäftigt, oder gar den professionell an der Verarbeitung von Entscheidungen und Literatur interessierten Dokumentalisten. Eine Datenbank, die von Anfang an alle juristischen Dokumente einzubeziehen sucht, verdeutlicht, daß hier weit mehr als partikuläre Interessen auf dem Spiel stehen. Indem die elektronische Datenverarbeitung einen Ausweg aus der Krise bietet, welche die Funktionsfähigkeit der gesamten Rechtsordnung bedroht, schafft sie zugleich ein Instrument, das in einem bisher nie dagewesenen Maß die Kenntnis des geltenden Rechts vermittelt. Die Datenbank ist das vergegenständlichte akkumulierte Wissen über das jeweilige Recht. Sie administriert ein Wissenspotential, auf das jeder einzelne angewiesen ist. Wer sie deshalb kontrolliert, verfügt zugleich über ein Machtpotential von eminent gesellschaftlicher Bedeutung. Über den Zugang zu den von ihr gespeicherten und verarbeiteten Information läßt sich soziales Verhalten unmittelbar regulieren.

Der Aufbau solcher Datenbanken steht deshalb von Anfang an unter ganz anderen Legitimationszwängen als die Verwirklichung von Projekten, die sich lediglich auf einzelne Bereiche der Rechtsordnung beziehen. Hinweise auf die Informationskrise und die Nachteile der bisherigen Dokumentationssysteme reichen nicht aus. Erwartet werden vielmehr mehr oder weniger präzise Stellungnahmen zu den Auswirkungen der Datenbank auf die weitere Entwicklung der Rechtsordnung und damit unmittelbar auf die Position des einzelnen.

Die Geschichte des in der Bundesrepublik geplanten Juristischen Informationssystems ist bezeichnend dafür. Als die Projektgruppe 1971 ihren ersten Zwischenbericht vorlegte[32], war von den technischen Modalitäten sehr viel, von rechts- und gesellschaftspolitischen Implikationen dagegen kaum die Rede. Die Reaktion fiel entsprechend aus[33]. Auf Kritik stießen nicht so sehr die technischen Details, sondern die mangelnde Einsicht in die gesellschaftliche Bedeutung der Datenbank. Was man deshalb von der Projektgruppe vor allem erwartete, waren Überlegungen zu eben diesem Punkt. Nicht ohne Erfolg, wie der Schlußbericht zeigt[34]. Am Anspruch der Datenbank ändert sich zwar nichts. Sie ist nach wie vor als System konzipiert, das keinen Teil der Rechtsordnung ausspart. Doch die Autoren des Projekts begnügen sich nicht mehr damit, die technisch-organisatorische Konkretisierung dieser Aufgabe zu skizzieren. Sie versuchen vielmehr, den gesellschaftspolitischen Aspekten Rechnung zu tragen, und zwar schon bei der Formulierung der Ziele. Die Datenbank wird als Instrument verstanden, das die weitere Entwicklung der Rechtsordnung entscheidend

[32] 1. Zwischenbericht über die Arbeiten der Projektgruppe Juristisches Informationssystem an den Bundesminister der Justiz vom 1. 2. 1971, Beilage 5/71 zum Bundesanzeiger Nr. 62 vom 31. 3. 1971.

[33] *Dammann*, ZRP 1971, S. 409 ff.; *Kilian*, NJW 1971, S. 397 f.; *Zielinski*, JZ 1971, S. 409 ff.

[34] Das Juristische Informationssystem — Analyse, Planung, Vorschläge, herausgegeben vom Bundesministerium der Justiz, 1972.

beeinflussen kann. Darum erscheint sie nur solange als akzeptabel, wie sie über die bloße Rechtssicherheit hinaus Entscheidungsprozesse transparenter gestaltet und beschleunigt, zugleich aber auch die Rechtsinnovation begünstigt[35].

Die Konsequenzen zeigen sich an der Aufbauplanung. Sie zerfällt in zwei Phasen: die Erfahrungen aus dem Umgang mit einem Entwicklungsmodell sollen die Grundlage für den späteren Ausbau abgeben[36]. Freilich wäre es falsch, die erste Etappe gleichsam nur als experimentelle Vorgabe zu verstehen. Zwar fehlt es nicht an Merkmalen, die lediglich für Versuche kennzeichnend sind. So konzentriert sich die Aufmerksamkeit auf bestimmte, ausgewählte Rechtsgebiete, und obwohl bei Normen und Entscheidungen jedenfalls die Tendenz vorherrscht, den vollen Text aufzunehmen, verzichtet man bewußt nicht darauf, vor allem bei der Literatur, auch mit abstracts zu arbeiten. Überdies soll für die Dokumentation der Rechtsprechung der Wert von Kurzfassungen ermittelt werden[37]. Doch schon die Dimension der geplanten Dokumentation, ca. 1 Milliarde Zeichen, spricht, vergleicht man sie mit dem Umfang bereits funktionierender Systeme, gegen jede Qualifikation als reines Experiment. Zudem visiert das System eine Vorwärtsdokumentation an, die nicht mehr innerhalb der Grenzen eines oder mehrerer Bereiche operiert, sondern die gesamte Rechtsordnung zu erfassen sucht.

Entwicklungs- und Ausbauphase gehen dehalb in Wirklichkeit ineinander über. Mag am Anfang die Flexibilität und damit auch der Spielraum für die permanente Verarbeitung von Erfahrungen größer sein, die in diesem Zeitraum gefällten Entscheidungen prägen die Gestalt des endgültigen Systems. Die um der Lernfähigkeit des Dokumentationssystems willen notwendige Offenheit darf nicht zu der Annahme verleiten, als ob es nach Abschluß der Entwicklungsperiode möglich wäre, vom einmal Erreichten völlig abzusehen und gleichsam von vorn zu beginnen. Das Entwicklungssystem ist kein beliebig substituierbares Spielmaterial. Nichts wäre deshalb verfehlter, als die einmal bezogenen Positionen für reversibel zu halten. Dennoch: Die offen deklarierte Bereitschaft, wenigstens für einen bestimmten Zeitraum Modifikationen konstant in Kauf zu nehmen, signalisiert den Wunsch, den gesellschaftlichen Implikationen des geplanten Systems nachzugehen und sie zu verarbeiten.

Gewiß, der Bericht enthält auch für die Ausbauphase wenigstens in einer Hinsicht durchaus präzise Angaben. Genauer gesagt: zwei Modelle werden jetzt schon zur Diskussion gestellt. Soweit es sich um die aufzunehmenden Dokumenttpen geht, decken sie sich. Normen, Entscheidungen und Literatur sind die gemeinsame Grundlage beider Modelle. Der Unterschied macht sich erst beim Umfang bemerkbar. Im einen Fall kommt zu der jährlichen Rückwärtsdokumentation von 1,8 bis 2,2 Milliarden Zeichen ein ebenfalls jährlicher Neuzugang von ungefähr 2 Milliarden Zeichen. Er entsteht durch die Aufnahme sämtlicher Normen, der gesamten Rechtsprechung, wobei allerdings nur 25 000 bis 50 000 Entscheidungen im Volltext dokumentiert werden sollen, aller in Zeitschriften publi-

---

[35] Schlußbericht S. 35 ff.
[36] Schlußbericht S. 200 ff.
[37] Schlußbericht S. 205.

zierten wissenschaftlichen Aufsätze im Volltext, kurzer Angaben über Einzelwerke und schließlich sonst noch anfallender Dokumente. Beim zweiten Modell hingegen bleibt es zwar bei der Verarbeitung aller Normen. Hinzu kommen aber nur ungefähr 20 000 Entscheidungen im Volltext und 24 000 Titel wissenschaftliche Literatur bestenfalls als Kurzfassungen, zumeist jedoch in Form bibliographischer Angaben. Der jährliche Neuanfall reduziert sich so auf 0,4 Milliarden Zeichen[38]. Die Rückwärtsdokumentation bewegt sich ebenfalls bei 2 Milliarden Zeichen.

Gleichviel jedoch wie die Entscheidung letztlich ausfällt, beide Modelle sind an die Forderung gekoppelt, die wirtschaftlichen, politischen, rechtlichen und wissenschaftlichen Bedingungen für die Verwirklichung eines solchen Systems offenzulegen und für eine eindeutige Formulierung der „rechtspolitischen und gesellschaftspolitischen Zielsetzungen" zu sorgen[39]. Objektivität der Informationen durch die Ähnlichkeit zwischen dem Systemmodell und dem Urbild der Gesamtheit aller einschlägigen Dokumente, Transparenz von Aufbau und Leistung, Zugänglichkeit für jedermann, Organisationsformen, die eine Unabhängigkeit wenigstens fördern, sind Erwartungen[40], die sich in diesem Kontext förmlich aufdrängen. Und ebenso selbstverständlich erscheint dann der Versuch, benutzerfreundliche Strukturen zu entwickeln. Dazu rechnet keineswegs nur die Verpflichtung, die Voraussetzungen für einen Dialog zu schaffen; was sie konkret bedeutet, zeigt sich an den für das Modell A vorgesehenen 15 000 bis 40 000 Datenendstationen. Kurze Reaktionszeiten gehören genauso dazu wie ein Fakten-Retrieval-System, das die Möglichkeit eröffnet, inhaltliche Fragen zu stellen, die Auswahl der Dokumente also auf das aus der Perspektive des Benutzers relevante Material begrenzt[41].

Doch so sehr ganze Passagen des Schlußberichts von der Einsicht in die Notwendigkeit zeugen, sich mit diesen Problemen auseinanderzusetzen, Lösungen werden bestenfalls angedeutet. Darum verwundert es nicht, wenn verläßliche Aussagen über das Ausbausystem fehlen. Seine Konturen lassen sich erst präzisieren, wenn aus der gesellschaftspolitischen Problematisierung des Dokumentationssystems ein konkretes Programm für Funktion und Aufbau der Datenbank hervorgeht.

2. Immerhin, der Schlußbericht gibt zumindest zu erkennen, daß trotz aller nicht zu leugnender Schwierigkeiten mit einem solchen Programm durchaus in absehbarer Zeit gerechnet werden kann. Die Voraussetzungen dafür soll eine intensive Benutzerforschung schaffen[42], ein Instrument, das im Zusammenhang mit den verschiedensten Datenbankprojekten mehr und mehr in den Vorder-

---

[38] Schlußbericht S. 255 ff.

[39] Schlußbericht S. 253 f.

[40] Schlußbericht S. 65 ff.

[41] Schlußbericht S. 80 ff., 82 ff.

[42] Schlußbericht insbesondere S. 35 ff., 235 ff. Zur Konkretisierung der im Schlußbericht skizzierten Benutzerforschung und zur Auswertung ihrer Ergebnisse vgl. Informationsverhalten aaO.

grund rückt[43], ja von manchem schon als eigener Zweig einer sich ebenfalls verselbständigenden Rechtsinformatik angesehen wird[44].

Die Benutzerforschung soll einerseits Aufschluß über das gegenwärtige Verhalten all derer gewähren, die sich für juristische Information interessieren, andererseits aber auch den Erwartungshorizont der potentiellen Nutznießer einer juristischen Datenbank offenlegen. Die Benutzerforschung garantiert gleichsam die Realitätsnähe des Dokumentationssystems. Viele der bisherigen Mißerfolge hätten sich, so meint man, vermeiden lassen, wäre den Wünschen der anvisierten Zielgruppe genausoviel Aufmerksamkeit gewidmet worden wie den technischen Details[45]. Kurzum, die Benutzerforschung präsentiert sich als ein Mittel, das nicht nur eine zuverlässige Diagnose ermöglicht, sondern auch und vor allem zu fundierten Prognosen verhilft. Diese eigentümliche Mischung von Information über die Gegenwart und Weichenstellung für die Zukunft erklärt die in sie gesetzten Hoffnungen, damit aber auch die ihr zugewiesene Schlüsselrolle bei der Verwirklichung von Datenbankprojekten.

Mit der Benutzerforschung greifen die Initiatoren elektronisch gesteuerter Dokumentationen auf ein im privatwirtschaftlichen Bereich längst selbstverständliches Instrument zurück. Marktforschung bestimmt die Ausgangspunkte der Marktstrategie und sucht damit zugleich den Absatz in die für das Unternehmen günstigsten Bahnen zu lenken. Nicht anders ist es hier. Wer etwa nach der für potentielle Benutzer akzeptabelsten Wiedergabeform von Dokumenten fragt, die Bereitschaft, sich in den Gebrauch geplanter Systeme einweisen zu lassen, erkundet, oder ganz allgemein die Einstellung zu den Vor- und Nachteilen juristischer Datenbanken zu ermitteln sucht, treibt gezielte Absatzforschung.

Die zunehmende Bereitschaft, sich solcher Methoden zu bedienen, läßt sich nicht allein mit dem Hinweis erklären, Information dürfe gleichsam nicht am Markt vorbeiproduziert werden. Das mag solange ausreichen, wie es um private Projekte geht. Die Gründe für das staatliche Interesse an der Benutzerforschung sind dagegen weitaus differenzierter. Sicherlich, auch für den Staat ist es wichtig, den Informationsmarkt zu kennen und bestimmt hat diese Überlegung nicht unwesentlich zur Übernahme der Benutzerforschung beigetragen. Ungleich bedeutsamer ist freilich die dadurch eröffnete Möglichkeit gewesen, das Legitimationspotential staatlicher Aktivität durch die Einbeziehung der Benutzer in die Entwicklung der Datenbankprojekte entscheidend zu vergrößern.

Mit der elektronisch gesteuerten Dokumentation entsteht eine Apparatur, die weder unter informationspolitischen Aspekten noch aus der Perspektive der erforderlichen Investitionen mit der traditionellen Tätigkeit staatlicher Administration in diesem Bereich verglichen werden kann. Die Datenbank mag ein unerläßliches Instrument sein, sie bringt aber, ökonomisch gesehen, Belastun-

---

[43] Vgl. *Stadler* in Wiener Beiträge zur elektronischen Erschtießung der Information im Recht (1973) S. 73 ff.; *Bühnemann*, DVR 1 (1972/73) S. 79 ff.; *Uhlig*, ebda. S. 56; *Fiedler*, ÖVD 1973, S. 444, 446; *Seidel*, ÖVD 1973, S. 515, NJW 1973, S. 1676 ff.; Operation Compulex – Information needs of the practicing lawyer, Department of Justice Canada 1972.

[44] *Seidel*, NJW 1973 S. 1680.

[45] *Prestel*, in Materialien zur Rechtsinformatik I (1971) S. 17; *Fiedler*, ÖVD 1973, S. 444.

gen mit sich, welche die Dimensionen der für die bisherigen Informationswege erforderlichen Ausgaben schlicht sprengen[46]. Überdies wird die Administration in die Lage versetzt, das für die Kenntnis des geltenden Rechts notwendige Wissen nicht nur besser zu vermitteln, sondern zugleich auch gezielt zu steuern. Beides veranlaßt die Verwaltung, sich nicht mehr mit den traditionell indirekten, weil über das Parlament vermittelten, Konsens- und Kontrollmechanismen zufriedenzugeben. Sie sucht vielmehr den direkten Konsens der Bürger, und zwar zu einem Zeitpunkt, in dem sich das Projekt noch in der Entwicklung befindet. Die Benutzerforschung öffnet gleichsam den Entscheidungsprozeß der Administration dem Bürger gegenüber, bezieht ihn ein und vermittelt den Eindruck, seine Meinung bestimme die endgültige Gestalt der Datenbank jedenfalls mit[47]. Insofern hat die Befragung der potentiellen Nutznießer des Dokumentationssystems in erster Linie den Sinn, die Stellungnahme der Verwaltung zugunsten eines überaus kostspieligen, die Betätigungsmöglichkeiten des einzelnen in der Gesellschaft unmittelbar beeinflussenden Projekts zu rechtfertigen. Die Benutzerforschung soll den Konsens zwischen der Administration und den betroffenen Bürgern dokumentieren, damit aber auch gegen den Vorwurf autoritär-einseitiger Entscheidung absichern[48].

Eines läßt sich sicherlich nicht bestreiten: Will man wirklich erfahren, welche Informationen für den einzelnen Juristen heute eine Rolle spielen und wie sie sich in seinen Arbeitsprozeß integrieren, dann gibt es keinen besseren Weg als den der direkten, detaillierten Befragung. Nirgends spiegeln sich die Erfahrungen im Umgang mit den verschiedensten Dokumenten besser wider, nirgends läßt sich genauer ablesen, welche Erwartungen den Informationshaushalt bestimmen. Aussagen zur Informationslage bleiben deshalb ohne Benutzerforschung weitgehend Spekulation. Ihr Instrumentarium ist unerläßliches Mittel überzeugender, weil realitätskonformer Gegenwartsanalyse.

Sobald es allerdings um den prognostischen Wert solcher Untersuchungen geht, gewinnen Kritik und Zweifel sehr schnell die Oberhand. Schon der zwischen den einzelnen Umfragen und der endgültigen Verwirklichung der Datenbank liegende Zeitraum provoziert förmlich die Skepsis: Hält man sich bei-

---

[46] Allein für das Entwicklungsmodell rechnet der Schlußbericht, S. 240 ff., 246, mit Ausgaben, die zwischen 2 Mill. im Anfangsjahr und fast 20 Mill. gegen Ende dieser ersten Phase schwanken. Was nach dem Ausbau an jährlichen Kosten anfallen wird, läßt sich verständlicherweise einstweilen nicht sagen, doch vermag man durchaus die Größenordnung abzuschätzen, wenn man den Umfang der beiden dann zur Disposition stehenden Modelle mit den jährlichen Ausgaben, beispielsweise für die Datenerfassung, im Laufe der Entwicklungsperiode gegenüberstellt. Zwar sollen diese Kosten dank der fortschreitenden Automatisierung sinken, doch dürfen sie, nach heutigen Maßstäben gerechnet, immer noch fast 10 Mill. betragen, Schlußbericht S. 266.

[47] Kaum verwunderlich, wenn es deshalb bei *Seidel*, NJW 1973, S. 1678, heißt, der Gedanke, „partizipatorische Aspekte“ in die Benutzerforschung einzubeziehen, dränge sich von selbst auf.

[48] Eine Situation, die sich freilich überall dort wiederholt, wo die permanent expandierende Verwaltungsaktivität den Legitimationsbedarf steigert und zugleich die Grenzen traditionellen Legitimationspotentials deutlich sichtbar werden läßt, vgl. insbesondere *Offe*, Strukturprobleme des kapitalistischen Staates (1972) S. 123 ff.; *Habermas*, Legitimationsprobleme im Spätkapitalismus (1973) S. 83 ff., 131 ff.

spielsweise an die vorsichtigen Angaben des Schlußberichts, so dürfte die Entwicklungsphase um die fünf Jahre dauern[49], eine Annahme, die sich unschwer auf jedes vergleichbare Projekt übertragen läßt. Und der Beginn der Ausbauphase ist keineswegs mit der Vollendung der Datenbank gleichzusetzen, fixiert wird lediglich ihre endgültige Gestalt. Je länger aber der Zeitraum, desto zweifelhafter die Projektionsmöglichkeit. Für ihre Glaubwürdigkeit ist zumindest eine relative Konstanz der anfänglichen Annahmen vonnöten. Die mit der fortschreitenden Konkretisierung und Realisierung notwendigerweise verbundene Ausdifferenzierung nimmt jedem Versuch, halbwegs zutreffende Voraussagen zu machen, von vornherein die Überzeugungskraft.

Überdies pflegt die Benutzerforschung, gerade im Hinblick auf die angestrebte Prognose mit einer Vielzahl von Meinungsdaten zu operieren. Mit Hilfe solcher Angaben kann es vielleicht gelingen, bestimmte Tendenzen näher zu umschreiben. Über die wirkliche Verhaltensbereitschaft der Betroffenen läßt sich hingegen nichts aussagen. Fundierte Prognose bedarf aber gerade präziser Anknüpfungspunkte für die Beurteilung der effektiven Reaktion potentieller Nutznießer der Datenbank. Nicht ihre mehr oder weniger vage formulierte Einstellung interessiert, sondern Angaben, die zuverlässige Schlüsse auf ihr konkretes zukünftiges Verhalten ermöglichen. Genau dies vermag die Benutzerforschung jedenfalls solange nicht zu leisten, wie die Befragten nicht mit detaillierten Vorstellungen konfrontiert werden und auch über das nötige Wissen verfügen, um sich damit auseinandersetzen zu können. Selbst wenn die Mehrheit durchaus über die Möglichkeit, elektronische Anlagen zu verwenden, orientiert ist[50], folgt daraus keineswegs, sie wäre in der Lage, sich ein hinreichend konkretes Bild zu machen, um auch die Bedeutung der eigenen Reaktion präzise abzuschätzen. Dies um so mehr, als das Datenbankprojekt, für jedermann erkennbar, unter der Flagge einer Verbesserung der Informationssituation segelt, ein Ziel, das wohl von niemandem als bedenklich oder gar inakzeptabel bezeichnet werden dürfte[51]. Die affirmative Einstellung ist mithin inhaltlich mehr oder weniger bedeutungslos, weil durch die Projektion auf eine notorisch schlechte Informationslage konditioniert[52].

---

[49] Schlußbericht S. 238 ff.

[50] Informationsverhalten, S. 63.

[51] Daran ändert auch die Tatsache nichts, daß sich gegenwärtig etwa über 60% der befragten Juristen wenn nicht immer, so doch zumeist optimal informiert fühlen, Informationsverhalten S. 42 f. Denn solche Aussagen sind eindeutig durch die Perspektive der Befragten bedingt. Anders formuliert: die Informationserwartung ist bereits der Informationslage angepaßt. Die Antworten würden erst dann anders ausfallen, wenn die Befragten wüßten oder zumindest ahnten, welche für sie erforderliche Informationen ihnen unzugänglich bleiben. Vgl. auch Informationsverhalten, S. 42; *Seidel*, NJW 1973, S. 1677.

[52] Kein Wunder, wenn deshalb selbst die Mehrheit derjenigen Juristen (62%), die sich für optimal informiert halten, der „Information aus der Steckdose" durchaus den Vorrang vor den gegenwärtigen Informationsmitteln einräumt, *Seidel*, ÖVD 1973, S. 515. Eine Zustimmung, die um so leichter fällt, als die Erwartungen an die Datenbank mit Schlagworten umschrieben wird, die Konsens sichern (Aktualität, Genauigkeit, Schnelligkeit, Arbeitsentlastung usw.), Informationsverhalten S. 81 ff.

Doch damit nicht genug. Eine Benutzerforschung, die nicht bei der Diagnose stehen bleibt, sondern zur Prognose übergeht, erweckt allzu leicht den Eindruck, Aussagen über das gegenwärtige Verhalten könnten als Richtschnur der zukünftigen Arbeitsweise dienen. Die Konsequenz: Umsonst sucht man nach einer Antwort auf die eigentliche und entscheidende Frage, inwieweit die heute festzustellenden Modalitäten des Arbeitsprozesses noch hingenommen werden können, sobald elektronisch gesteuerte Datenbanken zur Verfügung stehen. Bestimmt ist es beispielsweise nicht uninteressant zu wissen, daß die Befragten den vollen Wortlaut für Gesetze und Kommentare verlangen, bei Entscheidungen dagegen wohl meinen, sich mit Komprimaten zufriedengeben zu können[53]. Diese Präferenzskala spiegelt eine aus der augenblicklichen Informationslage erklärbare Einschätzung der verschiedenen Dokumente wider. Doch folgt daraus keineswegs, eine solche Einstellung müsse sich auf die Präsentation der Dokumente im Rahmen der geplanten Datenbank auswirken. Wer sich ohne weiteres dazu bereit findet, verzichtet darauf, sich zu fragen, wieso denn eigentlich Entscheidungen anders als Kommentare behandelt werden sollen. Er geht aber damit zugleich einer Auseinandersetzung mit dem Stellenwert von Information und ihren konkreten Folgen für den juristischen Entscheidungsprozeß sorgsam aus dem Weg.

Solange mithin der Benutzer der Datenbank gleichsam nur als Replik der Kommentar- und Loseblattsammlungleser verstanden wird, bleiben die Implikationen der elektronischen Datenverarbeitung, damit aber letztlich auch Wert und Unwert ihrer Verwendung in Wirklichkeit unreflektiert[54]. Noch so penetrante Hinweise auf die Notwendigkeit eines „Benutzerleitbildes" ändern daran nichts[55], zumindest dann, wenn die Abstraktion solcher Floskeln nicht durchbrochen wird[56]. Die Benutzerforschung ist kein geeignetes Mittel dafür. Entscheidungen über die Datenbankstruktur sind zugleich Stellungnahmen zu den Zielen der Information. Sie erfordern deshalb mehr als die schlichte Fortschreibung von Aussagen zum gegenwärtigen Informationsverhalten. Die Diagnose läßt sich eben nicht einfach in Prognose ummünzen, die verbindliche Leitlinien setzt. Der Projektion geht die informationspolitische Entscheidung voraus. Hinweise auf die Ergebnisse der Benutzerforschung ersetzen sie niemals, sondern verhelfen bestenfalls dazu, sie zu verschleiern.

Noch ein letztes. Weil die Benutzerforschung aus der Perspektive der Administration auch und vor allem die Funktion hat, das Datenbankprojekt zu legitimieren, erweckt sie den Eindruck, als ob die Erwartungen der Befragten bei der Verwirklichung des Projektes tatsächlich, eine maßgebliche Rolle spielen könn-

---

[53] Informationsverhalten, S. 4 f.

[54] Eine zusätzliche Schwierigkeit liegt darin, daß selbst Aussagen über die gegenwärtige Situation deshalb schwerfallen, weil sehr viele Benutzer keineswegs gewillt sind, hre Probleme und damit auch ihr Informationsleitbild offenzulegen. Vgl. dazu auch den Schlußbericht S. 33.

[55] Vgl. etwa den Schlußbericht S. 30 ff., 53 ff.

[56] *Zielinski*, DVR 2 (1973/74) S. 58 kritisiert deshalb mit Recht die fehlende Problematisierung des vom Schlußbericht verwendeten „noch weitgehend unbekannten Benutzerleitbildes". Vgl. auch *Menne*, DVR 1 (1972/73) S. 309.

ten. In Wirklichkeit besteht nicht die mindeste Gewähr dafür. Wünsche und Bedenken mögen noch so präzise formuliert werden, Folgen haben sie deshalb noch lange nicht. Die Verwaltung strebt zwar über die Umfrage den Konsens der potentiellen Benutzer an, verpflichtet sich jedoch keineswegs den Bedingungen, unter denen diese Zustimmung erteilt wird, Rechnung zu tragen. Deshalb ist die Benutzerforschung auch kein Beispiel partizipatorischer Entscheidungsprozesse[57].

Selbst wenn aber die Verwaltung letztlich nicht nur Zustimmung suchte, sondern bereit wäre, Konsequenzen aus den Antworten zu ziehen, könnte sie es nur um den Preis einer Gefährdung der von ihr angestrebten Innovation. Die Datenbank wäre damit doppelt bedroht. Nicht mehr nur durch die Reaktionen einer Bürokratie, die keineswegs ohne weiteres bereit ist, Informationsmittel zu akzeptieren, die sich ohne Eingriffe in die bisherigen Organisationsstrukturen nicht nutzen lassen. Hinzu käme vielmehr eine tendenziell innovationsfeindliche Haltung der potentiellen Benutzer. Zumindest solange wie es ihnen an klaren Vorstellungen über Struktur und Nutzen der Datenbank fehlt, werden sie sich an ihrem bisherigen Informationsverständnis orientieren, die elektronische Datenverarbeitung also an ihr fremden, ja ihrer uneingeschränkten Verwendung hinderlichen Bedingungen messen.

Die Administration riskiert mithin durch eine wirklich ernst genommene Benutzerforschung, die eigene Handlungsfähigkeit in Frage zu stellen. Möglicherweise erhöhte Legitimationschancen werden durch neue Konfliktquellen aufgewogen. Eine Verwaltung, die ihren Aktionsradius nicht bewußt einschränken will, kann es sich deshalb niemals leisten, eine Benutzerforschung hinzunehmen, die mehr ist als unverbindliche Meinungsumfrage.

Gleichviel unter welchem Aspekt man also die Benutzerforschung auch immer betrachtet, ihre Aussagemöglichkeiten bleiben beschränkt. Sie ist Indikator des gegenwärtigen Informationsverhaltens, mehr nicht. Die Erfahrung zeigt freilich, daß man stets versucht ist, ihr noch andere Funktionen zuzuweisen, sie gleichsam im Hinblick auf eine bestimmte Informationspolitik zu instrumentalisieren. Deshalb kommt es entscheidend darauf an, ihre Grenzen rechtzeitig offenzulegen, sie mit anderen Worten nur solange hinzunehmen, wie sie nichts anderem dienen soll als der Analyse der augenblicklichen Informationslage. Die Benutzerforschung vermag insofern zwar durchaus wichtiges Material zu liefern, niemals aber eine Datenbankkonzeption, die Gegenwärtiges nicht nur fortschreibt, sondern auf seine Ursachen und Implikationen hin befragt.

3. Daran ändert auch der Hinweis nichts, die Datenbank solle als Instrument der Rechtssicherheit und der Rechtsinnovation zur Verwirklichung einer humaneren und sozialeren Rechtsordnung beitragen[58]. Je wohlklingender und plausibler die Zielsetzungen, desto größer der Zwang darzulegen, ob und unter welchen Bedingungen die elektronische Datenverarbeitung imstande ist, derglei-

---

[57] Vgl. etwa *Seidel*, NJW 1973, S. 1678.

[58] Schlußbericht S. 24; *Zielinski*, DVR 2 (1973/74) S. 58: „Es geht nicht nur um eine Arbeitserleichterung für den Information suchenden Juristen; es geht um ein besseres Recht ...“.

chen zu leisten. Nichts gegen Rechtssicherheit und Rechtsinnovation, doch beides sind letztlich nutzlose Leerformeln, wenn es an einer Konzeption des Informationsprozesses fehlt, die wirklich dazu führt.

Sicherlich liegt es nahe, die als Reaktion auf die Informationskrise entstandenen Datenbankprojekte als Garanten der Rechtssicherheit auszugeben. Transparenz und Zugänglichkeit sind das mindeste, was die elektronische Datenverarbeitung zu leisten vermag. Genauer: Die Rechtsordnung wird vom Ballast überholter, aber noch immer weitergeltender Vorschriften endgültig befreit, die Widerspruchslosigkeit rechtlicher Regelung rückt zum ersten Mal in den Bereich des Möglichen, und für eine exakte Kenntnis des jeweils geltenden Rechts bestehen nicht zuletzt durch die Verarbeitung der Rechtsprechung Bedingungen, wie sie niemals zuvor existiert haben.

Die Kehrseite läßt sich freilich ebensowenig leugnen. Der verbesserte Informationsprozeß ist zugleich manipulationsanfälliger. Der Wunsch, mehr Rechtssicherheit zu garantieren, genügt für sich genommen noch keinesfalls, um eine Lenkung der Information auszuschließen. Anders formuliert: die elektronische gesteuerte Datenbank ist in der Theorie der Idealfall vollständiger Information, ihre Verwirklichung besagt aber noch keineswegs, daß die vorhandene Information auch wirklich zur Verfügung gestellt wird. Das Dilemma der Manipulation begleitet jedes Projekt einer juristischen Datenbank. Solange es nicht ausgeräumt ist, bleibt die elektronische Datenverarbeitung suspekt. Die Chance einer positiven Veränderung der Informationslage genügt nicht, um die Angst vor manipulierter Wissensvermittlung auszuschließen. Gerade deshalb fragt es sich auch, ob nicht mit dem Übergang zu elektronisch gesteuerten Datenbanken die bislang informellen Informationsbeziehungen formalisiert, also verrechtlicht werden müssen[59].

Nicht viel anders steht es um die Rechtsinnovation. Wiederum spricht auf den ersten Blick manches für die Plausibilität der Verbindung von Datenbank und Rechtsinnovation. Schließlich ist die Transparenz der Rechtsordnung eine entscheidende Voraussetzung ihrer Reaktionsfähigkeit. Doch die Vollständigkeit der Information vermag ebensogut jede Erneuerungstendenz zu ersticken und statt dessen eine rigide Anpassung an die bereits vorhandenen Grundsätze zu fördern. Wer meint, transparente und erschöpfende Information garantiere die Flexibilität rechtlicher Regelung, übersieht die Dialektik der Vollständigkeit. Ein Mehr an Information kann sich leicht als Instrument der Unterdrückung jeglicher Kritik erweisen. Die Konfrontation mit einer durch unzählige Äußerungen zementierten Meinung stimuliert nicht notwendigerweise die argumentative Auseinandersetzung, sondern wirkt eher repressiv[60].

Nichts wäre deshalb gefährlicher, als die juristische Datenbank zu verharmlo-

---

[59] Vgl. auch *Fiedler*, ÖVD 1973, S. 446. Die Manipulationsgefahr wird freilich nur von einer Minderheit der potentiellen Benutzer realisiert, geschweige denn ernst genommen, vgl. Informationsverhalten, S. 85.

[60] Deshalb überrascht die Forderung nicht: „Vor einer Entwicklung von Datenbanken und Informationssystemen muß daher die Entwicklung von Methoden zur Strukturierung und Reduzierung von juristischen Datenmengen stehen.“, *Brinkmann*, ÖVD 1972 S. 60.

sen oder gar mit unüberlegtem Optimismus zu begrüßen. Wer sich die eine oder andere Einstellung zu eigen macht, muß sich den Vorwurf gefallen lassen, gewollt eine Entwicklung eingeleitet zu haben, die statt der versprochenen Sicherheit technologisch abgesicherte Willkür und an Stelle der erhofften Innovation grenzenlose Stagnation begünstigt.

IV. Das Manipulationsdilemma

1. Alle bisherigen Projekte sprechen sich für die Beschränkungen bei der Aufnahme von Dokumenten aus. Eines der gängigsten Mittel dafür ist der Verzicht auf den vollen Text. Statt dessen werden gekürzte Fassungen gespeichert. Noch offenkundiger ist die Restriktion freilich dann, wenn die Datenbank nur einen Teil des vorhandenen Materials erfaßt. Als dokumentationswürdig erscheinen mithin von vornherein nur ganz bestimmte Dokumente.

Solche Einschränkungen pflegen zumeist durch Hinweise auf die extrem hohen Kosten gerechtfertigt zu werden. Die finanzielle Belastung würde, so heißt es, unerträglich, wollte man im Ernst keine Schranken bei der Aufnahme ziehen. Zudem ließen sich die qualitativen Unterschiede zwischen den einzelnen Dokumenten nicht leugnen, ganz zu schweigen von ihrem keineswegs vergleichbaren Wirkungsgrad[61].

Sicherlich, auch die Verfechter drastischer Restriktionen beziehen nicht alle Dokumente gleichermaßen in ihre Überlegungen ein. Kaum jemand befürwortet beispielsweise Kurzfassungen bei der Aufnahme von Normen. Hingegen wird ein solcher Vorschlag bei der Rechtsprechung nachdrücklich favorisiert und bei der Literatur geradezu für selbstverständlich gehalten, wobei hier urheberrechtliche Gesichtspunkte eine gewichtige Rolle spielen.

Vor- und Nachteile derartiger Einschränkungen lassen sich letztlich nur überzeugend beurteilen, wenn feststeht, wie sich die beabsichtigten Restriktionen auf das immer wieder beteuerte Ziel der Datenbank auswirken, für eine ebenso exakte wie transparente Information über die Rechtsordnung zu sorgen. Daß eine Auswahl die Gefahr der Einseitigkeit in sich birgt, ist eine Binsenwahrheit. Umsonst dürfte man freilich nach einem Dokumentationsspezialisten suchen, der nicht erbittert die Vermutung mangelnder Objektivität zurückweist. Fest steht jedoch soviel: Jede Dokumentation, die sich mit einem Ausschnitt der Dokumente begnügt oder das vorhandene Material in komprimierter Form präsentiert, nimmt eine Wissensverkürzung bewußt in Kauf. Diese Verkürzung vollzieht sich nach Kriterien, die eng mit dem Sozialisationsprozeß des Bearbeiters und seiner persönlichen Sicht des bearbeiteten Gegenstandes zusammenhängen. Er betrachtet das Material immer aus der Perspektive einer bestimmten, für sein Verständnis der Rechtsordnung charakteristischen Einschätzung der juristischen Daten. Anders formuliert: Vorurteile und Urteile des Dokumentierenden entscheiden über die Aufnahmefähigkeit, besser gesagt die Aufnahme-

---

[61] So heißt es etwa im Schlußbericht, S. 63, im Hinblick auf die Dokumentation der Rechtsprechung: „Zu fordern ist die Aufnahme aller Entscheidungen, welche für die Auslegung und Fortbildung des Rechts überhaupt Bedeutung haben, und zwar für jede Entscheidung in dem Umfang, in welchem diese Bedeutung besteht."

würdigkeit der Dokumente. Die ursprünglich vorhandene Information wird damit selegiert und in Bahnen gelenkt, die dieser Einstellung entsprechen.

Die Konsequenz: Der Bearbeiter nimmt grundsätzlich all die Informationen einfach nicht wahr, die sich in sein System nicht einfügen, mögen sie im übrigen für eine zuverlässige Beurteilung der Problemlage noch so wichtig sein. Der Informationsgehalt der verschiedenen Dokumente ist insofern stets relativ. Die Maßstäbe setzt das beim Bearbeiter schon vorhandene Wissen[62]. Nur folgt daraus keineswegs die Bereitschaft, die eigene Einstellung in Frage zu stellen, und wenn es der Wissensstand erlaubt, veränderte Problemkonstellationen zu erkennen. Im Gegenteil, der Bearbeiter wird zunächst alles tun, um die Information zu normalisieren, störende Überraschungen also aufzufangen[63]. Kurzum, er rationalisiert die Diskrepanzen zwischen seinem persönlichen Verständnis juristisch relevanter Information und dem ihm vorliegenden Material zugunsten seiner Position[64]. Die Intensität der Verdrängungs- und Anpassungstendenzen variiert freilich. Ihren Höhepunkt erreicht sie erst, wenn der Bearbeiter meint, zentrale Punkte seiner Perspektive stünden auf dem Spiel. Anormale Information hinzunehmen und auch als solche zu deklarieren, macht mit anderen Worten solange keine Schwierigkeiten wie nur Randzonen betroffen sind.

Beispiele finden sich relativ leicht. Um beim einfachsten anzufangen: den Stichwortregistern traditioneller Dokumentationen. Die Produzentenhaftung ist gleichsam ein Musterfall für die dilemmatische Situation, in der sich der Bearbeiter dann befindet, wenn neue Informationen den bisherigen Problemhorizont zu sprengen drohen. Spätestens seit dem 47. Deutschen Juristentag[65] und der Hühnerpestentscheidung des BGH[66] zählt die Schadensersatzpflicht des Herstellers zu den unstreitig wichtigsten Fragen des gegenwärtigen Schuldrechts. Hält man sich jedoch an die zur Zeit wohl am meisten benutzte Dokumentation, die NJW-Fundhefte für Zivilrecht, so bleibt die Suche nach Angaben zur Produzentenhaftung erfolglos. An einem solchen Stichwort fehlt es einfach. Doch wäre es voreilig daraus zu folgern, auch die dazugehörige Information sei nicht verzeichnet. Sie ist durchaus in der Dokumentation enthalten, nur an anderer Stelle, unter Produkthaftpflicht und unter Fabrikantenhaftung. Das erste dieser beiden Stich-

---

[62] Vgl. auch *Habermas*, in *Habermas/Luhmann*, Theorie der Gesellschaft oder Sozialtechnologie (1971) S. 197; *Luhmann*, ebda. S. 40 f., 185. *Luhmann* und im Anschluß daran wohl auch *Habermas*, unterscheiden freilich deutlich zwischen variabler, weil auf den Kenntnisstand bezogener Information und invariablem Sinn, der seinerseits Information selegiert. Die Trennung überzeugt freilich nicht. Sinn konstituiert sich aus einem Geflecht von Informationen und hängt insoweit entscheidend vom jeweiligen Wissen ab. Inwieweit beispielsweise bestimmte Haftungsfälle zum Deliktsrecht gerechnet werden, bestimmt sich nach dem Stellenwert der deliktsrechtlichen Normen. Deren Sinn aber variiert, und zwar je nach dem Stand der aufgenommenen und verarbeiteten Informationen über Struktur und Merkmale von Schadenssituationen.

[63] *Luhmann* in *Habermas/Luhman*, Theorie S. 44 f.; *Atteslander*, Universitas 26 (1971) S. 163, 167.

[64] Ein weiteres Beispiel also für die von *Festinger*, A theory of cognitive dissonance (1957), diagnostizierte und beschriebene „kognitive Dissonanz".

[65] Verhandlungen des 47. Deutschen Juristentages I (1968) C 7 ff., II (1968) M 6 ff.

[66] BGHZ 51, S. 91.

worte ist im Gegensatz zur Produzentenhaftung gar kein neuer Begriff. Es umschreibt bestimmte seit langem bekannte versicherungstechnische Aspekte des Herstellungsverfahrens. Anders formuliert: Keineswegs wird hier ein zusätzliches Problem in einer Weise aufgenommen, die es erlaubt, die spezifische Problemkonstellation jederzeit ausfindig zu machen, sondern bestenfalls eine bereits behandelte Fragestellung um einige zusätzliche aus ihrer besonderen Perspektive relevanten Aspekte komplettiert. Ähnliche Tendenzen machen sich auch bei dem zweiten benutzten Stichwort, der Fabrikantenhaftung, bemerkbar. Sicherlich fehlt es noch immer an einem generell akzeptierten Ausdruck. Jeder Begriff, den man für die Verantwortung des Produzenten verwendet, riskiert deshalb auf Widerspruch zu stoßen. Was aber besonders bedenklich stimmt, ist die Entscheidung für eine Formulierung, die jedenfalls mit der Sprache der Gerichte ebensowenig übereinstimmt wie mit der Terminologie der meisten in der Dokumentation zu diesem Problembereich angeführten Arbeiten. Wiederum konzentriert sich die Information bei einem schon früher und in anderem Zusammenhang verwendeten Stichwort. Obgleich es sich um einen in sich geschlossenen Fragenkomplex handelt, der für die Entwicklung des Schuldrechts neue Aspekte mit sich bringt, spiegelt die Sprache der Dokumentation diese Situation nicht wider. Der Bearbeiter zieht es vor, die von ihm benutzte Begriffsebene nicht zu verlassen, die Problemkonstellation also zwar zur Kenntnis zu nehmen, sie aber in seiner schon eingeführten Sprache zu präsentieren. Jede solche Transposition verkürzt zumindest potentiell die Problemsicht. Das Korsett der eigenen Sprache mag die Kontinuität der Dokumentationssystematik ebenso wie ihre Ökonomie fördern, es reduziert jedoch zugleich den Problemhorizont auf die einmal fixierten Perspektiven.

Eine Dokumentation aber, deren Sprachbild gleichsam rückwärtsgerichtet ist, läuft zunehmend Gefahr, Information in einer Form zu vermitteln, welche die Reaktionsfähigkeit der rechtlichen Regelung gegenüber der gesellschaftlichen Entwicklung fortschreitend vermindert. Eine der sozialen Wirklichkeit gegenüber offene Rechtsordnung muß in der Lage sein, Veränderungen permanent zu verarbeiten, bedarf also einer Sprache, die Aktuelles und Potentielles miteinander verbindet. Richterliche Entscheidungen beispielsweise müssen keineswegs nur auf ihre sofort sichtbare Bedeutung hin analysiert werden. Vielmehr gilt es zugleich, ihre denkbaren späteren Auswirkungen soweit wie möglich einzufangen. Insofern erfüllt die Dokumentation ihre Funktion nur, wenn der Informationswert der Dokumente stets ein potentiell größerer ist, als es diejenigen wahrzunehmen vermögen, die die Dokumentation selbst eingerichtet oder das jeweilige Dokument verfaßt haben. Anders formuliert: Die vermittelte Information muß die Reaktionsmöglichkeiten permanent verbessern und nicht umgekehrt lediglich dazu dienen, vorhandene Meinungen zu bestätigen. Die Gefahr steckt mithin nicht in der Präsentation der mehr oder weniger traditionell-alltäglichen Aspekte, die jede Entscheidung aufweist, sondern in der, durch den Rückgriff auf ein weitgehend starres Sprachbild bewirkten, unbewußten Verfälschung der rechtspolitisch relevanten weil antizipatorisch einzig interessanten Nuancen. Je mehr diese übersehen werden, desto schärfer tritt die Disparität rechtlicher Regelung und sozialer Realität hervor. Niemals zuvor war jedoch die Rechtsordnung mit einer auch nur vergleichbar komplizierten und sich annähernd so schnell verändernden gesellschaftlichen Wirklichkeit konfrontiert. Niemals zuvor bedurfte sie deshalb eines so hohen Maßes an Zukunft, um die Gegenwart steuern zu können[67]. Dokumentationssysteme, die nicht von vornherein darauf abgestimmt sind, mögen noch so viel Informationen bereitstellen, letztlich bewirken sie doch nur soziale Desorientierung.

Die tendenzielle Einseitigkeit von Dokumentationen macht sich freilich vor allem bei der Selektion der Informationsquellen bemerkbar. Eine solche Auswahl wird beispielsweise dann besonders dringlich, wenn es um Angaben zu den Grenzbereichen des jeweiligen Dokumentationsgegenstandes geht. Wer etwa eine Zivilrechtsdokumentation aufbaut, steht sehr bald vor der Frage, welches Gewicht er dem Arbeitsrecht einräumen soll. Schon die Vorschriften des BGB zum Dienstvertrag verbieten es, arbeitsrechtliche Probleme schlicht zu übergehen, ganz zu schweigen von der spezifischen Bedeutung deliktsrechtlicher Normen für die Beurteilung des Arbeitskampfes. Verständlicherweise meinen deshalb die Autoren der NJW-Fundhefte zum Zivilrecht, wenigstens die zentralen arbeitsrechtlichen Entscheidungen zitieren zu müssen. Doch der nächste Schritt – Angaben zu der damit zusammenhängenden Literatur –, verdeutlicht bereits die Gefahren. Die Auswahl vollzieht sich nach einem recht naheliegenden Prinzip. Schon um der Ökonomie der eigenen Arbeit willen, beschränken die Autoren ihre Angaben zunächst auf Quellen, die auch sonst für die Information über zivilrechtliche Fragestellungen herangezogen werden. Nichts gegen die Schleswig-Holsteinischen Anzeigen, doch wer sich mit der Aussperrung wirklich auseinandersetzen will, kann sich nicht mit den in dieser Zeitschrift publizierten Beiträgen begnügen, mögen sie im übrigen noch so wertvoll sein. Je spezieller die Problembereiche, desto unumgänglicher die Auswertung von Publikationen, die sich eben diesen besonderen Problemen widmen, aus dem sonst verwendeten Material also deutlich herausfallen. Gewiß, die Autoren der Dokumentation sind sich dieser Schwierigkeiten durchaus bewußt. Konsequenterweise erweitern sie das Spektrum ihrer Informationsquellen um Zeitschriften wie Recht der Arbeit, Betrieb und Betriebsberater[68]. Doch was auf den ersten Blick einleuchtet, erweist sich sehr bald als äußerst bedenklich. Solange der Benutzer nicht das Geringste über die gleichzeitig erschienenen Beiträge zur Aussperrung oder zum nichtgewerkschaftlichen Streik in Arbeit und Recht und den Gewerkschaftlichen Monatsheften erfährt, bleibt die Information notwendigerweise einseitig. Rezipiert werden immer nur ganz bestimmte Meinungen. Das Material zu den Hauptproblemen des Arbeitsrechts verengt sich und vermittelt ein verzerrtes Bild. Die Information in einem politisch besonders sensibilisierten Bereich weist mithin eindeutig Merkmale der Steuerung auf. Wohlgemerkt, keineswegs geht es darum, den Autoren eine bewußte Lenkung der Informationspolitik vorzuwerfen. Vielmehr kommt es darauf an, einzusehen, daß durch die Strukturierung des Informationsmaterials Bedingungen entstehen, die Verfäl-

---

[67] *Luhmann*, Rechtssoziologie II S. 343.

[68] Vgl. etwa NJW-Fundhefte für Zivilrecht 17 (1971), 18 (1972) § 611 BGB 20 Stichwort „Streik und Aussperrung".

schungen, ob man es will oder nicht, favorisieren. Die Dokumentation erweist sich insofern als ein Filter, das den Zugang zu bestimmten Äußerungen versperrt und damit zugleich deren Wirksamkeit erheblich reduziert.

Ein weiteres Beispiel dafür ist die Verarbeitung von Veröffentlichungen, die sich nur schwer in die von nahezu allen Dokumentationen akzeptierten Rubriken juristischen Materials einordnen lassen. Man braucht nur einmal die Hinweise auf Aufsätze in der Zeitschrift für Rechtspolitik genau zu verfolgen. Sowohl vom Umfang als auch von der Regelmäßigkeit her bleiben sie weit hinter den Vermerken zurück, die sich auf Publikationen beziehen, in denen Interpretationsfragen des geltenden Rechts behandelt werden. Dahinter verbirgt sich wohl eine fast elementare Unsicherheit, wenn nicht sogar Renitenz gegenüber allen mit dem Etikett der Rechtspolitik versehenen Äußerungen. Sie hängt unmittelbar mit einem bestimmten Verständnis der Aufgabe von Dokumentationen zusammen. Ihre Funktion ist es, Material für Juristen aufzuarbeiten, die scheinbar nichts anderes tun, als sich mit Problemen auseinanderzusetzen, die sich aus der Handhabung schon existenter rechtlicher Regeln ergeben. Wo aber die Anwendung des geltenden Rechts beharrlich von seiner Veränderung unterschieden wird, Rechtsdogmatik ihren Sinn geradezu aus dem Gegensatz zur Rechtspolitik erhält, interessieren Reflexionen über Alternativen zu den vorhandenen Normen allenfalls am Rande. Die Gewichte verschieben sich damit zugunsten jener Information, die das jeweils gegebene System durch Ergänzungen und Korrekturen bestätigt, nicht aber prinzipiell in Frage stellt. Dies um so mehr als rechtspolitischen Überlegungen jenes Mindestmaß an Dauerhaftigkeit zu fehlen scheint, das erst die Aufnahme in die Dokumentation rechtfertigt. Weil sie nur als Appell an den Gesetzgeber gesehen und verstanden werden, meint man, ihnen bestenfalls solange Beachtung schenken zu müssen, wie noch eine legislative Reaktion zu erwarten ist. Wer sich hingegen zu Anwendungsmodalitäten geltender Regeln äußert, zielt nicht auf ein bestimmtes gleichsam einmaliges Ereignis, sondern greift in einen permanent sich vollziehenden Anwendungsprozeß ein. Er beansprucht mit anderen Worten eine Aufmerksamkeit, die zeitlich ganz anders dimensioniert ist. Läßt man sich aber auf diese Unterscheidung ein, dann ergibt sich die Konsequenz für die Dokumentation fast von selbst. Sie kann, will sie ihren eigenen Wert nicht aufs Spiel setzen, Informationen, die nur von ephemerer Bedeutung sind, nur mehr oder weniger ausnahmsweise einbeziehen. Damit verleiht sie jedoch zugleich zumindest den offen als rechtspolitisch deklarierten Überlegungen einen eindeutig geringeren Stellenwert.

Selbst dort aber, wo sich die Auswahl nach Kriterien richtet, die allem Anschein nach streng formal sind, ist die Dokumentation keineswegs von Steuerungstendenzen frei. Wohl am bezeichnendsten dafür ist die Diskussion über die Aufnahme gerichtlicher Entscheidungen in die geplanten juristischen Datenbanken. Zwar werden Beschränkungen durchaus akzeptiert, als Anknüpfungspunkt dient aber nicht der Gegenstand der Entscheidung oder gar eine Einschätzung ihrer Tragweite. Im Vordergrund steht vielmehr die Stellung des Gerichts. Je höher die Instanz, desto nachdrücklicher die Forderung, keine seiner Entscheidungen zu übergehen. Gegen die lückenlose Speicherung der höchstrichterlichen Rechtsprechung hat deshalb kaum jemand einen Einwand erhoben. Von einer vergleichbar umfassenden Dokumentation erstinstanzlicher Entscheidungen ist demgegenüber nur selten die Rede[69].

Der Vorteil hierarchischer Selektionskriterien liegt auf der Hand. Sie ermöglichen es, das gerade hier besonders umfangreiche Material drastisch zu reduzieren, ohne zugleich inhaltliche Kontroversen heraufzubeschwören. Die Dokumentationswürdigkeit mißt sich einzig und allein an der sich im Instanzenzug objektivierenden Autorität des Gerichts. Sie entlastet von der sonst nicht zu umgehenden Notwendigkeit, die Entscheidung inhaltlich zu beurteilen.

Hinter solchen Aufnahmekriterien steht freilich unausgesprochen die Vermutung, mit der Instanz verändere sich auch die Bedeutung der Rechtsprechung für die Entwicklung des geltenden Rechts. Die Entscheidungen des BGH werden mithin von vornherein, und zwar global, ganz anders eingeschätzt als die eines Land- oder Amtsgerichts. Die Konsequenz: eine bestimmte Meinung erhält den Vorzug. Dank der gleichsam exklusiven Aufnahme in die Dokumentation erscheint sie aber zugleich als die einzig korrekte Interpretation des geltenden Rechts[70]. Zweifel, wie sie vor allem im Rahmen der Rechtsprechung unterer Instanzen auftauchen, bleiben unbeachtlich. Erst die Bereitschaft eines höheren Gerichts, sie zur Kenntnis zu nehmen, macht sie diskussionswürdig.

Auch die Verwendung scheinbar völlig abstrakter und formaler Anknüpfungspunkte nützt also nichts. Die Auswahl erweist sich einmal mehr als Lenkungsinstrument[71]. Mit der Entscheidung für einen bestimmten Selektionsmechanismus beeinflußt die Dokumentation unweigerlich den Versuch des sich Informierenden Position zu beziehen. Zwar verhilft sie dazu, seine Unwissenheit wenigstens partiell zu beheben, sie kanalisiert aber zugleich gezielt sein Wissen[72]. Immerhin, ohne eine solche Steuerung gäbe es kein Korrektiv für den Vermark-

---

[69] Bezeichnend sind die überaus vorsichtigen Formulierungen im Schlußbericht, vgl. insbesondere S. 63 ff. Zwar heißt es einerseits, das juristische Informationssytem müsse alle Entcheidungen zugänglich machen. Andererseits aber wird dieses Ziel durch eine Reihe von Generalklauseln eingegrenzt, die letztlich beliebige Beschränkungen erlauben, zumal sie an keiner Stelle auch nur annähernd präzisiert werden. Gegen die Speicherung „relevanten" Materials ist nicht das mindeste einzuwenden, doch wäre es gut zu wissen, was denn eigentlich dazu zählt. Mit dem Hinweis auf die Bedeutung, die den Entscheidungen für die Auslegung und Fortbildung des Rechts zukommen muß, ist auch nichts gewonnen. Die Dokumentation bleibt uneingeschränkt manipuliebar. Nur verbirgt sich die Steuerung hinter dem Objektivitätsschein, den Vokabeln wie Relevanz hervorrufen.

[70] Ein Ergebnis, das dort noch viel deutlicher wird, wo Gerichte wie die Cour de Cassation von vornherein bewußt darauf verzichten, sich mit anderen Entscheidungen oder gar Meinungen in der Literatur auseinanderzusetzen, vgl. dazu auch *Kötz*, Über den Stil höchstrichterlicher Entscheidungen (1973) S. 8.

[71] Gewählt wird darum nur noch im Rahmen des „für uns Vorgewählten", *Atteslander*, Universitas 26 (1971) S. 167.

[72] Nicht von ungefähr heißt es deshalb im Schlußbericht S. 66, Objektivität sei eine Forderung, die „schwer und nur unvollkommen" erfüllt werden könne. Und ebenso bezeichnend wie treffend ist die Bemerkung von *Steinmüller*, in Hessische Hochschulwochen für staatswissenschaftliche Fortbildung 73 (1972) S. 54: „Es ist also sehr schwer, unter den Prämissen gerade automatisierter Informationsverarbeitung das Wort Objektivität auch nur einigermaßen ohne schlechtes Gewissen zu gebrauchen ..."

tungszwang, dem jede Meinungsäußerung unterliegt. Überlegungen zu juristischen Problemen, die mehr sein sollen als rein private Reflexionen, müssen nun einmal veröffentlicht werden. Das Dilemma aller Dokumentationen zeichnet sich damit deutlich ab. Sollen nicht sämtliche Publikationen unterschiedslos registriert werden, so lassen sich Begrenzungen nicht umgehen[73]. Nur: Einschränkungen, gleichviel welcher Art, sind für keine Dokumentation und erst recht nicht für die juristische Datenbank Schicksal, in das sie sich blind fügen müssen. Die angestrebte Verbesserung der Wissensvermittlung rechtfertigt noch lange nicht die reflexionslose Hinnahme irgendeiner Restriktion. Begrenzungen sind vielmehr nur tolerabel, wenn es gelingt, dafür überzeugende Maximen zu formulieren[74]. Anders ausgedrückt: Keine noch so gut funktionierende Dokumentation ist den Preis einer undurchschaubaren, manipulativen Wissensverkürzung wert.

Über Begrenzungen läßt sich allerdings solange nicht ernsthaft diskutieren, wie nicht Klarheit darüber besteht, auf welche Weise im spezifisch juristischen Bereich Problembewußtsein geweckt wird. Was also interessiert, sind die Bedingungen, unter denen Meinungen entstehen, weitervermittelt und rezipiert werden. Rhetorische Spielereien, wie der Hinweis auf juristische „Entdeckungen"[75] helfen da nicht weiter. Denn die eigentliche Frage, was, wann, warum „entdeckt" wird, bleibt unbeantwortet. Am Beispiel demonstriert: Sicherlich kann man die faktischen Vertragsverhältnisse zu den wichtigsten schuldrechtlichen „Entdeckungen" der letzten Jahrzehnte zählen. Doch weitaus wichtiger ist es, herauszufinden, wieso zu einem bestimmten Zeitpunkt eine solche Konstruktion nicht nur formuliert, sondern sich auch trotz der zuweilen überhaus heftigen Kritik wenigstens in einigen zentralen Bereichen weitgehend durchsetzen konnte, um dann kurze Zeit später mehr oder weniger von der Bildfläche zu verschwinden. Und wenn man schon von Entdeckungen spricht: Die protestatio facto contraria, von der mittlerweile nahezu jeder meint, sie verhelfe zu sehr viel besseren Lösungen, weist ein unvergleichlich respektableres Alter auf. Zu erklären wäre deshalb der plötzliche Gedächtnisschwund, der eine ebenso heftige wie langanhaltende Diskussion über scheinbar nutzlose Zwischenkonstruktionen entfachte. Auch die „Wiederentdeckung" ist kein zufälliger oder gar willkürlicher Vorgang.

Konstruktionen wie die faktischen Vertragsverhältnisse zielen, jedenfalls im Zeitpunkt ihrer Entstehung, offen darauf ab, die juristische Normalität zu durchbrechen. Sie widersprechen eindeutig den akzeptierten Denk- und Argumenta-

---

[73] Vgl. dazu auch den Schlußbericht S. 63.

[74] Von ähnlichen Überlegungen geht wohl auch *Zielinski*, DVR 2 (1973/74) S. 71 f., aus. Freilich ist die Forderung, das Auswahlverfahren müsse „möglichst systemneutral sein, d. h. es darf die Funktionen des vorhandenen Rechtsinformationssystems nicht – unbeabsichtigt – verändern", mißverständlich. In dieser Allgemeinheit erweckt sie jedenfalls den Eindruck, als ob die Existenz eines bestimmten Informationssystems nur die Suche nach einem strikt angepaßten Auswahlverfahren gestatte, jede problematisierende Reflexion über eben diese Auswahl, die schließlich auch zu einer Änderung des Systems selbst führen könnte, also schlicht verbiete.

[75] *Dölle*, Juristische Entdeckungen, Verhandlungen des 42. DJT II (1959) S. B 1 ff.

tionsmustern. Ob nun aus der ursprünglich systemfremden ja systemfeindlichen Überlegung ein Paradigma wird, das letztlich dazu führt, die bisherige Normalität entsprechend umzustrukturieren, hängt auch von den bestehenden Kommunikationsmechanismen ab. Wohlgemerkt, nichts wäre verfehlter, als paradigmatische Wirkungen mehr oder weniger allein aus den existenten Kommunikationsformen erklären zu wollen[76]. Der Kommunikationsapparat besteht nicht um seiner selbst willen. Er agiert immer in einem bestimmten sozialen Kontext, empfängt von dort aus die für seine Tätigkeit maßgebenden Impulse und strukturiert im Hinblick darauf die Verbreitung von Information. Nur wäre es viel zu vordergründig, sich mit diesem Hinweis zu begnügen. Der einmal entstandene Apparat entwickelt seine eigenen Gesetzlichkeiten, die nicht ohne Einfluß auf die Aufnahme und Vermittlung von Information bleiben, mag sie sozial noch so notwendig oder irrelevant sein.

Eben diese Schlüsselrolle der etablierten Kommunikationsstrukturen hat bislang im juristischen Bereich keinerlei nennenswerte Beachtung gefunden. Die Spielregeln, nach denen sich die Diskussion über einzelne Probleme entwickelt und vollzieht, bleiben im Dunkeln. Nach wie vor beherrscht der sorgsam kultivierte Glaube die Szene, qualitativ hochstehende Beiträge würden nicht nur ohne weiteres publiziert, sondern könnten ebenso selbstverständlich ihrer Wirkung sicher sein. Und dies, obgleich wissenschaftssoziologische Analysen in einer Vielzahl anderer Bereiche längst die Unhaltbarkeit solcher Annahmen demonstriert haben. Nicht einmal die in führenden Bibliographien unzweideutig formulierte Einschränkung, sie enthielten nur eine „wertende Auswahl"[77], veranlaßt dazu, sich wenigstens zu überlegen, wonach sich denn diese stets zur Bedingung gemachte „Qualität" bestimmt. Als ob unter Juristen Faktoren wie Reputation, Autorität oder gegenseitige Gratifikation durch ebenso intensives wie gezieltes Zitieren keine Rolle spielten[78]. Gewiß gibt es gerade hier eine ganze Reihe von Besonderheiten, die beispielsweise die Art und Weise, in der Reputation entsteht und sich Schichtungen herausbilden, die sich auf den Kommunikationsprozeß auswirken, nachhaltig beeinflussen. Dazu zählt vor allem die Interdependenz von Judikatur und Literatur und der spezifische Prestigeeffekt, der aus der Rezeption einzelner Meinungen in dieser Wechselbeziehung folgt. Solche Besonderheiten bestätigen aber letztlich nur, wie notwendig es ist, die anderswo im Rahmen der Analyse von Kommunikationsstrukturen gesammelten

---

[76] Beispielhaft für derartige Simplifikationen sind die Überlegungen von *Cole*, in *Weingart*, Wissenschaftssoziologie I (1972) S. 165 ff. Vgl. dazu auch die Kritik von *Weingart*, ebda. S. 34 f., sowie zur Bedeutung paradigmatischer Konstruktionen *Kuhn*, The structure of scientific relations (1965) S. 68 ff., in *Lakatos*, Criticism and the growth of knowledge (1970) S. 1 ff.; *Masterman*, ebda. S. 59 ff.; *Feyerabend*, ebda. S. 197 ff.

[77] Vgl. die Vorbemerkung zur Karlsruher Juristische Bibliographie, was freilich den Schlußbericht, S. 42 f., 63 f., 335, nicht im geringsten davon abhält, den Bemerkungen zum Umfang der zu dokumentierenden Literatur eben diese Bibliographie zugrundezulegen.

[78] Der von *Merton*, in *Weingart*, Wissenschaftssoziologie I S. 121 ff., konstatierte „Matthäus-Effekt", vgl. auch *Whitley*, ebda. S. 188 ff., sowie *Weingart*, ebda. S. 17, 34 f., mag vor allem an den Naturwissenschaften demonstriert worden sein, er ließe sich aber unschwer auf die Jurisprudenz übertragen.

Erfahrungen zu nutzen. Erst dann dürfte sich auch zeigen, in welchem Ausmaß das jeweilige Selbstverständnis des Berufsstandes Innovationen hemmt und damit die Kommunikation erschwert. Die Symptome lassen sich nicht übersehen. Nicht von ungefähr kommt es zu Gruppierungen mit eigenen Publikationsorganen. Die scientific community spaltet sich, mag der Gegensatz nur als Generationenkonflikt ausgegeben werden – „junge" gegen „alte" Kriminologen – oder sehr viel grundsätzlicher angelegt sein.

Die ohnehin bei der Informationsvermittlung vorhandenen Steuerungstendenzen verstärken sich dadurch nur. Wer daran zweifelt, braucht die gängigen Dokumentationen lediglich daraufhin durchzusehen, inwieweit sie der Kritischen Justiz etwa und den dort veröffentlichten Beiträgen auch nur halbwegs soviel Aufmerksamkeit widmen wie irgend einem der traditionellen Archive. Und kaum weniger bedenklich ist es, wenn die Benutzer dieser Dokumentationen über die in der Kritischen Justiz vertretenen Meinungen nur mittelbar etwas erfahren, genauer: aus Angaben über Aufsätze, die sich mit diesen Überlegungen auseinandersetzen, freilich in anderen durchaus akribisch verarbeiteten Zeitschriften. Die Konsequenzen sind um so bedenklicher, als sich bei Juristen Denkprozesse keineswegs nach dem Muster der freien Assoziation abspielen. Vielmehr vollziehen sie sich im Rahmen einer unablässigen Weiterentwicklung und Neubildung von Subsystemen, was eine ungleich höhere Manipulierbarkeit durch gezielt einseitige Information zur Folge hat[79].

Solche Beobachtungen zeigen allerdings nur zu gut, wie wenig es gelingen kann, überzeugende Dokumentationssysteme zu entwickeln, ohne zuvor die Kommunikationsstrukturen genau zu untersuchen. Solange es daran fehlt, ist jede Dokumentation, die sich aus ausgewählten und bearbeiteten Texten zusammensetzt, suspekt. Deshalb sind gegenwärtig nur Dokumentationen akzeptabel, die dank einer Minimisierung der Eingriffe in das vorhandene Material auch eine Minimisierung der Manipulationschancen ermöglichen. Die Entwicklung von Dokumentationssystemen, die Texte rezipieren, ohne sie zu verändern, ist die technologische Antwort auf die politische Forderung nach unmanipulierter Information. Die technologische Struktur muß sich der politischen Erwartung anpassen und nicht etwa unter Berufung auf vorgeschobene Sachzwänge, die in Wirklichkeit doch nur sorgfältig kaschierte informationspolitische Entscheidungen sind, Lösungen aufoktroyieren, die eben diesen Erwartungen zuwiderlaufen[80]. Darum mag eine Alternative zum Volltextsystem technisch durchaus möglich sein, politisch ist sie untragbar[81]. Zwar weiß mittlerweile jeder, daß es einen absoluten Gegensatz zwischen Volltext und Registrierung nicht gibt. Auch

---

[79] Vgl. dazu auch *Simon*, in General Systems Yearbook 1965, S. 63 ff.; *Guetzkow*, in *March*, Handbook of organizations (1965) S. 534 ff.

[80] Die Dokumentation darf also nicht jener von *H. P. Bahrdt*, Atomzeitalter 1964, S. 161, aufgezeigten „Dialektik der Rationalisierung" verfallen, die darauf hinausläuft, den Vermittlungsprozeß der Information zwar zu verbessern, die Information selbst aber einzuengen.

[81] Das gilt für jedes Dokument. Deshalb läßt sich auch nicht behaupten: „Die Wünschbarkeit einer Volltext-Dokumentation von Normen kann nicht ohne weiteres auf Rechtsprechungsdokumente übertragen werden.", *Zielinski*, DVR 2 (1973/74), S. 72.

das reinste Volltextsystem kommt ohne zusätzliche erläuternde und Relationen herstellende Angaben nicht aus. Die Entscheidung kann sich allerdings nur danach richten, welcher der beiden Wege Informationsverzerrungen bei der Aufnahme von Dokumenten am ehesten verhindert. Je mehr man aber vom ursprünglichen Text abweicht, desto größer ist auch die Gefahr der Deformation und damit der Manipulation.

Sicherlich, der Einwand drängt sich fast von selbst auf: Technische und finanzielle Grenzen lassen sich nicht einfach wegwischen. Wer sich kompromißlos an der politischen Forderung orientiert, verlangt, so scheint es, die vollständige Aufnahme sämtlicher juristischer Dokumente und damit letztlich Unmögliches. Indem er aber zugunsten einer Utopie die gegenwärtigen Experimente und Pläne vor unüberwindliche Hindernisse stellt, riskiert er zugleich, sich als gefährlicher Phantast zu erweisen.

Doch derlei Bemerkungen verfehlen ihr Ziel. Niemand verkennt, wie bedrohlich groß die Zahl der Dokumente ist, oder unterschätzt die für eine Aufnahme erforderlichen Kosten. Nur werden deshalb die diagnostizierten Manipulationsmöglichkeiten nicht erträglicher, wenn nicht sogar akzeptabel. Wiederum gilt es vielmehr nach Wegen zu suchen, die der Forderung Rechnung tragen, von vornherein, soweit es nur irgendwie geht, Maßnahmen zu vermeiden, die Manipulation begünstigen[82]. Unter diesen Umständen bleibt nichts anderes übrig, als auf den Plan einer Dokumentation, die von Anfang an alle juristischen Dokumente erfaßt, zu verzichten, und zwar zugunsten einer strikt nach informationspolitischen Gesichtspunkten bestimmten Prioritätenliste. Maßstab für den Aufbau der Datenbank hat mit anderen Worten der Informationszustand zu sein. Infolgedessen kommen für eine Aufnahme zunächst lediglich jene Bereiche in Betracht, bei denen die Informationskrise ein Ausmaß erreicht hat, das die Rechtsordnung bereits akut gefährdet. Weite Teile des bürgerlichen oder auch des öffentlichen Rechts lassen sich, so gesehen, nicht auf eine Stufe mit dem Arbeits-, Sozial- oder Steuerrecht stellen. Sie rangieren zwangsläufig hinter diesen Gebieten, deren uneingeschränkte Aufnahme deshalb auch den Ausgangspunkt der Datenbank bilden muß.

2. Der Wunsch, die vorhandenen Dokumente vollständig aufzunehmen, hat freilich aus der Perspektive des Benutzers eine nicht ungefährliche Kehrseite. Ihn interessiert keineswegs das gesamte zu einer bestimmten Frage existierende und auch gespeicherte Material. Seine Erwartungen sind vielmehr durch den unmittelbaren Bezug auf eine konkrete Problemkonstellation geprägt. Für ihn

---

[82] Der Schlußbericht, S. 62 f., meint zwar, die Forderungen an ein juristisches Informationssystem dürften „nicht von vornherein durch technische oder wirtschaftliche Grenzen der Realisierbarkeit beschränkt werden", hält aber einen Ausgleich im Rahmen der endgültigen Systemkonzeption für unumgänglich. Im Prinzip dürfte dagegen kaum etwas eizuwenden sein. Nur läßt eine solche recht abstrakte Formulierung offen, inwieweit es nicht doch bestimmte Forderungen gibt, die unverzichtbare Voraussetzungen eines Informationssystems sind, also keineswegs auch Gegenstand eines Ausgleichs sein können. Dazu zählt die Verhinderung von Manipulationen. Sie ist insofern keine „Idealforderung", sondern höchst reale Grundbedingung der Einrichtung einer Datenbank.

sind immer nur die Dokumente von Bedeutung, die Überlegungen zu eben dieser ihn beschäftigenden Fragestellung enthalten. Deshalb weckt jede Information, die sich nicht an diese Grenze hält, Zweifel am Nutzen der Datenbank. Aufnahme und Ausgabe scheinen mithin unter verschiedenen, ja gegensätzlichen Vorzeichen zu stehen. Während im einen Fall die Manipulationsgefahr Begrenzungen verbietet, sieht es so aus, als ob im anderen das Interesse des Benutzers an einer für ihn praktikablen Dokumentation Restriktionen geradezu gebietet.

Insofern ist die Forderung durchaus verständlich, Dokumentationssysteme so zu konzipieren, daß sie von sich aus eine inhaltliche Auswahl treffen können, Information also bieten, die aus der Sicht des Benutzers wirklich weiterhilft[83]. Und ebensowenig läßt sich die Bedeutung von Fakten-Retrieval- sowie Frage-Antwort-Systemen bestreiten, wenn man dieses Ziel überhaupt erreichen will[84].

Spätestens hier zeigt sich freilich die Schlüsselfunktion der Sprache bei der Informationsvermittlung. Nicht von ungefähr hat man, unter Hinweis auf Funktion und Bedeutung der juristischen Sprache, gemeint, sämtliche Datenbankpläne endgültig diskreditieren zu können[85]. Computer seien, so heißt es, zwar in der Lage, Buchstaben durch Buchstaben, niemals aber Inhalte zu erklären. Kein Dokumentationssystem brächte es deshalb fertig, mit politisch, schichtspezifisch oder psychisch gefärbten Wörtern, die ja die Besonderheit jeder juristischen Sprache ausmachten, umzugehen. Rechtsbegriffe seien nun einmal keine Namen mit eindeutig zugeordneten Namensträgern. Wer dennoch den Aufbau von Datenbanken unterstütze, verschwende schlicht die immensen dafür erforderlichen Summen und verschleiere bewußt oder unbewußt den politischen Gehalt der Sprache.

Unstreitig ist soviel: In wenigstens einer Hinsicht verändern sich alle in elektronisch gesteuerte Datenbanken aufgenommenen Dokumente. Formale Beschreibungselemente ersetzen die natürliche Sprache. Deshalb hängt der Erfolg späterer Zugriffe vom einwandfreien Verlauf einer doppelten Übersetzung ab. Suchfragen müssen in die formale Sprache des Computers und die gespeicherten Dokumente in die natürliche Sprache des Benutzers transponiert werden. Das Dokumentationssystem hat insofern zunächst einmal keinen anderen Zweck, als das vorhandene Material in einer anderen, für die Verwendung der Maschine erforderlichen Sprache abzubilden. Die Datenbank beschränkt sich daher darauf, jene Sprache widerzuspiegeln, die sich in den registrierten Dokumenten findet. Sie ändert also diese Sprache nicht, sondern rezipiert sie in der jeweils benutzten Form. Daß aber jedes der abgebildeten Wörter, gerade weil es sich um juristisch relevante Begriffe handelt, zumindest tendenziell rechtspolitische Wertungen enthält, ist eine Binsenwahrheit, bei der es sich nicht weiter aufzuhalten lohnt. Man braucht nicht den Streik und die Betriebsdemokratie

---

[83] Vgl. dazu insbesondere den Schlußbericht S. 64, 67; *Bühnemann*, DVR 1 (1972/73) S. 94 f.; *Seidel*, NJW 1973, S. 1678.

[84] Schlußbericht S. 82 ff.

[85] *D. Horn*, NJW 1971, S. 1588 ff.; *Rodingen/Seibert*, NJW 1973, S. 1680; *Rodingen*, Frankfurter Allgemeine Zeitung vom 27. 12. 1973, S. 9.

zu bemühen[86], Eigentum und Kindeswohl reichen schon völlig aus, um dies zu demonstrieren. Das kann schon deshalb nicht anders sein, weil die Rechtsordnung mit ihrer Sprache, Signale in der Auseinandersetzung mit konkreten gesellschaftlichen Sachverhalten setzt. Juristische Aussagen entstehen, indem mit Hilfe einer Symbolisierung und damit der Einordnung in ein intersubjektiv gültiges System von Symbolen eine bestimmte Lösungsmöglichkeit für einen konkreten in der Gesellschaft sich abspielenden Konflikt formuliert wird. Keine Datenbank verschließt sich aber der Aufnahme dieser Symbole. Sie besteht in Wirklichkeit aus eben diesen mit Wertvorstellungen versehenen Begriffen.

Welche Vorstellungen allerdings dabei jeweils eine Rolle spielen, ist zunächst einmal völlig gleichgültig, sofern es sich nur um Worte handelt, die sich in den registrierten Dokumenten finden. Ebensowenig kommt es darauf an, was der Suchende unter einem bestimmten Begriff versteht. Wichtig ist lediglich, ob die gespeicherten Dokumente auch das von ihm verwendete Symbol enthalten. Von der Perspektive des Benutzers hängt es infolgedessen ab, welche Gesichtspunkte die Grundlage für die Interpretation der verschiedenen von der Datenbank zur Verfügung gestellten Dokumente abgeben. Insofern wiederholt sich die schon für den Gebrauch der herkömmlichen Dokumentationen typische Situation. Wer beispielsweise zu einem der NJW-Fundhefte greift, sucht nach dem Abbild der von ihm verwendeten Symbole. Die Tragweite der Information bestimmt sich letztlich jedoch nach seinem Verständnis der mitgeteilten Angaben.

Daran ändern auch Suchstrategien nichts, die das Material nach den Wünschen des Benutzers sortieren, zugleich aber jede Aussage über den Inhalt der einzelnen Dokumente strikt vermeiden. Genauer: Wer sich etwa nur für die Entscheidungen eines Oberlandesgerichts zu einem konkreten Problem interessiert und sie auch bekommt, setzt kein Verfahren in Gang, das zu einer irgendwie gearteten Interpretation nötigt. Die Auswahlkriterien sind zwar denkbar dokumentnah, doch operieren sie ausschließlich mit gleichsam äußeren, formalen Daten.

Die Forderung, den Benutzer nicht mit Material zu überhäufen, sondern lediglich das für ihn wichtige bereitzustellen, läßt sich also jedenfalls bis zu einem gewissen Grad durchaus mit Hilfe von Techniken erfüllen, die nicht auf die Bedeutung der in den Dokumenten verwendeten Wörter einzugehen brauchen. Freilich verkürzt eine solche Auswahl die Information nur solange nicht, wie sie tatsächlich alle gespeicherten Unterlagen berücksichtigt. Informationsverlust führt aber im Ergebnis genauso zu einer Informationsverzerrung wie die nach welchen Gesichtspunkten auch immer praktizierte Auswahl bei der Aufnahme.

Information geht nun vor allem dann verloren, wenn Benutzer und Computer sich einer unterschiedlichen Sprache bedienen. Die gesuchten Angaben mögen sehr wohl vorhanden sein. Wird aber die Frage nicht in den im Dokument vorkommenden Begriffen formuliert, so bleibt es unauffindbar. Dort wo, wie in der juristischen Sprache, die Zahl der bedeutungsgleichen und mehrdeutigen Wörter besonders groß ist, wird die Sprachdivergenz zur gleichsam natürlichen Be-

---

[86] *Rodingen/Seibert*, NJW 1973, S. 1680.

gleiterscheinung des Dialogs mit der Maschine. Juristische Datenbanken sind insofern permanent der Gefahr eines gravierenden Informationsverlustes ausgesetzt. Sicherlich, Korrektive stehen längst zur Verfügung. Kein Datenbankprojekt verzichtet auf Thesauri, die Synonyme einander zuzuordnen und Homonyme zu eliminieren suchen, mögen im übrigen die Techniken noch so verschieden sein[87]. Mit jeder solchen Wortliste bezieht jedoch die Datenbank die semantische Dimension der juristischen Sprache ein[88]. Vergleiche zwischen den einzelnen Begriffen zielen auf die Festlegung von Inhalten ab. Vom Augenblick an, in dem ein Thesaurus erstellt wird,finden bestimmte in der Sprache fixierte Vorstellungen Eingang in das Instrumentarium für die Informationsvermittlung. Selbst wenn die Anstrengung noch so groß ist, die Perspektive jedes einzelnen Dokuments ebenso einzufangen wie die Sicht der potentiellen Benutzer, die Begriffe lassen sich nur auf dem Hintergrund eines konkreten Verständnisses ihrer Bedeutung aufeinander beziehen oder voneinander unterscheiden[89].

Die Existenz von Synonymen und Homonymen zwingt mithin die Datenbank, um der eigenen Praktikabilität willen, zu Konzessionen, die nicht in das Schema der dem Inhalt gegenüber neutralen, reinen Abbildung der Sprache passen. Die Chance, das gesamte gespeicherte Material verwerten zu können, Informationsverlusten also wirksam vorzubeugen, erhöht sich dadurch merklich, freilich um den Preis einer neuen Manipulationsmöglichkeit. Denn die für den Thesaurus erforderliche Interpretation der Begriffe impliziert eine Deutung der Dokumente. Indem der Benutzer auf den Sprachschlüssel der Datenbank zurückgreift, akzeptiert er zugleich die damit notwendigerweise verbundene Gewichtung des Materials. Noch einmal aber: Wollte man darauf verzichten, Äquivalenzen ebenso wie Ambivalenzen offenzulegen und zu registrieren, so würde die für die Information des Benutzers unentbehrliche Wiederauffindung der gespeicherten Dokumente völlig von der zufälligerweise gerade verwendeten Wörtern abhängen. Insofern scheinen Wortlisten mit Synonymen und Homonymen das jeder Datenbank immanente, unvermeidliche Manipulationsminimum darzustellen.

Nur zu verständlich, wenn unter diesen Umständen die früher oft schon erhobene Forderung nach eindeutigen juristischen Begriffen in einem ganz neuen Licht erscheint. Keineswegs konkretisiert sich in ihr lediglich der technokratische Wunsch, den Computer vor den diskreditierenden Fehlleistungen zu bewahren, die durch unscharfe Begriffe entstehen. Eindeutigkeit heißt vielmehr nichts weniger als verbindlicher Konsens über die Inhalte der jeweils benutzten Wörter[90]. Sie ist insofern bewußt in Kauf genommene Interpretationssperre. Wo die Auslegung beginnt, setzt der Zweifel ein und hört die Eindeutigkeit auf.

---

[87] Vgl. dazu insbesondere den Schlußbericht S. 90 ff. sowie *Bauer-Bernet*, Rechtsdokumentation (1973) S. 30 ff., 42 ff.

[88] Zu der spezifischen Bedeutung dieser Dimension vgl. auch die allgemeineren Überlegungen von *Studnicki*, Archivum Iuridicum Cracoviense 1 (1968) S. 31.

[89] Zutreffend spricht deshalb der Schlußbericht S. 91 f., 95 ff. von negativen Auswirkungen auf die Selektionsgüte.

[90] Vgl. auch *Esser*, Vorverständnis und Methodenwahl in der Rechtsfindung (1970), S. 31 sowie generell zur Problematik der Eindeutigkeit vor allem *Hassemer*, Tatbestand und Typus (1968), S. 66 ff.

Solange aber Einigkeit über die Inhalte herrscht, vermag die Sprache nur den einen allgemein akzeptierten Sinn zu vermitteln. Sie eignet sich infolgedessen nicht mehr als Manipulationsvehikel. Das gemeinsame Verständnis bewahrt vor der Steuerung durch partikuläre Deutungen.

Am Sonderfall der juristischen Datenbank wiederholt sich freilich dadurch eine sehr viel prinzipiellere Diskussion. Die Eindeutigkeit der Sprache ist in Wirklichkeit nur eine spezifische Konkretisierung der Forderung nach einer nachvollziehbaren und damit kontrollierbaren Rechtsanwendung, wie sie vor allem im Grundsatz der Bindung an das Gesetz zum Ausdruck gelangt. Statuiert wird dadurch ein bestimmtes Kommunikationsmodell. Der Gesetzgeber läßt sich nicht auf einen Dialog mit demjenigen ein, der Recht anwendet. Er formuliert vielmehr Befehle, die der Empfänger ausführen muß, und zwar ohne sie zu paraphrasieren[91]. Nicht die Erläuterungen desjenigen, der das Gesetz vollzieht, bestimmen den Rahmen seiner Handlungen, sondern die in der Norm verbindlich und für jeden einsichtig fixierten Aussagen. Regeln, wie die bei aller Verschiedenheit der Rechtsordnungen von den Gerichten immer wieder betonte plain meaning rule[92], haben keinen anderen Sinn, als eben diese Verpflichtung, sich strikt nach der im Gesetzestext festgehaltenen Anweisung zu richten, nachdrücklich zu unterstreichen. Der eindeutige Wille des Gesetzes duldet weder Zweifel noch Widerspruch. Domestiziert wird nicht die Sprache, sondern der Sprechende.

Nur: mit der Realität praktizierter Rechtsanwendung haben solche Vorstellungen wenig gemein. Juristische Begriffe sind auf die Regelung gesellschaftlicher und damit veränderbarer Sachverhalte angelegt. Eine um ihrer Funktionsfähigkeit willen der sozialen Wirklichkeit gegenüber offene Rechtsordnung bedarf deshalb auch einer Sprache, die hinreichend flexibel ist, um die sich vollziehenden Wandlungen einzufangen[93]. Normen können insofern immer nur vorübergehend eindeutig sein. Selbst wenn im Augenblick ihrer Entstehung der Wortlaut einen noch so großen Konsens über die Inhalte widerspiegelt, verändert sich das Sprachverständnis mit jeder neuen Anwendung. An die Stelle der ursprünglichen Eindeutigkeit tritt zunehmend eine Mehrdeutigkeit, die später durchaus in eine neue, freilich ebenfalls befristete Eindeutigkeit umschlagen kann. Darum kann sich die Bedeutung der verwendeten Begriffe sehr wohl so verschieben, daß sich mit ihrer Hilfe Sachverhalte regeln lassen, die im Zeitpunkt der Ent-

---

[91] Vgl. dazu auch *Brinkmann/Petöfi/Rieser*, DVR 1 (1972/73) S. 270 f., *Esser*, Vorverständnis S. 31: „Das Regelungsmodell ist ja nicht das Ergebnis einer eigenen Beurteilungskompetenz des Rechtsanwenders, sondern der jeden Rechtsanwender in der gleichen Weise bindenden Regelungsbedeutung der Norm selbst."

[92] Vgl. dazu insbesondere *Lüderitz*, Auslegung von Rechtsgeschäften (1966) S. 30 ff., 66 ff.

[93] Ob allerdings *Hart*, The concept of law (2. Aufl. 1963) S. 121 ff., mit der open texture genau dies meint, scheint mir entgegen mancher Behauptung recht zweifelhaft. Schon im Hinblick auf die Feststellung, S. 132, es gäbe Gebiete „where much must be left to be developed by the courts or the officials ...". Eine den Text permanent verändernde Interpretation ist kein ausschließliches Kennzeichen irgend eines bestimmten Bereiches, mögen die Modalitäten der Auslegung noch so sehr variieren, Dogmatiken und nicht Dogmatik existieren, vgl. *Simitis*, AcP 172 (1972) S. 131 ff.

stehung der Norm weder vorhanden noch vorauszusehen waren[94]. Man braucht sich nur einmal die Entwicklung des Deliktsrechts zu vergegenwärtigen. Deshalb überrascht es auch nicht, wenn aus einem einzigen Wort, das zudem syntaktisch unverändert bleibt, eine Vielzahl von Begriffen mit deutlich voneinander unterscheidbaren Inhalten hervorgeht. Ein so simples Beispiel wie die fortschreitende inhaltliche Differenzierung des Wortes Kind von seiner anfänglichen Verwendung im Familienrecht bis hin zu seiner Benutzung in sehr verschiedenen sozialrechtlichen Zusammenhängen dürfte genügen, um dies zu demonstrieren[95].

Die Existenz juristischer Datenbanken ändert an dieser Situation nicht das Geringste. Wer trotzdem den Computer als späte, aber um so günstigere Gelegenheit ausgibt, um endlich zu einer eindeutigen Sprache zu gelangen, benutzt die Datenbank nur als Vorwand. Eingriffe in die juristische Sprache sind immer auch Eingriffe in die Funktion rechtlicher Aussagen[96]. Der Versuch, einen bestimmten Inhalt für verbindlich zu erklären, verfolgt letztlich einzig und allein den Zweck, eben diesen bevorzugten Inhalt vor den Auswirkungen einer sich permanent verändernden gesellschaftlichen Wirklichkeit zu schützen. Die Eindeutigkeit reduziert zwar eine scheinbar lästige Komplexität, aber stets im Hinblick auf die Stabilisierung eines konkreten Zustandes. Eine Sprache, die Zweifel

---

[94] Das übersieht *Brinkmann*, ÖVD 1972, S. 68.

[95] Um jedes Mißverständnis zu vermeiden: Eindeutigkeit kann auch einen anderen, gleichsam rein gesetzestechnischen Sinn haben. Sie beinhaltet dann lediglich die Aufforderung an den Gesetzgeber, sich im Rahmen einer bestimmten Regelung auch einer einheitlichen Sprache zu bedienen, für eine inhaltliche Konstanz der verwendeten Begriffe also zu sorgen. Gerade dieser spezifische Aspekt der Eindeutigkeit spielt verständlicherweise bei den Bestrebungen die „Automationsfreundlichkeit" der Gesetzgebung zu erhöhen, eine wichtige Rolle. Vgl. dazu auch *Noll*, Gesetzgebungslehre S. 261 f.; *Simitis*, Informationskrise S. 116 ff.

[96] Überlegungen, die darauf abzielen, Nichtjuristen, genauer Sprachwissenschaftlern „die Verfügung über die Feststellung der Eindeutigkeit" zu übertragen, vgl. *Brinkmann/Petöfi/Rieser*, DVR 1 (1972/73) S. 271, sind deshalb äußerst fragwürdig. Linguistische Ansätze mögen dem logischen Formalismus durchaus insoweit überlegen sein, als dieser sich auf die Annahme gründet, die Beziehung zwischen der jeweils benutzten Sprache und den realen Objekten sei geklärt, wohingegen der linguistische Formalismus eben diese Relation reflektiert. An dem aus der spezifischen Funktion der Rechtsordnung folgenden Grundwiderspruch zwischen der tendenziell abschließend formulierten gesetzlichen Regelung und ihrer tendenziell permanent offenen Interpretation ändert sich freilich dadurch nichts. Denn dieser Widerspruch manifestiert sich in der Konfrontation der vorhandenen rechtlichen Regeln mit den gesellschaftlichen Konflikten. Die Reaktionsmöglichkeit auf eben diese Gegensätze bestimmen darüber, wann die präsumierte Eindeutigkeit aufhört und Mehrdeutigkeit zur notwendigen Voraussetzung einer Konfliktlösung wird. Die Entscheidung über die Eindeutigkeit ist insofern nicht mehr unter sprachwissenschaftlichen oder gar formallogischen Gesichtspunkten zu fällen, sondern einzig und allein unter juristisch-strategischen, genauer rechtspolitischen Aspekten. Was man daher verlangen kann, ist, diese Aspekte offenzulegen, um sie auch kontrollierbar zu machen, nicht aber sie zugunsten von Maßstäben zu verdrängen, die mit der Funktion der Rechtsordnung nicht das mindeste zu tun haben. – Der Schlußbericht, S. 47, weist zwar auf die Schwierigkeiten hin, die aus dem Mangel einer konkret-abschließenden Regelung entstehen, doch in einer überaus mißverständlichen Form. Fast könnte man meinen, daß es sich dabei nach Ansicht der Autoren um eine höchst bedauerliche „Entgleisung" handelt, die im Interesse der Funktionsfähigkeit des Computers so schnell wie möglich beseitigt werden müßte.

aufnimmt und womöglich noch verarbeitet, verursacht dagegen nur Schwierigkeiten. Die unter Berufung auf die Eindeutigkeit verweigerte oder reduzierte Interpretation ist insofern auch eine Interpretation, freilich unter einem anderen Vorzeichen.

Jede Datenbank, die deshalb auf die Sprache Einfluß zu nehmen sucht, steuert zugleich die Information[97]. Sollen Manipulationen wirklich vermieden werden, so müssen die durch das Filter einer Sprachbereinigung bewirkten Verzerrungen unterbleiben. Anders formuliert: Eine Datenbank, die ihre Aufgaben darin sieht, Informationsverfälschungen soweit wie nur irgend möglich auszuschließen, hat keine andere Wahl, als die semantische Dimension der gespeicherten Wörter auszusparen. Dem Benutzer muß es vorbehalten bleiben, diese Dimension einzuführen. Nur dann lassen sich Informationsverluste auf ein erträgliches Maß zurückführen. Verkürzungen vollziehen sich nicht schon beim Computer, sondern erst unter der Einwirkung der Informations- und Entscheidungsperspektive des Benutzers.

Darum überschreitet die gezielte Suche nach inhaltlich relevanten Dokumenten die Grenze der noch zulässigen Leistung der Datenbank. Relevanz ist immer eine interpretatorische Kategorie. Sie setzt insofern Kriterien voraus, die Information von vornherein auf bestimmte Aspekte hin modellieren. Indem es die Datenbank übernimmt, Information gleichsam nicht mehr als Rohstoff, sondern bearbeitet zu liefern, sichert sie sich zugleich die Interpretationsherrschaft. Was als relevant zu gelten hat, richtet sich einzig und allein nach dem der Datenbank vorgegebenen Interpretationsmuster. Wer deshalb über sie verfügt, entscheidet letztlich auch über die Informationsziele. Die Reduktion auf inhaltlich relevante Dokumente ist insofern die Vorstufe zu einer von der Datenbank gesteuerten Opportunität der Angaben. Dokumentationen, die dieses Ergebnis weder offen noch versteckt anvisieren, können deshalb nicht umhin, ihre Ambitionen einzuschränken. Der Verzicht auf eine inhaltliche Auswahl ist ein notwendiges Tribut an die Manipulationsanfälligkeit.

3. Auswahl und Bearbeitung von Texten sind freilich nicht die einzigen Mittel der Informationssteuerung. Ähnliche Ergebnisse lassen sich auch durch einen sorgfältig gelenkten Zugang zur Datenbank erzielen. Ohnehin favorisiert der Entstehungsprozeß elektronisch gesteuerter Dokumentationen solche Tendenzen. Schon deshalb, weil die hohen Kosten das Informationsinstrument Datenbank zwangsläufig extrem kapitalkräftigen Interessenten vorbehalten. Die Konsequenz sind deutliche Konzentrationsbestrebungen sowohl auf staatlicher als auch auf privater Ebene; die Verwaltung des Informationsflusses zentralisiert sich zunehmend. Diese ausgesprochen monopolistische Entwicklung ist aber, wie die Erfahrung zeigt, mit Bestrebungen verknüpft, den Kreis der Informationsadressaten einzuschränken. Die finanziellen Anforderungen an die poten-

---

[97] Genau dies ist vor allem dort gründlich verkannt worden, wo, wie beispielsweise bei der Corte di Cassazione, Dokumentation und Sprachreform wie selbstverständlich miteinander verbunden worden sind. Vgl dazu auch *Simitis,* Informationskrise S. 67 ff., 116 ff.

tiellen Abonnenten verhelfen ebenso dazu wie direkte Zugangsrestriktionen zugunsten bestimmter, fast immer von Anfang an benannter Adressaten[98].

Die Kehrseite läßt sich leicht ausmachen: ein zunehmendes Ungleichgewicht zwischen denjenigen, die das Wissen über die Rechtsordnung mit Hilfe der technologisch fortgeschrittensten Mittel kontrollieren und denjenigen, die Information nach wie vor nur über die traditionellen Kanäle erhalten können. Monopolisierte Datenbanken signalisieren insofern den Beginn einer Privatisierung des Rechts. Seine Kenntnis bleibt jener privilegierten Minorität vorbehalten, die sich den Zugang zur elektronisch gesteuerten Dokumentation sichert, ihn aber zugleich allen anderen verwehrt. Die unvermeidliche Folge ist ein Rationalitätsdefizit staatlicher oder privater Aktivität, und zwar je nachdem wer über die Datenbank verfügt. Rationale Entscheidungen lassen sich nur solange fällen, wie vollständige und jederzeit erreichbare Information die notwendige kritische Distanz zum Entscheidungsobjekt garantiert. Wo aber der Zugang zum einzig zuverlässig informierenden Instrument völlig oder auch nur partiell gesperrt ist, verengt sich die Entscheidungsperspektive. Der Betroffene handelt unter Voraussetzungen, von denen er nicht einmal weiß, ob sie zutreffen.

Die Kenntnis des Rechts als Vorzug einer Minderheit läßt sich freilich nicht mit einer Rechtsordnung vereinbaren, die den Anspruch erhebt, Diskriminierungen nicht hinzunehmen, sondern zu beseitigen. Selbst wenn sich deshalb die elektronische Datenverarbeitung vorzüglich dazu eignen sollte, Informationsvorsprünge herzustellen und abzusichern, wäre eine solche Entwicklung im Bereich der Rechtsordnung inakzeptabel. Jede juristische Datenbank bedarf infolgedessen administrativer Mechanismen, die Privilegierungen beim Zugang ausschließen. Die Verwirklichung solcher Dokumentationen bleibt mit anderen Worten solange bedenklich, wie es an Vorkehrungen fehlt, die das Informationsgleichgewicht garantieren[99].

An der Organisation der Datenbank zeigt sich mithin, inwieweit Recht wirklich öffentlich ist. Nur wenn sich jedermann, jederzeit über das jeweils geltende Recht zu informieren vermag, kann von einer Öffentlichkeit die Rede sein. Vor einem Mißverständnis gilt es sich freilich zu hüten: Die Öffentlichkeit sicherstellen, heißt keineswegs auch die Verstehbarkeit garantieren. Was die juristische Datenbank mit anderen Worten leisten kann, ist, für ein öffentliches, weil nicht nur veröffentlichtes, sondern auch allgemein zugängliches Recht zu sorgen. Obgleich sich aber damit jedem die Möglichkeit bietet, herauszufinden, ob bestimmte Regeln bestehen, folgt daraus noch nicht, daß das einmal ermittelte Recht auch von jedem verstanden wird. Denn die Datenbank vermittelt nur den Zugang zu Dokumenten, die in einer besonderen Sprache verfaßt sind. Recht ist insofern immer nur in seiner Sprache erschließbar. Ebenso wie jede andere Sprache begründet deshalb auch die juristische Kommunikationsgrenzen. Nur wer sie sprechen kann, vermag diese Grenzen zu überschreiten.

Man mag daher noch so sorgfältig Beschränkungen beim Zugang zur Daten-

---

[98] Vgl. *Simitis*, ZSR 1972 II S. 462 ff.

[99] Vgl. dazu auch den Schlußbericht S. 253 ff., sowie *Simitis*, ZSR 1972 II S. 466, Informationskrise S. 109 ff.

bank vermeiden, eine Barriere besteht immer: Die Dokumente haben nur für die einen realen Wert, die in der Lage sind, deren Sprache zu verstehen. Die juristische Datenbank ist deshalb ein Kommunikationsinstrument, das letztlich für einen begrenzten Personenkreis geschaffen wird und auch diesem vorbehalten bleibt[100].

Der Einwand liegt auf der Hand. Er trifft die Prämisse: Verständlichkeit zählt zu den Fundamentalprinzipien juristischer Sprache[101]. Weil Normen nur über sie mitteilbar werden, muß sie zumindest von denjenigen verstanden werden können, an die sich die Regeln wenden. Verständlichkeit definiert sich insofern aus der Projektion auf die Adressaten. Deshalb die gezielte Affinität zur Alltagssprache. Die Rechtsordnung kann, so scheint es, nicht anders, als sich stets in der Sprache der Betroffenen zu artikulieren und dies ist potentiell jeder[102]. Doch Intention und Realität klaffen auseinander. Von der Alltagssprache bleibt nicht viel mehr übrig als das Gewand. Denn jedes der verwendeten Wörter führt einen bestimmten nichtsprachlichen Kontext in das Sprachspiel ein. Dieser aber hängt unmittelbar mit Struktur und Aufgaben der Rechtsordnung, also den ihr eigenen, spezifischen Reaktionen auf die sich aus der gesellschaftlichen Entwicklung ergebenden Problemkonstellationen zusammen. Er ist insofern nur demjenigen zugänglich, der die Identität von Alltags- und juristischen Wörtern als eine scheinbare durchschaut, zugleich jedoch den Mechanismus rechtlicher Regelung beherrscht. Anders formuliert: Am juristischen Sprachspiel können nur kompetente Sprecher partizipieren[103].

Daran ändern auch die Versuche nichts, die für jedermann bestimmte Sprache des Rechts von einer nur Spezialisten erschließbaren Sprache über das Recht sorgsam zu unterscheiden. Wer nicht über das Recht zu sprechen vermag, begreift letztlich auch nicht, was das Recht spricht. Wie anders soll er etwa die Tragweite von Verhaltensregeln abschätzen, die an Verschuldensmaßstäbe ge-

---

[100] Vgl. dazu auch *Simitis*, Informationskrise S. 28 ff., 54 f.

[101] Vgl. insbesondere *Noll*, Gesetzgebungslehre S. 172 ff., 258 ff.; *M. Rehbinder*, in Jahrbuch für Rechtssoziologie und Rechtstheorie III (1972) S. 35; *Krüger*, Der Adressat des Rechtsgesetzes (1969) S. 91 ff.

[102] So erklärt es sich auch, warum, wie *Rottleuthner*, Richterliches Handeln (1973) S. 186, meint, juristische Symbole den alltagssprachlichen „immer schon aufsitzen". Eine ganz andere, freilich nicht minder bedeutsame Frage ist es allerdings, inwieweit die alltagssprachlichen Symbole nicht ihrerseits einem vorsprachlichen Fundament „aufsitzen", vgl. *Habermas*, in Hermeneutik und Ideologiekritik (1971) S. 130. Wie wenig man sich freilich der damit verbundenen Probleme bewußt ist, zeigt sich vor allem dann, wenn, vgl. etwa *Krüger*, Adressat S. 93, auf die Forderung, man möge sich doch nicht „ohne Grund von der Gemeinsprache" entfernen, die schlichte Feststellung folgt, den Vorrang habe die „konservative Gemeinsprache" oder gar: „Die Sprache der Gesetze soll sich im Interesse der Allgemeinverständlichkeit der Umgangssprache der Gebildeten anschließen". *Kübl*, ÖJZ 1967, S. 93. Was das in Wirklichkeit bedeutet, läßt sich spätestens seit den Untersuchungen von *Aubert*, in Studien und Materialien zur Rechtssoziologie (1967) S. 284 ff., zum norwegischen Hausangestelltengesetz unschwer nachprüfen.

[103] Vgl. dazu auch *Brinkmann*, ÖVD 1972, S. 66, was vor allem dann verkannt wird, wenn man Reflexionen über die Sprache als Bemerkungen zum Stil versteht, vgl. statt aller *Dölle*, Vom Stil der Rechtssprache (1949) und die Kritik von *Hatz*, Rechtssprache und juristischer Begriff (1963) S. 100 ff.

bunden sind, oder sich im Geflecht komplexer vertraglicher Abreden und ihrer Konsequenzen zurechtfinden.

Je höher der Komplexitätsgrad der Gesellschaft, desto größer die Entfremdung der juristischen Sprache gegenüber der Alltagssprache, mögen im übrigen beide äußerlich noch so sehr übereinstimmen. Die Benthamschen Illusionen von der notwendigen Einfachheit und Allgemeinverständlichkeit der Sprache des Rechts konnten in einer vorindustriellen Gesellschaft vielleicht eine gewisse Plausibilität für sich beanspruchen, sie büßen jegliche Überzeugungskraft ein, sobald die Rechtsordnung die Probleme einer durch steigende Technisierung und Industrialisierung gekennzeichneten gesellschaftlichen Entwicklung einfangen soll. Die konstante Diversifikation von Schadensquellen und Schadenssituationen – vom Arbeitsplatz, über die Umwelt bis hin zum Haushalt –, um nur dieses eine Beispiel zu nehmen, zwingt dazu, die Regelungsmodelle immer weiter zu verfeinern, sich aber gleichzeitig einer Sprache zu bedienen, deren Bedeutung nicht einmal den generell kompetenten Sprechern voll erkennbar ist. Die juristische Sprache beginnt mithin, in eine Vielzahl von Subsprachen zu zerfallen. Kompetent ist ein Sprecher erst, wenn es ihm gelingt, sich über die generelle Kompetenz hinaus auch eine spezielle anzueignen. Erst dann vermag seine Sprache ihm den notwendigen Bewegungs- und Handlungsspielraum zu vermitteln[104].

In den zunehmenden Kompetenzanforderungen manifestiert sich zugleich die unter kommunikativen Gesichtspunkten notwendige Ökonomie der Sprache. Nur dem kompetenten Sprecher zugänglicher Formeln sind in Wirklichkeit Kürzel, die es ermöglichen, das Sprachspiel zu erleichtern, indem sie das für den Informationsaustausch erforderliche Sprachmaterial reduzieren. Die Auseinandersetzung mit den verschiedenen Sachverhalten, kurzum ihre juristische Bearbeitung läßt sich ohne ein solches Geflecht von Wörtern, die gleichsam das spezifisch Rechtliche herausdestillieren, einfach nicht durchführen[105]. Freilich, die Konsequenz ist einmal mehr eine radikale Beschränkung der Verständlichkeit. Die Sprache des Rechts unterstreicht damit wiederum ihre Exklusivität, Kommunikation bleibt den kompetenten Sprechern vorbehalten[106].

---

[104] Deshalb ist die juristische Sprache nicht verzichtbar, ein Eindruck freilich, den man leicht aus mancher Überlegung *Rottleuthners*, Richterliches Handeln S. 184 ff., Rechtswissenschaft als Sozialwissenschaft (1973) gewinnen kann. Sie läßt sich eben nicht allein als bereichssichernde Standessprache deuten, mag sie unstreitig auch solche Funktionen haben. Ihre Besonderheit und damit auch ihre Unersetzlichkeit bleibt in erster Linie im unmittelbaren Zusammenhang mit den spezifischen gesellschaftlichen Aufgaben rechtlicher Regelung begründet. Das Problem liegt nicht in der Eigenart der juristischen Sprache, sondern in der durch die Einbeziehung der Alltagssprache immer wieder erweckten Vorstellung, als gäbe es keine solche Eigenart.

[105] Nur dann kann es auch zu einer für die spezifisch juristische Reflexion notwendigen Dogmatik kommen, zu Regeln also, die es ermöglichen, Sachverhalte nach bestimmten Kriterien zu ordnen, um sie rechtlich beurteilen zu können. Vgl. dazu auch *Simitis*, AcP 172 (1972) S. 138 f.; *Simon*, Rechtsfindung am byzantinischen Reichsgericht (1973) S. 14 f.

[106] Alles andere ist in Wirklichkeit nur eine mehr oder weniger ausgeprägte Pseudokommunikation, die dank der partiellen sprachlichen Übereinstimmung immer wieder den

„Verständlichkeit" erweist sich insofern als ein durch den Universalitätsanspruch der Normen provoziertes und von der Rechtsordnung systematisch kultiviertes Mißverständnis. Juristische Datenbanken eignen sich bestenfalls dazu, dieses Mißverständnis deutlicher denn je werden zu lassen. Niemals zuvor bestand die Chance, Recht vergleichbar umfassend und exakt zu dokumentieren, niemals zuvor war es deshalb auch möglich, die Konsequenzen einer in sich geschlossenen, eigenständigen Sprache so eindrucksvoll zu demonstrieren. Die Grenzen der Kommunikation werden daher durch Datenbanken nicht überwunden, sondern nur bestätigt. Nichts ist infolgedessen irreführender als der Hinweis, jeder müsse die Möglichkeit haben, sich der Datenbank zu bedienen[107]. Geboten wird damit scheinbar sehr viel, gewonnen dagegen nichts, soweit es um diejenigen geht, denen mangelndes Sprachverständnis den Zugang zu den Dokumenten schon zuvor versperrte[108].

Allerdings Grund genug, um die Reflexion über Chancen und Aufgaben juristischer Datenbanken zum Anlaß zu nehmen, sich Gedanken über die Kommunikationsbarrieren zu machen. Gemeint sind nicht mehr und noch differenziertere Überlegungen zum Zugang. Den Ansatzpunkt kann vielmehr nur die von der Datenbank aufgenommene und mit ihrer Hilfe vermittelte Information bilden. Von ihr hängt die Reaktion der Rechtsordnung auf die zu regelnden Konflikte entscheidend ab, sie beeinflußt infolgedessen unmittelbar die Art und Weise, in der Recht administriert und rezipiert wird. Anders formuliert: Der Datenbank kommt eine Schlüsselfunktion für das Verständnis zu, das Juristen für die Entstehung, den Ablauf und die Lösung gesellschaftlicher Konflikte aufzubringen vermögen. Je entwickelter die Fähigkeit, Probleme zu erkennen, statt sie zu verdrängen, und je höher die Bereitschaft, sich mit ihnen auseinanderzusetzen, desto größer die Wahrscheinlichkeit, Lösungen zu finden, die auf die konkrete Situation nicht nur das Verständnis des regelnden Juristen projizieren, sondern die spezifische Lage des Betroffenen und seine Perspektive als echten Regelungsfaktor verarbeiten. Nur dann kann es auch gelingen, Verfahren zu entwickeln, die es dem Adressaten trotz der sprachlichen Divergenz ermöglichen, die rechtliche Regelung wahrzunehmen, und zwar im ureigensten, doppelten Sinn des Wortes.

V. Zur Dialektik der Vollständigkeit

1. Alle Vorkehrungen, die darauf abzielen, eine lückenlose Dokumentation zu garantieren und damit die Manipulationsgefahr möglichst gering zu halten, haben freilich eine nicht ungefährliche Kehrseite. Wer auf Vollständigkeit pocht, riskiert, bedingungslose Anpassung zu fördern, die Datenbank also in ein

---

Eindruck störungsfreier Kommunikation vermittelt. Zum Kommunikationsproblem vgl. vor allem *Habermas*, in Hermeneutik und Ideologiekritik (1971) S. 120 ff., in *Habermas/Luhmann*, Theorie S. 101 ff.

[107] Vgl. vor allem den Schlußbericht S. 67: „Angestrebt ist, daß jeder Bürger – ob Jurist oder interessierter Laie – die Möglichkeit hat, sich des Juristischen Informationssystems zu bedienen."

[108] Geradezu sarkastisch klingt deshalb die Bemerkung des Schlußberichts, S. 67: „Allerdings ist nicht zu verlangen, daß das System Rechtsunterweisung erteilt."

Instrument zu verwandeln, das Reflexion nicht begünstigt, sondern verhindert. Entscheidungen etwa erhalten ein ganz anderes Gewicht, sobald sie permanent zugänglich sind. Die Bereitschaft, sich mit den jeweiligen Problemen auseinanderzusetzen, leidet unter der Möglichkeit, die eigene Stellungnahme durch die schlichte Übernahme der in Rechtsprechung und Literatur vorgefundenen Argumente zu ersetzen. Nichts fällt leichter, als sich den schon formulierten Positionen anzuschließen. Zudem bewahrt eine möglichst große Zahl übereinstimmender und jederzeit erreichbarer Entscheidungen wohl am ehesten vor unangenehmer Kritik. Und noch ein weiteres: Abweichende Meinungen haben kaum noch eine Chance, ernst genommen zu werden, wenn die Dokumentation jederzeit unmißverständlich verdeutlicht, wie wenig Anklang solche Gedanken finden. Umfassende Information und unbewußter Anpassungszwang gehen gleichsam nahtlos ineinander über.

Gewiß, die reflexionslose Anpassung ist keine Gefahr, die erst seit der Verwendung elektronischer Anlagen droht[109]. Wer sich einfach an die in irgend einem Kommentar zusammengestellte, stattliche Reihe von Entscheidungen hängt, macht in Wirklichkeit nichts anderes als das, was der Computer scheinbar zum erstenmal provoziert. Außerdem: Endlose Zitatesammlungen, die dazu dienen, eigene Überlegungen kunstvoll zu untermauern, sind oft genug ebenfalls nur Symptome einer wohlüberlegten Anpassungsstrategie. Darum ist es

[109] Vgl. *Simitis*, Informationskrise S. 80 ff. Zu der spezifischen Situation bei der elektronisch gesteuerten Dokumentation vgl. auch *Zielinski*, DVR 2 (1973/74) S. 62 f. Ob allerdings, wie *Zielinski* meint, „das gegenwärtige Rechtsinformationssystem dem Rechtsanwender Präjudizien und deren etwaige wissenschaftliche Kritik strukturell gleichwertig erschließt", scheint mir zumindest zweifelhaft. Man braucht sich nur die gängigsten Informationsmittel anzusehen, um unschwer festzustellen, wie die Gewichte verteilt sind. Die Rechtsprechung steht eindeutig im Mittelpunkt. Zudem sollte man es vermeiden, Anpassung ud Präjudizienwirkung schlicht gleichzusetzen. Inwieweit eine Bindung an Präjudizien „wünschenswert" ist oder nicht, läßt sich nicht einfach nach denselben Kriterien beurteilen, die für eine Analyse von Ursachen und Auswirkungen der Anpassung überhaupt eine Rolle spielen. Allzu leicht liefe man sonst Geahr, die spezifischen rechtspolitischen Funktionen, die eine Präjudizienwirkung haben kann, zu übersehen, und damit auch ihre Besonderheit zu verkennen. Kurzum, wer eine Bindung an Präjudizien befürwortet, bejaht deshalb noch lange nicht eine schrankenlose Anpassung. Nicht von ungefähr kann beispielsweise bei einer Kündigung von Wohnraum das Landgericht keineswegs von Entscheidungen des BGH oder eines OLG ohne weiteres abweichen. Vielmehr ist es nach Art. III des 3. MietRÄndG verpflichtet, vorab eine Entscheidung des übergeordneten Oberlandesgerichts über die Rechtsfrage herbeizuführen. Und auch einzelne Oberlandesgerichte, die sich nicht an die bisherige Rechtsprechung halten wollen, müssen die Rechtsfrage dem BGH vorlegen. Gemessen an den traditionellen Vorstellungen kodifizierter Rechte ein sicherlich absolut systemfremder Vorgang, denn deutlicher läßt sich die Präjudizienwirkung kaum ausdrücken. Aus der Perspektive der spezifischen Funktion mietrechtlicher Vorschriften eine ebenso verständliche wie konsequente Entwicklung: Wer mit Hilfe des Mietrechts einen möglichst effizienten Schutz des Mieters anstrebt, muß auch versuchen, der Unsicherheit vorzubeugen, die eine divergierende Entscheidungspraxis der Gerichte nach sich zieht. Erst eine weitgehend einheitliche Interpretation der im Interesse des Mieters geschaffenen Bestimmungen verstärkt wirklich dessen Position. Darum der Wunsch nach einer bindenden Wirkung der Entscheidungen, darum aber auch die gesetzliche Absicherung der Präjudizienwirkung.

falsch, die Ursachen beim Computer anzusiedeln. So sehr deshalb die Versuche, elektronisch gesteuerte Datenbanken und Anpassung kurzerhand gleichzusetzen, plausibel erscheinen, sie verhelfen letztlich nur dazu, der weitaus unangenehmeren Auseinandersetzung mit Erziehung und Selbstverständnis der Juristen wenigstens vorläufig auszuweichen. Der Angriff auf den Computer rationalisiert die mangelnde Kritik am juristischen Ausbildungs- und Entscheidungsfindungsprozeß.

Trotzdem läßt sich der Vorwurf, ein Instrument bereitzustellen, das Anpassung favorisiert, nicht kommentarlos übergehen. Denn, obgleich die traditionellen Dokumentationen durchaus vergleichbare Wirkungen zeitigen, ist die Gefahr nirgends so groß wie dort, wo, wie bei der juristischen Datenbank, die Information so exakt und umfangreich wie niemals zuvor ausfällt. Anders formuliert, die Datenbank übt einen ungleich höheren Konformitätsdruck aus.

Die Dialektik der Vollständigkeit macht sich damit deutlich bemerkbar. Der Computer setzt einerseits die Subjektivität des Entscheidenden frei[110] – er hat mehr denn je Zeit, sich ungehindert von mühseliger Sucharbeit auf das Problem zu konzentrieren –, begünstigt aber andererseits durch die Materiallieferung vorhandene Anpassungstendenzen. Darin liegt der Grundwiderspruch aller juristischen Datenbanken: Sie sollen befreiend wirken, können aber sehr wohl weitaus stärkere Abhängigkeiten als bisher begründen.

Datenbanken sind deshalb solange nicht akzeptabel, wie sie nur Meinungen zu herrschenden addieren. Sie müssen vielmehr die Voraussetzungen für eine permanente Meinungskonfrontation schaffen, das vorhandene Material also in einer Weise präsentieren, die Alternativen ständig sichtbar macht. Ihr Ziel darf nicht der rezeptiv arbeitende, sondern einzig und allein der diskursiv agierende Jurist sein. Die erteilte Auskunft ist weder dazu da, den Mangel an eigenen Überlegungen durch die Rezeption fremder auszugleichen, noch sollte sie nur den Sinn haben, eigene Vorstellungen zu bestätigen. Die Dokumentation müßte mithin den Informationssuchenden dazu bringen, jeden der mitgeteilten Standpunkte immer nur als einen von mehreren möglichen zu durchschauen und ihn damit zwingen, sich bei jedem uneingeschränkt die Frage nach seiner Verallgemeinerungsfähigkeit zu stellen[111]. Als Instrument einer intersubjektiv angelegten, auf Kommunikation zielenden Information darf die Datenbank niemals präjudizierend wirken. Sie ist mit anderen Worten nur als Mittel der argumentativen Konfrontation tolerabel, insoweit aber auch unverzichtbar[112].

Mit der qualitativen Veränderung des Informationsinstrumentariums muß infol-

[110] Vgl. dazu *Vieille,* in Analyse & Prévision 12 (1971) 1245.

[111] Zur Verallgemeinerungsfähigkeit vgl. zuletzt *Habermas,* Erkenntnis und Interesse (1973) 403.

[112] Mit „kalter Objektivität", nach der die potentiellen Benutzer einer juristischen Datenbank befragt wurden, Informationsverhalten S. 86, hat dies freilich nichts zu tun, gleichviel was man auch immer unter einer solchen „Objektivität" verstehen mag. Doch abgesehen davon sollte man es tunlichst vermeiden, Reflexionen über die juristische Datenbank mit Fragespielen zu belasten, die die subjektive Wärme strahlend gütiger Juristen mit der objektiven Kälte finsterer Gesetzesvollstrecker kontrastieren.

gedessen auch ein qualitativer Wandel der Information selbst einhergehen[113]. Die juristische Datenbank ist keineswegs nur eine unter vielen Materialsammlungen; sie setzt nicht die vorhandenen Dokumentationen fort, sondern begründet eine neue Ära juristischer Information.

2. Solche Erwartungen vertragen sich kaum mit der Vorstellung, die Datenbank könne nun einmal nichts anderes tun, als die immer schon benutzten Dokumente zu vermitteln, wenngleich ungemein schneller und besser. Träfe dies wirklich zu, so würde sich bei der Inanspruchnahme des elektronischen Hilfsmittels nur das wiederholen, was längst schon Tradition war: die mehr oder weniger sorgfältige Sammlung von Gesetzen, Entscheidungen und Literatur. Der Vorwurf, Anpassung zu begünstigen statt Reflexion zu fördern, bliebe ebenso verständlich wie realitätsnah.

Der Vorschlag, das Informationsspektrum um Sozialdaten zu erweitern[114], überrascht deshalb nicht. Er ist die ebenso konsequente wie auf den ersten Blick überzeugende Reaktion auf die Forderung, den Übergang zu einem neuen Informationsmittel zum Anlaß zu nehmen, um die Informationsstruktur ebenfalls zu überdenken. Was freilich mit dem Hinweis auf „Sozialdaten" genau gemeint ist, steht keineswegs fest. Immerhin scheint soviel unstreitig zu sein: die herkömmlichen juristischen Dokumente sollen mit sozialwissenschaftlichen Angaben angereicht, fachspezifische Aufgaben damit aber letztlich mit Hilfe fachfremder Daten erfüllt werden.

Um so erstaunlicher ist freilich die weit verbreitete Bereitschaft, den Wunsch zu akzeptieren, Sozialdaten einzubeziehen. Bedenkt man allerdings, wie sehr Juristen gegenwärtig geneigt sind, nahezu jedem Hinweis auf die Notwendigkeit einer Kooperation von Rechtswissenschaft und Sozialwissenschaften uneingeschränkt zuzustimmen, so verwundert die positive Reaktion auf eine um Sozialdaten ergänzte juristische Datenbank kaum noch. *Richard Langes* resolute Attacken[115] und *Ludwig Raisers* eher zurückhaltende Verteidigung der Verbindung von rechts- und sozialwissenschaftlicher Methodik[116] scheinen längst vergessen zu sein. Statt der Polemik von einst herrscht eine Umarmungsstrategie vor[117], die „Öffnung" den Sozialwissenschaften gegenüber ist zum penetrant wiederholten Routinespruch geworden. Verständlich, wenn deshalb solche mehr oder weniger inhaltsleere Formeln zunehmend auf Skepsis und Kritik stoßen[118]. Nur fragt es sich, ob so allgemein gehaltene Aussagen nicht unvermeidlich sind,

---

[113] *Simitis,* ZSR 1972 II 460 ff.

[114] *Fiedler,* JuS 1970, 603 ff., DÖV 1973, 443; *Dammann,* ZRP 1971, 287; *Zielinski,* JZ *1971,* 409, DVR 2 (1973/74) 59 f., *Steinmüller,* in *Mertens,* Angewandte Informatik (1972) 118 ff.; *Hasselkuss-Kaminski,* DVR 1 (1972/73) 237 ff.; *Menne,* DVR 1 (1972/73) 306 ff.; *Bürck,* Betrieb 1972, S. 325 f.; Schlußbericht S. 207; *Simitis,* Informationskrise S. 84 ff.

[115] JZ 1965, 737 f., 1966, 344 f.

[116] JZ 1966, 86 ff.

[117] Treffend meint deshalb *Lautmann,* in *Grimm,* Rechtswissenschaft und Nachbarwissenschaft (1973) 44, „Das derzeitige Verhältnis zwischen Soziologen und Juristen ist gekennzeichnet durch wechselseitige große Gesten . . ."

[118] Vgl. vor allem *Naucke,* Über die juristische Relevanz der Sozialwissenschaften (1972) S. 13.

weil sich das Gespräch zwischen verschiedenen Disziplinen nicht anders als durch derartige Gesten einleiten läßt. Man formuliert abstrakt und unverbindlich, um überhaupt miteinander sprechen zu können. Der Kult des Details mag demgegenüber den Eindruck erwecken, als könne er allein Präzision und Sachlichkeit garantieren. Doch an den vom jeweiligen Diskussionspartner beherrschten Einzelheiten läßt sich die Unfähigkeit des anderen am besten beweisen. Über Erbscheine wissen Juristen nun einmal mehr, und Attitüden können Soziologen sehr viel eher erklären. Die Flucht in die Einzelheiten kann sich deshalb sehr leicht als geschickt kaschierte Flucht aus der Diskussion erweisen. Trotzdem zeigt sich gerade an der juristischen Datenbank, wie wenig man auf Dauer mit möglichst allgemeinen Beteuerungen auskommen kann. Genauer: Der Konsens über die Einbeziehung von Sozialdaten kann auf Dauer nicht den Dissens über die eigentliche und entscheidende Frage, welchen Sinn die Verarbeitung solcher Angaben haben soll, verdecken. Je mehr von Sozialdaten die Rede ist, desto nachdrücklicher drängt sich der Verdacht auf, in solchen Äußerungen manifestiere sich ein Verständnis der Verwertung sozialwissenschaftlichen Materials, das die Autorität des Juristen nicht im geringsten antastet. Seine Souveränität leidet nicht, nur sein Personal nimmt zu. Die sozialwissenschaftlichen Lieferanten stellen auf Anforderung alle möglichen Angaben zur Verfügung[119], um sich dann allerdings respektvoll zurückzuziehen und die Entscheidung abzuwarten[120]. Kurzum, an der Entscheidungsfindung und ihren Modalitäten ändert sich nichts, nur die Entscheidung selbst wird auf eine scheinbar breitere Basis gestellt, die den gewiß nicht gerade angenehmen Vorwurf der Lebensfremdheit erspart[121].

Ganz auf der Linie einer solchen Konzeption liegt auch die Forderung, Sozialdaten zwar aufzunehmen, sie aber keineswegs jedem Benutzer der Datenbank zugänglich zu machen. Ihre Kenntnis soll vielmehr einer sorgfältig ausgewählten Personengruppe vorbehalten bleiben. Sie sind gleichsam Spiel- und Refle-

---

119 Bemerkungen wie die von *Naucke,* Relevanz 23 ff. sind bezeichnend dafür. Handelsklassen für Schafsfleisch, das Mindesteinkommen von Hebammen und die Überprüfung von Schornsteinen sind zweifelsohne Gegenstände rechtlicher Regelung. Nur: die Rolle der Sozialwissenschaften mit ihnen verbinden zu wollen, ist ebenso gezielte Ironie wie pointierte Ablehnung aller Versuche, den Sozialwissenschaften mehr zuzugestehen als bloße Lieferantenfunktionen. Sicherlich macht sich dabei die verständliche Verbitterung über die vielen großen Entwürfe und die wenigen kleinen aber überzeugenden Kooperationsbeweise bemerkbar. Doch über allzu viele kleine Schritte pflegt man genauso zu stolpern, wie man bei ganz großen leicht hinfällt.

120 Nur ein anderer Aspekt jenes von *Rottleuthner*, Rechtswissenschaft S. 265, zu Recht kritisierten Einbahnverfahrens. Vgl. auch *Lenk*, KJ 1971, S. 274.; *Dubischar*, in Der neue Jurist (1973) S. 92 ff.

121 In diese Richtung weist die freilich mißverständliche Formulierung des Schlußberichts S. 55, der die Folgeanalyse als „Schnittstelle zu den Sozialdaten" bezeichnet, vgl. auch *Menne*, DVR 1 (1972/73) S. 307. Bestimmt spielen Sozialdaten bei der Überprüfung der Konsequenzen rechtlicher Entscheidungen eine zentrale Rolle. Allerdings ist dies nicht der entscheidende Aspekt. Weitaus wichtiger ist es, in ihnen den Ansatzpunkt für eine Überprüfung des Entscheidungsfindungsprozesses und des damit verbundenen Instrumentariums zu sehen. Anders formuliert: ihre Bedeutung macht sich nicht erst bei der Konfrontation mit den Folgen der angestrebten Lösung bemerkbar, sondern schon bei der Reflexion über Ursachen, Inhalt und Präsentation dieser Lösung.

xionsmaterial für Wissenschaftler[122]. Diesen obliegt es, die fachfremden Angaben in einer Form zu präsentieren, die es dem gesamten Fach erlaubt, sie zu verwerten. Die Rechtswissenschaft erhält damit eine Mittler- und Kanalisierungsfunktion. Sie kontrolliert den Zugriff auf die zunächst jedenfalls als Fremdkörper begriffenen Daten und steuert dadurch zugleich deren Einfluß. Die Funktion der Sozialwissenschaften ergibt sich insofern von selbst: sie organisieren den Zuträgerapparat[123].

Was freilich auf diese Weise angeboten wird, ist in Wirklichkeit nur eine veränderte Ausgabe der als Kommentar verstandenen juristischen Datenbank. Die Neuausgabe weist lediglich einen zusätzlichen Abschnitt auf. Konsequenzen für die bisherige Struktur ergeben sich aus der gestiegenen Seitenzahl nicht. Wer deshalb die juristische Datenbank nicht nur als bloße Gelegenheit, sondern geradezu als zwingende Notwendigkeit versteht, den juristischen Informationshaushalt zu überprüfen, sieht sich enttäuscht. Gefragt ist nicht nach mediatisierten und sorgsam filtrierten sozialwissenschaftlichen Überlegungen, sondern nach einer von vornherein als Sozialwissenschaft konzipierten Wissenschaft vom Recht[124].

Am Beispiel gesprochen: Für die Zuteilung von Kindern nach der Scheidung sind Angaben zur Scheidungshäufigkeit, zum Altersdurchschnitt der Kinder, zu der generellen Lage geschiedener Eltern und dergleichen mehr sicherlich sehr instruktiv[125]. Doch handelt es sich dabei letztlich nur um Randdaten, die es dem Richter bestenfalls ermöglichen, den konkreten Konfliktfall in den Rahmen einer

---

[122] Vgl. etwa *Zielinski*, DVR 2 (1973/74) S. 60: „Die informationsintensive und methodisch schwierige Umsetzung von Sozialdaten in Rechtsregeln wird daher in der Regel nur von der Rechtswissenschaft geleistet werden (können), die ihre Ergebnisse über die Rechtsprechung und über die Gesetzgebung in den Rechtsverwirklichungszusammenhang einbringt."

[123] Dann kann man in der Tat mit *Naucke*, Relevanz S. 29 ff., die Erwartungen an die Sozialwissenschaften in die Forderung umsetzen, „mehr oder weniger überprüfbares Material zu liefern". Die Frage freilich, ob eben diese „Überprüfung" letztlich doch nur mit Hilfe der suspekt theoretisierenden Sozialwissenschaftler geleistet werden kann, bleibt offen.

[124] Insofern trifft es durchaus zu, wenn *Rottleuthner*, Rechtswissenschaft S. 7, meint, es ginge nicht mehr um eine spezifische Form der Interdisziplinarität, sondern um die Institutionalisierung eines neuen wissenschaftlichen Verständnisses. Nur: die zweifelsohne noch immer weit verbreitete Abwehr gegen jede solche Feststellung ist keineswegs, wie *Rottleuthner* anzunehmen scheint, einzig und allein auf das „schiefe" Wissenschaftsverständnis der Jurisprudenz zurückzuführen. Auf die „schiefe" Bahn, um im Bild zu bleiben, sind auch jene Sozialwissenschaften geraten, die meinten, sich der Jurisprudenz sorgevoll annehmen zu müssen. Man mag zuweilen vor der Lektüre angeblich interdisziplinär angelegter juristischer Arbeiten zurückschrecken, nicht minder abschreckend sind manche von Soziologen stammende Beiträge zum Familien- oder Unternehmensrecht. Darum trägt die im übrigen vergebliche Suche nach einer Alleinschuld bestenfalls dazu bei, die ohnehin tiefsitzenden Vorurteile gegenseitiger Überlegenheit nur noch weiter zu zementieren.

[125] Die Annahme freilich, Richter hätten schon jetzt durchaus die Möglichkeit, „sich empirisches Wissen zu verschaffen" und wären zudem in der Lage „die Wirkung von Urteilen aufgrund ihres möglichen Wissens zu steuern", *Rottleuthner*, Richterliches Handeln S. 158, ist zumindest mißverständlich. Solange man sich an die herkömmlichen,

eine Summe inhaltlich eindeutig fixierter Regeln zu verwandeln[131].

Jede solche Entwicklung gefährdet freilich zwangsläufig die Offenheit der Rechtsordnung. Sie schränkt jede rationale Indeterminiertheit[132] ein, deren das Recht bedarf, um auf eine sich permanent verändernde gesellschaftliche Wirklichkeit überhaupt reagieren zu können[133]. Offenheit aber mit Irrationalität gleichzusetzen, hieße blinden Positivismus und kritiklose Anpassung im Deckmantel scheinbar strikter Rationalität schmackhaft machen zu wollen. Die juristische Datenbank darf deshalb nicht zur Operationsbasis einer im Namen der Logik betriebenen Versteinerung des Rechts werden[134]. Computer sind nicht dazu da, um die Illusion einer wirklich objektiven, weil vollends logifizierten und axiomatisierten Rechtsordnung zu pflegen. Derartige Vorstellungen und Ambitionen werden sich freilich solange nicht vermeiden lassen, wie es nicht gelingt, die fortwährenden Logifizierungsversuche als psychologisch bedingten, durch die Angst vor dem Vorwurf, willkürlich zu handeln, ausgelösten Zwang zu durchschauen. Die behauptete oder angestrebte Affinität zur Logik ist nichts anderes als eine über Generationen hinweg aufrechterhaltene Selbsttäuschung, gleichviel ob Juristen vorgaben, nach eigenen logischen Mustern zu verfahren oder sich in der Rezeption der allgemeinen Logikentwicklung übten. Der Logik-Zwang rationalisiert die Flucht vor der Auseinandersetzung mit jenen Situationen und Ursachenkonstellationen, die den Verdacht einseitiger und damit willkürlicher Regelungen begründen[135].

Nicht die szientistisch verschleierte Deduktion verhilft rechtlichen Regelungen zur Objektivität, sondern allein Entscheidungen, die aus einer diskursiv angelegten Argumentation hervorgehen. Mag sein, daß sich Recht insofern von manch anderer Disziplin fundamental unterscheidet, als es Entscheidungen verlangt. Doch die banale Formel, es müsse nun einmal entschieden werden, besagt allenfalls etwas über die Notwendigkeit, ein Ergebnis zu erzielen, nicht aber

---

131 *Luhmann*, Jahrbuch für Rechtssoziologie und Rechtstheorie II (1972) S. 267, meint, alle auf Axiomatisierung abzielende Forderungen steuerten auf eine Politisierung des Rechts zu. Denn immer dann, wenn von einer Entscheidung alle oder auch nur sehr viele andere abhängen würden, bekäme die im Mittelpunkt stehende Entscheidung einen eminent politischen Wert. Solche Bemerkungen verleiten freilich leicht zu falschen Schlüssen. Rechtliche Regelungen sind auch ohne jegliche Axiomatisierung politisch. Die politische Komponente liegt in der stets intendierten Lösung eines konkreten sozialen Konflikts. Die Eigenart des politischen Elements bei der Axiomatisierung besteht vielmehr darin, daß eine offene Bindung an bestimmte, von vornherein für einzig akzeptable erklärte Prämissen angestrebt, der Reflexionsspielraum also bewußt eingeengt wird. Insofern könnte man allenfalls von einer gesteigerten Politisierung sprechen.

132 Um einen von der Entscheidungstheorie, wenngleich in anderem Zusammenhang, vgl. *Gäfgen*, Theorie der wirtschaftlichen Entscheidung (1963) S. 176 ff., verwendeten Ausdruck zu benutzen.

133 Vgl. auch *Simitis*, Rechtliche Anwendungsmöglichkeiten kybernetischer Systeme (1966) S. 8 ff., Informationskrise S. 102 ff.

134 Vgl. auch *Wieacker* in Festschrift für *Bötticher* (1969) S. 402.

135 Die vor allem von *Rödig*, Theorie des gerichtlichen Erkenntnisverfahrens (1973) S. 117 ff., zur „Grundform richterlichen Schließens" erhobene „Reduktion" ist ein Musterbeispiel dafür. Unstreitig zählt die Reduktion von Sachverhalten zu den wichtigsten Merkmalen juristischer Entscheidungsfindung. Doch die Kriterien, nach denen sie sich

über die Art und Weise wie dieses gefunden werden muß[136]. Das Dilemma liegt infolgedessen nicht in der fehlenden oder auch nur unvollständigen Logifizierung, sondern im Mangel an Mechanismen, die Argumente offenlegen, kommunikabel machen und damit auch deren Verarbeitung ermöglichen[137]. Konkret und auf die juristischen Datenbanken bezogen heißt dies: der Übergang zu elektronisch gesteuerten Dokumentationen rechtfertigt sich nur solange wie diese auch zu der Hoffnung berechtigen, die Chancen einer offenen und diskursiven Argumentation zu erhöhen[138].

Kurzum, juristische Datenbanken lassen sich weder als Anpassungsinstrumente dämonisieren, noch als Rationalisierungsgarantie feiern. Ihre Vor- und Nachteile bestimmen sich einzig und allein nach den informationspolitischen Zielsetzungen, denen ihre Verwendung dienen soll. Die Frage, ob eine geplante Datenbank wirklich einen Fortschritt gegenüber dem gegenwärtigen desorganisierten, pathologischen Informationsprozeß bedeutet, ist deshalb ohne Kenntnis dieser Zielsetzungen nicht zu beantworten. Diskussionen über juristische Datenbanken sind daher notwendigerweise immer auch Diskussionen über Hintergrund, Legitimität und Aufgaben der Informationspolitik.

Zusammenfassung

1. Die intensive Suche nach neuen und besseren Dokumentationssystemen ist ebenso wie der Wunsch, elektronisch gesteuerte juristische Datenbanken einzurichten, Reaktion auf den chronisch gestörten, offensichtlich pathologischen Informationsprozeß.
2. Dokumentationssysteme sind deshalb als Krisenabwehrinstrumente konzipiert. Sie sollen dort weiterhelfen, wo die traditionellen Methoden versagt haben. Konsequenter-

vollzieht, bestimmen sich in erster Linie nach dem Wahrnehmungshorizont desjenigen, der den Fall zu beurteilen hat. Worauf es deshalb ankommt, ist deshalb, Voraussetzungen und Grenzen dieser Wahrnehmungsmöglichkeiten offenzulegen und nicht das Ergebnis in ein aufpoliertes logisches Gewand zu kleiden. Anders formuliert: Reflexionen über die logischen Zusammenhänge sind sekundär. Sie bleiben solange irrelevant wie die Kommunikationsproblematik nicht gesehen und behandelt worden ist.

[136] Insofern ist der Vorwurf von *Habermas*, in *Habermas/Luhmann*, Theorie der Gesellschaft S. 244, solche Überlegungen oktroyierten der Rechtsordnung eine dezisionistische Perspektive auf, durchaus begründet.

[137] Daß der Versuch, Verfahren als Lernprozeß zu begreifen, eines der wohl wichtigsten Mittel ist, um dieses Dilemma zu überwinden, versteht sich fast von selbst. Allerdings dann nicht mehr, wenn jemand, wie etwa *Rödig*, Theorie S. 49 ff., meint, sich im Rahmen einer „Theorie" des gerichtlichen Verfahrens mit Sätzen wie „Gewalt" gehöre zur „Idee" des Rechts und sei nun einmal „zwar keine schöne, doch zur Begründung einer Ordnung zwischen Menschen schlechterdings nicht zu entbehrende Sache" zufriedenzugeben und auch andere zufriedenstellen zu können. Kein Wunder, wenn *Rödig* die Überlegungen *Luhmanns*, Legitimation durch Verfahren (1969) S. 55 ff., Rechtssoziologie I S. 141 f., II S. 263 f., gründlich mißversteht.

[138] Eine ganz andere Frage ist es freilich, ob sich die Rechtsordnung dank der Möglichkeiten, die ein veränderter Informationsprozeß bietet, zum Leitungssystem der Gesellschaft entwickeln kann, eine Annahme, von der wohl *Fiedler*, ÖVD 1973, S. 447 ausgeht, vgl. dazu auch *Studnicki*, Archivum Iuridicum Cracoviense 5 (1972) S. 41 ff. Sie läßt sich nicht beantworten, ohne zuvor Gewißheit darüber gewonnen zu haben, wie sich Recht auf die Gesellschaft auswirkt und umgekehrt. Von einer Leitung kann mithin erst die Rede sein, wenn feststeht, unter welchen Voraussetzungen rechtliche Regeln gesellschaftliche Prozesse steuern können.

weise beschränken sich dann juristische Datenbanken darauf, immer schon benutzte Dokumente zu reproduzieren, und zwar in einem Arbeitskontext, der sich ebenfalls nicht vom gegenwärtigen unterscheidet.

3. Sämtliche Bemühungen konzentrieren sich unter diesen Umständen nahezu ausschließlich auf die Verbesserung technischer Details. Von den gesellschaftspolitischen Implikationen des sich unter der Einwirkung der elektronischen Datenverarbeitung radikal verändernden Informationsprozesses ist dagegen kaum die Rede.
4. Diskussionen über Datenbanken sind immer auch Auseinandersetzungen mit Hintergründen und Zielsetzungen der Informationspolitik. Zu den für diese Diskussionen wichtigen Erkenntnismitteln zählt sicherlich auch die Benutzerforschung. Ihre Grenzen liegen allerdings dort, wo sie mehr als eine bloße Diagnose des gegenwärtigen Informationszustandes bieten soll. Sie riskiert dann die kritiklose Hinnahme der bestehenden Informationslage ebenso zu favorisieren, wie sich als Vehikel für den scheinbar empirisch gebotenen Vorrang bestimmter inormationspolitischer Ziele zu erweisen.
5. Alle Dokumentation ist zugleich Steuerung der Wissensvermittlung und damit von vornherein mit der Manipulationsgefahr belastet.
6. Die Reduktion der Manipulationsmöglichkeiten setzt eine bislang noch nicht geleistete Analyse der Kommunikationsstrukturen voraus, genauer: der Voraussetzungen, unter denen sich im juristischen Bereich Meinungen bilden, weitervermittelt und rezipiert werden.
7. Manipulation vermeidet man nicht durch die vor allem im Zusammenhang mit juristischen Datenbanken immer wieder geforderte Eindeutigkeit der Sprache. Solche Forderungen verschleiern nur ihr eigentliches Ziel: die Sprechenden über die Sprache zu domestizieren. Datenbanken, die deshalb auf die Sprache Einfluß zu nehmen suchen, zielen zugleich darauf ab, Inhalt und Verwendung der Information zu steuern.
8. Manipulationsgefahren lassen sich nur verringern, wenn Dokumentationssysteme die semantische Dimension der juristischen Sprache gezielt offenlegen, gleichzeitig aber möglichst vermeiden, sie einzubeziehen. Forderungen, wie die nach einer ungekürzten Aufnahme der Dokumente, sind insofern die informationspolitische Replik auf die technologisch bedingte Steigerung der Manipulationsgefahr.
9. Die Organisation der Datenbank ist zugleich Prüfstein der Öffentlichkeit des Rechts. Zugangsbeschränkungen leiten seine Privatisierung ein. Nur: Selbst wenn die Benutzung jedermann freisteht, bleibt Recht in Wirklichkeit lediglich demjenigen zugänglich, der dessen Sprache beherrscht. Die Datenbank ändert nichts an der Exklusivität der Sprachgemeinschaft; sie verdeutlicht im Gegenteil nur die Notwendigkeit kompetenter Sprecher.
10. Die Datenbank ist kein Vehikel einer neuen in der Logifizierung und Axiomatisierung der Rechtsordnung begründeten Rationalität. Recht leidet nicht an fehlender Logik, sondern am Mangel an Mechanismen, die Argumente offenlegen und kommunikabel machen.
11. Die Aufgabe der Datenbanken besteht nicht in einer noch so perfekten Kompilation von Angaben, gleichviel ob es sich nur um streng juristische Dokumente handelt oder ob auch noch „Sozialdaten" hinzukommen. Was wirklich zählt, ist nicht die veränderte Informationsquantität, sondern allein der Übergang zu einer neuen Informationsqualität. Nur dann können juristische Datenbanken für sich in Anspruch nehmen, permanenter Reflexionsanreiz und nicht vollendete Anpassungsinstrumente zu sein.

Summary

1. The search for new information retrieval systems as well as all existing projects for legal data banks are reactions against a profoundly disturbed, openly pathological information process.
2. Retrieval systems are therefore considered as instruments designed to solve the information crisis. They have to help where traditional means failed. Consequently,

legal data banks have never been expected to do anything else than to reproduce documents already used by lawyers.

3. No wonder therefore that nearly all efforts concentrated on the technical details of retrieval systems. No attention was on the contrary given to the social and political implications of an information process profoundly modified by the use of computers.
4. However, changes in the methods of documentation are in fact decisions on the aims of information policy. The exact knowledge of the specific problems of users is undoubtedly important for any attempt to fix these purposes. But they cannot be defined by simply departing from the wishes expressed by users. The necessity of new information retrieval systems can only be judged by considering the social importance of the proposed change and particularly its consequences for the application and evolution of law.
5. Information retrieval systems are always also means of influencing the transmission of knowledge. Falsification is therefore a constant danger.
6. In order to reduce this danger communication structures should be analysed, namely the conditions under which legal opinions are formed, communicated and finally accepted or rejected.
7. Furthermore, the semantic aspect of legal language should be clearly seen, but information retrieval systems should on the same time avoid as much as possible any form of interpretation. The demand for full text systems is therefore the political reply to the falsification dangers caused by the readiness to profit from the advances in technology.
8. Falsification can on the contrary not be avoided by accepting demands pointing at the necessity of a plain legal language. The real purpose of such demands is to control by the means of reforming the language those who speak it. Data banks linked to a reconsideration of the structures of legal language are therefore aiming at an indirect influence on the content and use of information.
9. The publicity of law depends to a great extent on the organisation of data banks. Restrictions of accession inevitably reserve the knowledge of law to the few entitled to use the services of the bank. However, even in the case of an absolute freedom of access, law remains accessible only to those able to speak its language. Data banks do not challenge the exclusiveness of the community of language. They emphasize on the contrary the necessity of competent speakers.
10. Legal data banks are not the beginning of a new rationality due to an increasing influence of modern logic. Law is not suffering from the lack of logic. What it really needs, are mechanisms guaranteeing the transparence of arguments and making them communicable.
11. The task of legal data banks is therefore not to permit with the help of an information by far more complete a better adaptation to the existing rules but on the contrary to stimulate critical reflection. Legal data banks are only acceptable if they are planned and realized not as means of augmenting the quantity of information but as an essential condition for a new quality of information.

Résumé

1. La recherche de nouvelles méthodes de documentation et l'importance attachée à l'ordinateur sont des signes manifestes de la nécessité d'une réaction contre l'impossibilité des procédés traditionnels de répondre aux besoins d'information des juristes.
2. L'ordinateur est donc considéré uniquement comme instrument permettant de maîtriser la crise de l'information. L'utilisation des procédés électroniques doit offrir des solutions là où les moyens plus ou moins classiques ont échoué. Les différences parfois bien grandes entre les divers projets de documentation ne changent rien à leur but commun: reproduire aussi fidèlement que possible dans un minimum de temps un maximum des documents qui depuis toujours ont été à la base de l'information juridique.

3. Tous les efforts entrepris jusqu'à maintenant visent à améliorer la technique de l'information. Les conséquences sociales et politiques de la modification radicale des procédés d'information due à l'utilisation de l'ordinateur passent sous ces conditions inaperçues.
4. Or, toute réforme de la documentation est en même temps une décision concernant la politique de l'information. Il est bien certain que les buts de cette politique ne peuvent être fixés sans connaître exactement les difficultés aussi bien que les espoirs des utilisateurs. D'autre part rien ne serait plus dangéreux que de vouloir définir ces buts en départant tout simplement des résultats d'une analyse de la situation actuelle des utilisateurs de l'information juridique. L'opportunité d'un changement des méthodes de documentation ne peut être jugée qu'en pleine connaissance de la portée sociale de la réforme proposée, plus exactement de ses répercussions sur l'application et l'évolution du droit.
5. Toute documentation permet d'influencer directement la diffusion de la connaissance du droit. Elle est par là même continuellement sujette au danger d'une falsification.
6. Vouloir réduire substantiellement ce danger revient en premier lieu à une analyse des procédés de communication, plus exactement des conditions sous lesquelles les opinions juridiques se forment, sont diffusées et finalement acceptées ou rejetées.
7. Par ailleurs il est indispensable de dégager clairement l'aspect sémantique du langage juridique tout en évitant dans la mesure du possible chaque interprétation dans le cadre de la documentation. Le rejet d'une simple indexation des textes et la demande de stocker le texte intégral sont sous cet angle la réponse politique à l'accroissement du danger de falsification provoqué par le passage à des nouveaux moyens techniques de documentation.
8. Par contre la demande d'un langage juridique clair et inéquivoque ne change rien au danger de falsification. Des ambitions pareilles dissimulent leur véritable objet: discipliner à l'aide du langage ceux qui le parlent. Des projets de documentation liés à une réforme du langage cherchent donc en vérité à influencer l'information.
9. La publicité du droit dépend de l'organisation d'une banque de données juridiques. Toute restriction d'accès revient à une privatisation du droit. Mais même si la liberté d'accès est absolument garantie, la connaissance du droit reste réservée à ceux qui parlent son langage. L'utilisation de l'ordinateur comme moyen d'information ne change donc rien à l'exclusivité de la communauté de langage. Elle souligne au contraire encore plus clairement la nécessité d'une compétence de langage.
10. L'utilisation de l'ordinateur ne signale pas le début d'une nouvelle rationalité fondée sur la préponderance du calcul logique. Le droit ne souffre pas d'un manque de logique mais d'un manque de mécanismes rendant l'argumentation transparente et garantissant sa communicabilité.
11. La tâche de l'ordinateur ne consiste donc pas à permettre par le moyen d'une information plus complète une adaptation encore plus parfaite aux règles existentes mais à stimuler par contre une reflexion critique. Une documentation à l'aide de l'ordinateur est par rapport à la situation actuelle seulement acceptable si elle est conçue et réalisée non pas comme un progrès quantitatif mais comme passage à une nouvelle qualité d'information.

Resumen

1. La intensiva busqueda de nuevos y mejores sistemas de documentación así como el deseo de la electrónica organización de bancos de datos jurídicos es la reacción a los crónicos inconvenientes de un evidente proceso patológico de información.
2. Sistemas de documentación son por eso concebidos como instrumentos de defensa frente a la crisis. Ellos deben continuar ayudando allí donde los tradicionales métodos han perdido la capacidad de operar. En consecuencia los bancos de datos juridicos se limitan a reproducir documentos ya usados en el pasado, y eso en un contexto de trabajo que tampoco se diferencia del sistema seguido hasta ahora.

3. Bajo estas circunstancias, todos los esfuerzos se concentran casi exclusivamente en la obtención de mejoras de las particularidades técnicas. De las implicaciones sociopolíticas del proceso de información, que está transformándose radicalmente bajo la influencia del sistema electrónico de datos, apenas se habla.
4. Las discusiones sobre los bancos de datos son siempre también controversias que afectan al fundamento y finalidad de la política de la información. Un medio de conocimiento muy importante para estas discusiones es ciertamente la investigación respecto al círculo de personas que tienen acceso al banco de datos. Los límites de esta investigación están situados allí donde se quiera ofrecer algo más que un mero diagnóstico del estado actual de la información. En esta situación, tanto corre el riesgo de favorecer la aceptación sin crítica de la actual situación de la información como el de convertirse en un vehículo para la primacía, aparentemente exigida por los datos empíricos, de determinados objetivos de la política de la información.
5. Toda documentación es a la vez cauce para la transmisión de saberes y por eso adolece de antemano del peligro de la manipulación.
6. La reducción de las posibilidades de manipulación presupone un análisis de las estructuras de la comunicación todavía no realizado, más exactamente: los presupuestos bajo los cuales en el ambiente jurídico se forman, se transmiten y se asimilan las opiniones.
7. La manipulación no se evita a través de un lenguaje unívoco tal como se ha pretendido sobre todo respecto a bancos de datos jurídicos. Semejantes postulados encubren su verdadera meta: domesticar a quienes utilizan el lenguaje. Los bancos de datos, que por eso buscan la influencia sobre el lenguaje, tienden a su vez a dirigir el contenido y utilización de la información.
8. Los peligros de la manipulación sólo se pueden disminuir si los sistemas de documentación hacen patente de modo consciente la dimensión semántica del lenguaje jurídico, pero sin la incorporación de dicha dimensión en los sistemas de documentación. Las demandas, como la de una admisión de documentos sin abreviarse, son la réplica de la política de la información al aumento del peligro de la manipulación condicionado por la tecnología.
9. La organización de los bancos de datos es al mismo tiempo una prueba de la publicidad del derecho. Limitaciones de su acceso determinan su privatización. Pero: aunque su utilización estuviera abierta a cualquiera, permanecería el derecho sólo accesible a quienes dominen su idioma. El banco de datos no modifica la exclusividad de la comunidad de lengua, sólo señala, al contrario, la necesidad de portavoces competentes.
10. El banco de datos no es un vehículo de una nueva racionalidad del orden jurídico basada en el cálculo lógico y axiomático. El derecho no sufre una falta de lógica, sino de mecanismos que hagan a sus argumentos claros y comunicables.
11. La tarea de los bancos de datos no consiste sólo en una perfectísima complicación de datos, bien se trate de puros documentos jurídicos, o se agregen también „datos sociales". Lo que realmente importa no es una modificación en la cantidad de información, sino la transición a una nueva calidad de la información. Sólo entonces pueden los bancos de datos jurídicos tomar como reivindicación propia el ser un estímulo permanente para la reflexión y no perfectos instrumentos de domesticación.

Wilhelm Steinmüller

Rechtspolitische Fragen der Rechts- und Verwaltungsautomation in der Bundesrepublik Deutschland*

Übersicht

1 Definition des Themas

1.1 Die Themenvorgabe

fragt nach der Computeranwendung im Rechtsbereich der BRD[1]. Sie beschränkt gleichsam selbstverständlich Computeranwendung im Recht auf Speichern und Wiederauffinden von juristischen Texten als Hilfe für die Entscheidung des Richters. Sie erkundigt sich lediglich danach, ob sich hierbei Möglichkeiten für die internationale Rechtsvergleichung ergäben.

Für den Bereich der juristischen Dokumentation wurde im ersten Beitrag bereits eine Antwort gegeben.

Für den Bereich der Automation juristischer Entscheidung ist die Antwort scheinbar noch einfacher. Mit wenigen Sätzen könnte das Referat beendigt werden.

---

* Zugleich ein Bericht, erstattet für den IX. Internationalen Kongress für Rechtsvergleichung (Teheran/Ramsar, 30. 8.–6. 9. 1974).

[1] Stellungnahmen zur Rechts- und Verwaltungsautomation in der DDR fehlen; vgl. jedoch den Überblick in: *Bundesminister für innerdeutsche Beziehungen* (Materialien zur Lage der Nation) S. 345–361 (*Simitis*); für einen Teilbereich *Steinmüller* (Leitungswissenschaft).

1.2 Scheinbare Unmöglichkeit der Behandlung des gestellten Themas

Die Grenzen der Rechtsautomation sind nach herrschender Meinung eng gesteckt.

Der Computer kann nicht auslegen, er kann keine Wertungen vornehmen. Nur für triviale Fälle gibt es Automatisierung im Recht[2]; erst recht, wo höhere juristische Künste anzuwenden sind, wie Lückenausfüllung und Analogie.

Das sind im wesentlichen das Mahn-[3] und Gebührenwesen in der Justiz, dazu einige Fälle der freiwilligen Gerichtsbarkeit („Registerautomation" einschließlich des Grundbuchwesens), schließlich zahlreiche Verwaltungsverfahren logisch einfacher Struktur, wie z. B. im Steuerrecht. Damit hat es sein Bewenden. Abgesehen also von den uninteressanten Fällen, in denen die Rechtsauslegung keinen Spielraum offen läßt oder zum bloßen Rechenexempel denaturiert ist, gibt es keine Rechtsautomation. Oder genauer: Da alle nicht-trivialen Fälle juristischer Entscheidung Bewertungen enthalten, darf es keine Rechtsautomation geben; der Richter ist unersetzbar.

Denn automatisierbar ist nur, wofür ein formales Verfahren (Algorithmus)[4] angegeben werden kann[5].

Da aber nach dem einhelligen Befund der juristisch-methodologischen Forschung die genaue formale Struktur des juristischen Entscheidungsprozesses nicht bekannt ist[6] und nicht bekannt sein darf, weil zumindest im Bereich der Wahl der juristischen Auslegungsmethoden schöpferische Freiheit herrschen muß; da es zudem keine empirischen Untersuchungen über diesen Prozeß gibt[7], insbesondere darüber, ob in den verschiedenen nationalen Rechtssystemen gleiche oder vergleichbare Entscheidungsverfahren angewendet werden, ist die

---

[2] Vgl. als neueste Analyse *Kilian* S. 127–147.

[3] Zum Mahnverfahren vgl. *Loewe* sowie die Untersuchungen des *Justizministeriums Baden-Württemberg.*

[4] Zum Begriff des Algorithmus vgl. *Klaus* (Kybernetik) S. 22 ff. – Auf dieses ausgezeichnete Wörterbuch sei ein für allemal verwiesen, soweit im folgenden kybernetische Begriffe gebraucht sind.

[5] Dagegen kann die technische Realisierung höchst verschieden aussehen; für die prinzipielle Frage ist es ohne Belang, ob das Ergebnis des automatisierten Verfahrens am Bildschirm erscheint, ob es im batch- oder random-access-Verfahren ermittelt wurde, ob dabei ein Großrechner mit Konsole oder der Fernschreiber im Dialogbetrieb benutzt wurde; mag dies auch für praktische Fragen der Kosten und damit mittelbar der Realisierung höchst belangreich sein. – Ein wichtiger Ausweg bahnt sich an durch bestimmte „intelligente" Dialogverfahren im Bereich der juristischen Dokumentation (vgl. *Schlink* [Artificial intelligence]), die allgemeine Bedeutung für die Rechtsautomation haben.

[6] *Bundesministerium der Justiz* S. 69 ff.; wesentliche Grundlagenarbeit zur Rechtsformalisierung leistet u. a. *Jürgen Rödig (z.* B. Axiomatisierbarkeit) und die Arbeitsgruppe Recht und Mathematik unter Leitung von *A. Podlech.*

[7] Ein erster Anfang liegt jetzt immerhin vor, vgl. *Seidel* sowie *Uhlig/Seidel.* Der Stellenwert dieser Untersuchungen ist beschränkt, da sie über den realen Prozeß des juristischen Problemlösungsverhaltens nur sehr mittelbar Auskunft geben. Zur weiteren Kritik vgl. *Simitis* (in diesem Heft).

Frage anscheinend unbeantwortbar[8].

Sie wäre es solange, bis diese empirischen Untersuchungen vorliegen. Da es kaum zu erwarten ist, daß es Stellen gibt oder geben wird, die die – beträchtlichen – Mittel für die Erforschung des richterlichen Entscheidungsprozesses bereitstellen, während sie für die entsprechenden Untersuchungen im Rahmen der Verwaltungsautomation offensichtlich vorhanden sind[9], wäre das Referat eigentlich zu Ende:

Zumindest aus praktischen Gründen kann es derzeit und in absehbarer Zukunft keine nicht-triviale Anwendung des Computers im Rechtsbereich geben, die über bloße Dokumentation hinausgeht. Erst recht ist eine solche Anwendung im Dienst der Rechtsvergleichung ausgeschlossen.

Ein ebenso betrübliches wie unbefriedigendes Ergebnis! Zum Glück – oder, je nach Standpunkt, zum Unglück – ist es falsch. Aber um das glaubhaft zu machen, bedarf es eines tieferen Eingehens auf das Wesen der Automation, und bedarf es vor allem einer gewissen Abänderung der Fragestellung.

1.3 Veränderte Themenstellung

Nicht allein Möglichkeiten und Grenzen der Automation sind zu untersuchen, sondern auch und vor allem die Rückwirkung der Automation auf das Recht. Dann wird deutlicher, worum es bei einer solchen Untersuchung eigentlich gehen sollte: um die Beeinflussung einer technologischen Entwicklung, die das Recht bereits erfaßt hat, und die ohne diese Beeinflussung durchaus in rechtspolitisch unerwünschte Bahnen geraten kann.

In der Tat ist Computeranwendung im Recht heute keineswegs auf die Speicherung und Wiederauffindung von Rechtstexten beschränkt[10]. Das gilt weder theoretisch wie noch gezeigt werden kann, noch praktisch, wie zahllose Beispiele belegen. Der Computer hat den Menschen aus großen Bereichen der

---

[8] Eine empirische Untersuchung zu diesem Thema hätte zum Gegenstand die Frage, ob der juristische Entscheidungsprozeß formal strukturierbar ist oder nicht. Ist er es nicht, gibt es auch keine Automation, ist er es, ist Automation (wenigstens grundsätzlich) möglich. Sie enthielte (bzw. müßte enthalten) die normative Vorgabe, wie unter den Bedingungen der ADV die juristische Entscheidung auszusehen habe (i. S. des Grob-Sollvorschlags zu Beginn einer Systemanalyse). – Um keine Mißverständnisse aufkommen zu lassen: Ich bin persönlich grundsätzlich der Auffassung, daß sehr viel mehr automatisierbar ist als gemeinhin geglaubt wird. Diese Grundannahme, die nicht weiter expliziert werden soll, im folgenden aber vielleicht plausibel wird, färbt zahlreiche Aussagen der folgenden Seiten.

[9] Hier soll keine rechtstheoretische Kluft zwischen richterlicher und Verwaltungsrechtsanwendung aufgetan werden. Es wird nur behauptet, daß der Anteil an schwieriger zu automatisierenden juristischen Bewertungen bei der Justiz höher ist als in der Exekutive, während umgekehrt der Anteil an rechtspolitischer Planung bei der (höheren) Verwaltung ansteigt – ohne daß dies jedoch die Automationsbestrebungen hinderte; im Gegenteil. Was bei der Judikative als Argument gegen die Automationsunterstützung vorgebracht wird, gilt bei der Exekutive als zugkräftiges Argument für verstärkte Automationsbemühungen.

[10] Die vorherrschende Fragestellung zeigt deutlich die Merkmale der üblichen juristischen Beschränkungen auf Bereitstellung von Texten für den (im übrigen vom Computer unbeeinflußten, autonom wertenden und entscheidenden) souveränen Richter.

Rechtsanwendung bereits verdrängt. Freilich geschah dies weithin unbeachtet von einer juristischen Öffentlichkeit, da es sich um Gebiete handelte, die nicht im Brennpunkt des rechtswissenschaftlichen Interesses stehen. Gleichwohl ist diese Entwicklung von großer Tragweite und bedarf genauerer Analyse.

Dieser wenig beachtete Rechtsbereich ist die öffentliche Verwaltung. Von ihr aus, so lautet die These, bahnt sich eine tiefgreifende Veränderung an, die eine strukturelle Verähnlichung von Verwaltung und Justiz bringt, so daß die abweichenden Strukturen der Verwaltungsautomation möglicherweise auch auf den Justizbereich übergreifen werden. Damit hebt eine tiefgreifende, ja fest revolutionäre Umgestaltung des Rechtswesens insgesamt an, innerhalb derer die juristische Dokumentation vergleichsweise von untergeordneter Bedeutung ist, wiewohl sie derzeit noch im Vordergrund steht.

Es ist darum notwendig, die Themenstellung auszuweiten, weil die Entwicklung der Verwaltungsautomation (und gelegentlich der Automation im Bereich der Legislative) in die Betrachtungen miteinbezogen werden muß. Dabei sind die rechtspolitischen Rückwirkungen mit zu berücksichtigen.

Aber sind nicht Justiz und Verwaltung auch in der Rechtspraxis stark voneinander unterschiedene Bereiche, mehr oder minder streng voneinander getrennt? Wie kann demnach von der öffentlichen Verwaltung aus die Rechtsautomation revolutioniert werden?

Der theoretische Grund besteht in der formal gleichen Struktur des juristischen Entscheidungsprozesses in Justiz und Verwaltung[11] und, wie zu ergänzen ist, auch teilweise im Bereich der Legislative.

In beiden Fällen werden an Sachverhalte der Realität mit Hilfe von Rechtsnormen Rechtsfolgen geknüpft. Sekundär bestehen freilich Unterschiede: Im einen Fall mag der Entscheidungsspielraum enger, im anderen weiter gefaßt sein, obwohl dies keineswegs immer zutrifft; auch ist die Justizentscheidung im Durchschnitt weniger zukunftsgerichtet als die Verwaltungsentscheidung. Von da aus ist es sogar berechtigt, die Prozesse der Rechtserzeugung etwa im Gesetzgebungsverfahren mit in die Betrachtung einzubeziehen, obwohl die Behauptung einer gleichen Entscheidungsstruktur auf einer Vermutung beruht, für deren Plausibilität noch wenig Belegmaterial vorliegt[12].

Der praktische Grund liegt in dem großen politischen Druck in Richtung auf eine beschleunigte Automation, der sich in der Verwaltung bemerkbar macht. Mit Einsatz großer Geldmittel wird die Automatisierung vorangetrieben, aus Gründen, die noch aufzuzeigen sind. Dagegen ist im Bereich der Justiz große Zurückhaltung zu verspüren. Automationsunterstützung glaubt man dem Richter nur in der Dokumentation anbieten zu können, also im juristischen Vorfeld, das früher

---

[11] Im deutschen Sprachraum zuerst bei *Luhmann*, für die Rechtsinformatik *Steinmüller* (Rechtsfragen); bereits vorher war dieser Gedanke Allgemeingut polnischer, tschechoslowakischer und russischer Autoren.

[12] Erste Ansätze bei *B. Lutterbeck* (Informationsrecht).

zur Propädeutik und zum Bibliothekswesen zählte, und allenfalls in Randgebieten juristischer Rechtspflege, wie etwa im Mahnverfahren.

1.4 Überblick

Wenn Untersuchungsgegenstand der Gesamtbereich der Rechtsautomation der BRD unter alleinigem Ausschluß der juristischen Dokumentation ist, dann kann man, bewährten Gliederungsprinzipien folgend, vom Allgemeinen zum Speziellen kommen, oder den umgekehrten Weg beschreiten. Hier dürfte ersteres vorzuziehen sein, da dieser im Grund rechtspolitischen Untersuchung eine Terminologie und Methode zugrundeliegt (unten 2.1, 2.2), die generellere Überlegungen voranstellt. Die zum Verständnis notwendigen Details finden sich in der historischen Einleitung (2.3).

Zuerst ist also die grundsätzliche Stellung der Automation in der Gesellschaft darzulegen. Ausgangspunkt ist die Hypothese, daß die Automation der Information die erstmals mögliche Mechanisierung intellektueller Prozesse darstelle (3.1), die, als Mensch-Maschine-Systeme organisiert (3.2), neuartige Eigenschaften und Leistungen aufweist, die mit ihrer Qualität als kybernetisches Modell zusammenhängen (3.3, 3.4).

Nach den Grundgedanken der Automation sind die Prinzipien der Automation im Recht zu schildern (4). Ausgangspunkt ist das juristische Entscheidungsverfahren (4.1) als spezieller intellektueller Prozeß, der durch die Automationsunterstützung die Systemeigenschaften der Automation erhält (4.2). Da die Verwaltungsautomation einen großen Vorsprung hat, werden die Modelleistungen und gesellschaftlichen Implikationen der Rechtsautomation zunächst am Beispiel der Verwaltung entwickelt (4.3), um dann in ihren Auswirkungen auf die Justizautomation weitergeführt zu werden (4.4): Die Rechtsautomation in der Justiz wird wahrscheinlich in übergreifende integrierte Systeme ein- und untergeordnet werden; Alternativen werden diskutiert.

Abschließend wird eine Übersicht über diejenigen Rechtsnormen gegeben, die für die ADV allgemein und insbesondere für die Rechtsautomation bisher erlassen wurden bzw. werden (5). Dies gibt den Blick frei für die Tatsache der internationalen Kooperation der an der Rechtsautomation beteiligten Rechtswissenschaftler und Rechtspraktiker, die ihre Wirkung auf das internationale Recht nicht verfehlen wird (6).

2 Einleitende Bemerkungen

Zur besseren Verständigung ist es sinnvoll, einleitend zu Terminologie und Methode sowie zur geschichtlichen Entwicklung der Rechtsautomation einige Bemerkungen voranzuschicken.

2.1 Terminologie

Die verwendete Terminologie kann ihre Herkunft aus der Rechtsinformatik nicht verleugnen[13], ist aber für Zwecke dieser Darstellung modifiziert.

---

[13] Für Näheres vgl. *Steinmüller* u. a. Sonderheft II.

Rechtsautomation umfasse die Automation juristischer Entscheidungsprozesse. Juristisch sollen alle diejenigen Entscheidungsprozesse sein, die an rechtlich relevante Tatbestände Rechtsfolgen knüpfen. Dabei soll es keine Rolle spielen, ob sie sich im Bereich der Justiz (Justizautomation), der Gesetzgebung (Gesetzgebungsautomation) oder der öffentlichen Verwaltung[14] (Verwaltungsautomation) abspielen.

Automation (Automatisierung) bedeutet hierbei sowohl den Vorgang der Ersetzung des Menschen durch Automaten, als auch das Ergebnis dieses Vorgangs, den automatisierten Ablauf und seine Organisation. Automaten, hier auch Computer, Rechner oder Datenverarbeitungsanlagen (DVA) genannt, meinen natürlich nur informationsverarbeitende Maschinen. Informationsverarbeitung und Datenverarbeitung sei der Einfachheit halber ebenso gleichsinnig gebraucht wie Information und Datum.

Automatisiert werden vor allem Entscheidungsprozesse. Entscheidung[15] oder Entscheidungsprozeß umgreife alle Phasen der Entscheidung, von der ersten Vorüberlegung über die Informationssammlung bis zur endgültigen Dezision. Als solcher ist der Entscheidungsprozeß ein Bündel spezieller Informationsprozesse.

Prozeß sei gemäß der hier befolgten Methode als Begriff der allgemeinen Systemtheorie verstanden, der mit dem juristischen „Prozeß" (etwa der Zivilprozeßordnung) wenig gemein hat; er umfaßt jedes Verhalten eines dynamischen Systems, wobei Anfang und Ende des Verhaltens beliebig, d. h. vom Beobachter nach Zweckmäßigkeitsgesichtspunkten, vorgegeben sind.

Daraus folgt, daß Prozesse der Rechtsentscheidung für den juristischen Betrachter immer nur teilweise automatisiert auftreten („automationsunterstützt"). Rechtsautomation ist darum stets pars pro toto gebraucht — der Mensch scheidet in der Automation auch im Recht nie ganz aus, sondern richtet das automatisierte Teilsystem ein, programmiert und kontrolliert sein Verhalten und bleibt sein Herr.

Die genannten automationsunterstützten Informations- und Entscheidungsprozesse laufen in Systemen ab, wobei unter System allgemein eine geordnete

[14] Verwaltung ist hier umfassend gebraucht; wo nichts besonderes vermerkt ist, umfasse sie auch den gubernativen Bereich.

[15] Entscheidung ist mehrdeutig; der umgangssprachliche Begriff ist neben dem juristischen (der Endentscheidung) wohl am speziellsten; jeweils weiter sind der betriebswirtschaftliche und der allgemein entscheidungstheoretische Begriff; der technisch-formale qualifiziert bereits jede Auswahl aus Alternativen als Entscheidung, was für die Rechnertechnologie von Bedeutung wird. — Die übliche juristische Beschränkung auf das Endergebnis des Informationsprozesses, das Urteil (die juristische Dezision), wäre in unserem Zusammenhang verhängnisvoll; sie würde den Blick dafür verstellen, daß die Automation den ganzen Informations- und Verarbeitungsprozeß erfaßt und das juristische Endprodukt nur das gleichsam selbstverständliche Nebenergebnis der in dem Entscheidungsverfahren enthaltenen Prämissen ist. Mit anderen Worten: Die juristische Entscheidung wird durch die Automation von ihrem Entstehungsprozeß her aufgerollt, ohne daß dies rechtstheoretisch bisher reflektiert wird, da der Jurist gewohnt ist, das Wie des Zustandekommens seiner Entscheidung im Dunkel der Entscheidungsgründe zu lassen (im Sinne von *Esser*, Vorverständnis und Methodenwahl).

Menge von Elementen und Relationen zwischen diesen Elementen verstanden sei (z. B. ein Richterkollegium oder eine Behörde oder ein Rechner).

Hier geht es vor allem um Informationssysteme – der Zentralbegriff der ADV –, die in praktisch allen hier interessierenden Fällen dadurch ausgezeichnet sind, daß sie als Teilsysteme Automaten umfassen, daß sie also „Mensch-Maschine-Systeme" sind, in denen Mensch und Maschine in komplizierter Kommunikation stehen. Jede Form der Rechtsautomation spielt sich in derartigen Informationssystemen ab, die darum „juristische Informationssysteme" genannt seien, und erhält von daher ihre Eigentümlichkeiten.

Als letzter Terminus sei das Informationsrecht (Recht der Informationsverarbeitung) eingeführt. Er umfaßt alle diejenigen Rechtsnormen[16], die die Informationsverarbeitung und insbesondere die automatisierte Datenverarbeitung regeln. Auf letztere bezieht sich die Teilmenge des Informationsrechts mit Namen „EDV-Recht"[17]. Das Recht der Informationsverarbeitung erhält naturgemäß in unserem Zusammenhang einige Bedeutung, da es vorschreibt, in welchen rechtlichen Bahnen computerunterstützte Informationsverarbeitung in der Gesellschaft abzulaufen habe.

2.2 Methode

Die systemtheoretische Terminologie verweist auf die hier angewandte Methode. Sie wird bestimmt von der – im Grunde rechtspolitischen – Aufgabe, ein komplexes Problemfeld der Gesellschaft (deskriptiv) abzubilden und zu prognostizieren, um es (normativ) rechtlich regelbar zu machen.

Bei der deskriptiven Schilderung von Phänomenen der Rechtsautomation geht es angesichts der äußerst rapiden Entwicklung weniger um den gegenwärtigen Stand, der von vielerlei (scheinbaren) Zufälligkeiten bestimmt ist. Er soll darum nur in Umrissen angegeben werden, zumal er morgen schon überholt ist.

Vielmehr ist es notwendig, die tieferen Besonderheiten der Rechtsautomation herauszuarbeiten. Hierfür genügt der herkömmliche juristische Methodenvorrat nicht, da technische und informationswissenschaftliche Fragen hinzukommen. Vielmehr kann nur eine an diesem Problem orientierte (und damit interdisziplinär verfahrende) Vorgehensweise Erfolg versprechen. Nur so ist es auch möglich, nicht nur die bunte Vielfalt der Phänomene zu demonstrieren, sondern die verborgene Ordnung in der Vielfalt aufzudecken und damit deren Gesetzmäßigkeiten zur Prognose zu benutzen[18]. Auf letzteres kommt es an, zumal im Kontext der internationalen Entwicklung.

Die einigende Klammer des problemorientierten Vorgehens besteht in der Sprache der allgemeinen Struktur- und Systemtheorie[19], die mit informations-

---

[16] Auch künftige Rechtsnormen sind mit umfaßt („Informationsrechtspolitik").

[17] So der Titel der einschlägigen Gesetzessammlung; vgl. *Burhenne/Perband*.

[18] Begründung: *Steinmüller* (Rechtstheorie). – Zur wissenschaftstheoretischen Problematik der Prognose vgl. *Hans Lenk*. Die hier gegebenen Überlegungen können nur Vorüberlegungen sein zu einer künftigen Prognostik auf dem Gebiet der Rechtsautomation.

[19] Zur strukturtheoretischen Konzeption der Rechtsinformatik vgl. *Fiedler* (Automatisierung), (Konzeption); zur systemtheoretischen Variante *Steinmüller* (Grundbegriffe).

wissenschaftlichen Kategorien[20] angereichert ist. Es ist dies die Sprache der Rechtsinformatik, wie hier nicht näher zu erläutern ist.

In ihrem rechtlich-normativen Teil bedient sich die Untersuchung informationsrechtlicher Gedankengänge, auch wo sie Sollvorstellungen (hypothetische Rechtsnormen) aufgrund hypothetischer Sachverhalte diskutiert.

Der Unterschied der Rechtspolitik[21] zur Rechtsdogmatik liegt nicht allein in der Beschränkung letzterer auf vorhandene Normen und deren logischen Zusammenhang, sondern einmal in den Normen höherer Stufe, die im Rahmen rechtspolitischer Untersuchung unter den möglichen hypothetischen Normen die wünschenswerten auswählen sollen (und die nur z. T. aus der Verfassung entnommen werden können), zum anderen in der methodischen Notwendigkeit, die zu regelnden empirischen Sachverhalte möglichst adäquat zu beschreiben.

2.3 Historische Entwicklung der Rechtsautomation

Die ersten Überlegungen zur Rechtsautomation gehen auf das Jahr 1949 zurück. Sie finden sich sogleich bei *Norbert Wiener*, der Recht als Kommunikation, also als Informationsprozeß, auffaßte, das von seinem kybernetischen Zweck her (in Anknüpfung an *Platon* und *Ampère*) Gegenstand einer neuen Kybernetik sein würde – eine Anregung, die sich zunächst auf dem Feld der Politischen Kybernetik auswirkte. Mit Hilfe der kybernetischen Maschinen, der Computer, solle das Recht seinen Regelungszweck erfüllen.

Verblüffend früh, nämlich etwa zur gleichen Zeit, stellte die Akademie der Wissenschaften der UdSSR erste Überlegungen zu Recht und Kybernetik an. Dokumentation der unüberschaubar gewordenen Rechtstexte und erste Ansätze der Automation juristischer Entscheidung wurden erörtert und projektiert.

Die Entwicklung wandte sich nun von der engeren Rechtsautomation für geraume Zeit ab. Ich übergehe vieles. Die Verwaltungsautomation tritt ihren Siegeszug an, die Justiz (und erst recht die Legislative) bleiben zurück. Nur die juristische Dokumentation entwickelt sich weiter. Ab 1959 entsteht die Verwaltungsautomation in der BRD, zunächst in den großen Städten (wie Augsburg und Hamburg). Zunächst geht man daran, Verwaltungsroutine- und Massenarbeiten zu automatisieren. Technisch arbeitet man noch mit relativ langsamen Rechnern der zweiten Generation.

Kurz darauf werten die ersten Städte Gemeindewahlen mit Hilfe der ADV aus. Das bedeutet etwas Neues: Nicht mehr Massenvorgänge, sondern Einzeltätigkeiten werden programmiert und automatisiert. Nun beginnen auch die ersten praktischen Überlegungen für polizeiliche und andere Auskunftssysteme, wie-

[20] Zum Begriff der Informationswissenschaften vgl. die immer noch grundlegende Untersuchung von *Kunz/Rittel*.

[21] Zum Informationsrecht als Rechtspolitik vgl. wieder *Steinmüller* (Rechtstheorie). Eine genauere Betrachtung würde zeigen, daß auch die Rechtsdogmatik nicht ohne übergeordnete Normen auskommen kann, daß sogar die Rechtspolitik der Rechtsdogmatik in gewissem Sinne logisch vorgeordnet ist: Nur wer weiß, welcher Zustand vorzuziehen ist, kann angeben, welche Auslegungsmethode er im Rahmen der rechtsdogmatischen Methode zu wählen hat, damit er ein bestimmtes, gewünschtes und rechtlich zugelassenes Ergebnis erreicht.

derum also eine automationsunterstützte Einzeltätigkeit, die aber technisch bereits größere Datenverarbeitungsanlagen der dritten Generation mit Direktzugriff voraussetzt. Dabei darf man durchaus vermuten, wiewohl empirische Untersuchungen noch ausstehen, daß der Fortschritt der Informationstechnologie sich seine Anwendungen in der Verwaltung suchte, und nicht umgekehrt.

Nun begannen sich weitschauende Bundes- und vor allem Landespolitiker für ADV zu interessieren.

Dabei spielte die vorschnelle Gleichsetzung von Information und Macht eine Rolle. Die in der Privatwirtschaft bereits abgeflaute Computereuphorie erfaßte sie und beflügelte sie zur Konzipierung bundes- und landesweiter zentralistischer Regierungs- und Verwaltungsinformationssysteme. Stichworte wie „Bundesdatenbank“[22] und „Informationsbankensystem“[23] bestimmten die Szene. Selbstverständlich sollten diese Informationssysteme Wissenschaft, Wirtschaft und Staat umfassen, damit auch Legislative und Judikative; obendrein sollten alle Informationen allen denkbaren Benutzern zur Verfügung gestellt werden, soweit sie nicht „der Natur nach“ geheimzuhalten seien – all dies Vorstellungen, die sich in der weiteren Entwicklung als illusionär herausstellen sollten. Vor allem aber sollten diese Systeme umfassend informationelle Grundlagen für die politische Planung bereitstellen und den Informationsverbund zwischen Staat und Wirtschaft realisieren.

Daß hierbei die Verfassungsstruktur der BRD tiefgreifend verändert worden wäre, trat zunächst kaum ins Blickfeld.

Inzwischen ist die Planung globaler Superinformationssysteme in Staat und Wirtschaft reduziert worden. Die Euphorie ist einer Ernüchterung gewichen. Sie ging jedoch nicht soweit, daß die hochfliegenden Pläne nun völlig begraben wären. Sie sind nur realistischer geworden, und damit ausführbarer. Die rechtliche Problematik ist geblieben, ja hat sich in manchem verschärft – von der Jurisprudenz unbemerkt, da die Systeme technisch komplizierter und darum gleichsam „unsichtbarer“ geworden sind[24].

Nunmehr schickt sich die Privatwirtschaft an, nach der im Bundesmeldegesetz – im Gegensatz zu den Erfahrungen in den USA und Schweden – vorgesehenen Freigabe des Personenkennzeichens[25] umfassende unternehmensübergrei-

---

[22] Erstes Datenverarbeitungsprogramm des *Bundesministers für Bildung und Wissenschaft*; sowie *Bundesminister des Innern* (1. DV-Bericht), *Bundesregierung* (2. DV-Bericht).

[23] *Interministerielle Arbeitsgruppe*; dazu kritisch *Dammann* (Informationsbankensystem).

[24] Zu den Eigenheiten elektronischer Systeme s. u. 3.3.

[25] Entwurf des Bundesmeldegesetzes § 19 Abs. 2 – Bundestagsdrucksache VI/2654; *Hölder*, in: *Bundesministerium des Innern* (Dokumentation) S. 195. Als die beiden wichtigsten Ergebnisse des „Ware Report“ referiert *Stadler*:

1. Die „verfahrensrechtliche“ Definition von Privatsphäre: Privatsphäre wird beeinträchtigt durch jede Datenverarbeitung, bei der das betroffene Individuum nicht über Inhalt und Gebrauch der Daten mitbestimmen kann.
2. Das Personenkennzeichen wird für die USA auch in Zukunft abgelehnt; es werden gesetzliche Maßnahmen dagegen gefordert, daß sich die in den USA seit 1966 vergebene Sozialversicherungsnummer de facto zu einem Personenkennzeichen entwickelt, weil es auch von privaten Organisationen verwendet wird. Die große Gefahr, der

fende Informationssysteme aufzubauen, die, nach dem Entwurf zum Bundesdatenschutzgesetz, unzureichend kontrolliert und nach bisherigen Erkenntnissen ab einer gewissen Größenordnung vorläufig unkontrollierbar[26], jede beliebige Einzelperson, jede wirtschaftlich interessante Gruppe oder Bevölkerungsschicht in ihrer soziologischen und psychologischen Struktur transparent machen können, damit kommerziell auswertbar und, soweit wirtschaftlich interessant, auch politisch manipulierbar.

Es entstehen neben den bekannten Formen der Adressenverlage, der Kreditauskunfteien, der Meinungsforschungsinstitute und der Servicerechenzentren neue Formen der Informationsproduktion und des Informationshandels. Den Massenmedien werden durch neue Möglichkeiten der Breitbandkommunikation grundlegend neue Chancen eröffnet, denen komplementäre Gefährdungen entsprechen, die vom Staat, soweit er das allgemeine Interesse vertritt, vorerst nur unzulänglich abgefangen werden können.

Erst recht verwirrend ist die Lage im öffentlichen Bereich. Dort sind neue Phänomene zu beobachten, die auf den ersten Blick sehr heterogen sind.

„Wir stellen zunächst empirisch fest, daß heute Verwaltungen zunehmend Funktionen übernehmen, die qualitativ von bisherigen Funktionen abweichen und die nur mit der modernen Informationstechnologie zu bewältigen sind:

1. Umgestaltung des Einwohnermeldewesens zu einem Einwohnerwesen, als Informationssammmelstelle für Personeninformationen für interessierte Behörden, zugleich als Grundstufe integrierter Personeninformationssysteme[27];
2. Aufbau ressortübergreifender Sachinformationssysteme, wie etwa der Grundstücksdatenbank[28], die Kataster und Grundbuch integriert;
3. Errichtung eines bundesweiten Polizei- und Kriminalinformationssystems mit partiellem Anschluß der Staatsanwaltschaft, das praktisch die Mehrzahl aller Bundesbürger und Ausländer in bezug auf abweichendes Verhalten erfassen wird[29];
4. Ausbau integrierter Nachrichtendienste im öffentlichen[30] und privaten Bereich mit Frühwarnsystemen[31];

---

es zu begegnen gilt, ist die Integration von Personaldaten, die nur dort erlaubt werden darf, wo ein echter Konnex besteht. (Vgl. dazu auch *Fehl* [Kreativer Föderalismus]). — Hierzu paßt die Nachricht, die kürzlich durch die Presse ging, daß in Schweden inzwischen ein schwunghafter Handel mit den Personenkennzeichen geführt wird.

[26] *Simitis* (Datenschutz) S. 181 f.

[27] *Dammann* (Einwohnerwesen).

[28] *Bayern* u. a. (Sollkonzept); *Geiger/Schneider*; *Göttlinger*; *Göttlinger/Schneider*; *Rattel* u. a.; *Simmerding*; *Simmerding/Göttlinger*; *Schmidt*. — Die Realisierung steht allerdings am ersten Beginn des Anfangsstadiums. Man rechnet mit mindestens einem halben Jahrzehnt bis zum Abschluß der Projektarbeiten.

[29] *Dammann* (Datenbanken) S. 33—43.

[30] Dazu unten.

[31] z. B. *Siemens* (BIS 1. Aufl.) S. 53; *Goller* (KI-System).

5. Aufbau des Informationsverbundes zwischen Staat und Wirtschaft[32], (zunächst) im Bereich der Daseinsvorsorge[33];
6. Funktionswandel der Statistik von Bereitstellung sehr nachträglicher Informationen zur begleitenden Kontrolle und vorgreifender Planungsfunktion[34];
7. Aufbau von Planungsinformationssystemen überhaupt.

Worauf ist dieser Wandel zurückzuführen? Ist diese Häufung nur ein zufälliges Zusammentreffen, oder zeigt sich eine neuartige Struktur?“[35]

Übrigens setzen diese Entwicklungen bereits z. T. Rechnerverbundsysteme modularen Aufbaus neuester Entwicklung voraus, mit so großer Speicher-, Verarbeitungs- und Übertragungskapazität, daß zu ihrer Beherrschung ihrerseits Computer eingesetzt werden müssen.

Eine verwirrende und rätselhafte Vielfalt beherrscht die Szene der Automation. Wie soll man sich orientieren, wie gar die Richtung der Entwicklung erkennen, und die Auswirkung der Automation auf das Recht abschätzen?

3 Die grundsätzliche Bedeutung der Automation

3.1 ADV als Automatisierung geistiger Prozesse

Da wir noch am Anfang der Entwicklung der Automation stehen, scheinen viele Einzelphänomene auch im Rechtsbereich ohne Zusammenhang zu sein. Ich werde versuchen, die innere Ordnung deutlich zu machen, bin mir aber bewußt, daß dies beim gegenwärtigen Stand der Forschung und Entwicklung nur unvollkommen gelingen kann[36].

Es handelt sich überall um erste Vorboten des Kommenden. Wir befinden uns eben dabei, die Steinzeit der Informationsautomation zu verlassen. Unerwartete Entwicklungen sind sicher zu erwarten, ihre Auswirkungen auf Staat und Recht dementsprechend schwer formulierbar.

Die Rechtsautomation hat mit konventioneller juristischer Entscheidung eines gemeinsam: stets handelt es sich um Informationsprozesse[37]. Sie laufen bei herkömmlicher („manueller“) Informationsverarbeitung zwischen Menschen ab, bei Automationsunterstützung geschieht die Interaktion zwischen Menschen und Maschine.

Worin aber liegen die Unterschiede?

---

[32] Mit welcher naiven Entdeckerfreudigkeit man sich in das gesellschaftspolitisch brisante Thema des Informationsverbundes von Staat und Wirtschaft stürzen kann, belegt mit sympathischer Offenheit *Zimmermann*.

[33] Dazu *Winkler*.

[34] Am Beispiel der Kultusstatistiken *Eberle/Garstka* (Ausbildungsförderung). – Vgl. auch die erhellende Umbenennung des Statistischen Landesamtes NRW in „Landesamt für Datenverarbeitung und Statistik“ durch das ADV-Gesetz Nordrhein-Westfalens (ADVG NW § 5).

[35] *Steinmüller* (Schutz vor Datenschutz) S. 832 f. (auch zur Frage der Planung). Dieser kurze Aufriß der Entwicklung stellt zunächst auf das Verhältnis Staat–Individuum ab; nicht wenige Probleme gibt es auch im Verhältnis der Staatsgewalten untereinander, wovon im folgenden zu reden sein wird.

[36] Für Näheres vgl. *Steinmüller* (Auswirkungen); (Schutz vor Datenschutz).

[37] „Verwaltung ‚ist‘ Datenverarbeitung“; *ders.* (Rechtsfragen) S. 26.

Oft wird von interessierter Seite zur Abwehr unangenehmen Aufsehens die Meinung vertreten, ADV sei „nichts Neues“[38], ein instrumental beliebig verfügbares und zuhandenes Werkzeug des Menschen, wie alle anderen Arbeitsmittel auch. Ob diese Auffassung zutrifft, kann nur in der Perspektive beurteilt werden. Die vertretene Gegenthese behauptet: ADV ist die erstmals gelungene Maschinisierung, Mechanisierung und Automatisierung geistiger Prozesse[39].

Nachdem bis ins späte Mittelalter die menschliche Arbeit im wesentlichen mit der Hand geleistet wurde, wurden mit der beginnenden Neuzeit die ersten Maschinen erfunden, die die Handarbeit des Menschen ersetzten und vervielfältigten. Dies geschah zunächst nur in einzelnen Tätigkeiten (z. B. Webmaschine), dann in vollständigen Arbeitsprozessen bis herauf zur vollautomatisierten Fabrik. Gleichzeitig gelang es auch, die menschliche Energieentfaltung maschinell zu substituieren und zu multiplizieren (Dampfmaschine, Elektrizitätswerk, nun der Atomreaktor).

Mit der heraufziehenden Gegenwart reichte all dies nicht mehr aus; man ging nach vielen theoretischen Anläufen nun auch praktisch daran, intellektuelle Prozesse zu rationalisieren (hierher gehört auch die vielbeschworene „Verwissenschaftlichung aller Lebensbereiche“), schließlich zu mechanisieren und zu automatisieren. ADV ist nichts anderes als die Ersetzung intellektueller Prozesse des Menschen durch Informationsautomaten, durch „Denkmaschinen“.

Selbstverständlich befinden wir uns noch im Anfangsstadium: Erst relativ einfache analytische Prozesse können bislang automatisiert werden. Dies trifft auch für die Rechtsautomation zu. Aber es ist abzusehen, daß auch der Bereich der kreativen Phantasie nicht unbehelligt bleiben wird[40]. Vor allem gibt es bereits heute eine Fülle von Verfahren, die jetzt nicht automatisierbare Probleme so umzuformulieren gestatten, daß sie automatisierbar werden – nicht immer zum Vorteil der Probleme. Prominentestes Beispiel im Rechtsbereich ist die sog. „automationsfreundliche“ (!) Normsetzung[41].

Damit kann die von den Kraftmaschinen her bekannte Vervielfältigung der Leistung einsetzen; Datenverarbeitungsanlagen sind funktionell „Denkverstärker“ in den jeweiligen automatisierten Bereichen.

Dadurch werden bisher innerhalb des menschlichen Subjekts verlaufende Informationsprozesse verobjektiviert und auf diese Weise reproduzierbar, also auch kommerziell verwertbar gemacht. Aktive Information (Entscheidungen und Entscheidungshilfen) können nun ähnlich produziert, verteilt und konsumiert werden wie bisher schon materielle Güter und passive Informationen[42] (Bücher, Medien).

---

[38] So anscheinend *Genscher* u. a. (Moderne Mittel) S. 20 f.

[39] Ebenso *Genscher* (Kräftefeld), der als Spezifikum der Automation in der öffentlichen Verwaltung die Vervielfältigung der geistigen Funktion nennt, nachdem im Rahmen der zweiten industriellen Revolution die Körperkraft des Menschen vervielfältigt und potenziert wurde.

[40] Erste Anfänge sind heuristische Programmierung, Lernmatrizen u. a.

[41] Dazu s. u. 4.2.2 und Anm. 140.

3.2 Mensch-Maschine-Systeme und ihre Bestandteile

Die „Produktionsstätten" der automatisierten Datenverarbeitung sind die Informationssysteme. Sie stellen das eigentliche Spezifikum der ADV dar.

Informationssysteme weisen Eigenarten auf, die sie von allen bisher vorhandenen Systemen wesentlich unterscheiden und die ihre historische Neuartigkeit ausmachen. Sie sollen nun kurz erläutert werden, zumal die Auswirkungen sogar die Länder- und Staatsorganisation verändern, erst recht den engeren Rechtsbereich.

Informationssysteme sind höchst komplexe Gebilde. Sie sind zusammengesetzt aus Computern und Menschen („Mensch-Maschine-Systeme"), dazu selbstverständlich Daten, Programme, aber auch Übertragungsvorrichtungen und vor allem die geordnete Beziehung zwischen den genannten Elementen (die „Systemorganisation").

Von diesen Bestandteilen des Mensch-Maschine-Systems ist entgegen dem Anschein der Computer selbst, die „Hardware", am wenigsten wichtig. Denn aus theoretischen Gründen, die mit der Eigenart der Datenverarbeitung als Automatisierung geistiger Prozesse zusammenhängen, sind die entscheidenden Komponenten neben dem Menschen die Daten und Programme. Sie nämlich enthalten die objektivierten formalisierten Problemlösungs-[43], Lern- und Entscheidungsstrukturen des Menschen in maschinenverarbeitbarer Form.

Die Daten stellen die rechnerverständliche Form der Verschlüsselung von Informationen über Sachverhalte dar, z. B. über einzelne Bürger, ihre Vorstrafen, ihre Grundstücke, allgemein über ihre Beziehungen untereinander und zum Staat sowie zu Wirtschaftsunternehmen. Abstrakt: Daten sind maschinenverarbeitbare Abbildungen von Systemen[44].

Die Programme (Befehlsabfolge, mit denen Daten verarbeitet werden) sind die maschinenausführbare Form der Verschlüsselung von Informationen über intel-

---

[42] Zum Begriff der aktiven und passiven Information siehe *Laisiepen/Lutterbeck/Meyer-Uhlenried* S. 466 f.

[43] Zur Einführung vgl. *Taylor* (Problem Solving) mit Lit.

[44] Sind die Datenbestände Texte oder Verweisungen auf Texte, so nennt man diesen Typ von Informationssystemen *„Dokumentationssysteme"*. Auch sie sind Modelle, jedoch zum Unterschied von „normalen" Datenbanken in doppelter Hinsicht: Sie bilden unmittelbar Modelle ab und erst mittelbar den Sachverhalt, auf den die Texte hinweisen; zugleich bilden sie in ihrer Interaktion mit dem Menschen einen bestimmten Teil des menschlichen Entscheidungsprozesses ab, nämlich die Suche nach den die Entscheidung unterstützenden Texten; das bringt für die Jurisprudenz eine Reihe unbequemer Folgeprobleme; vgl. *Simitis* (in diesem Heft) und die Kritik der JURIS-Konzeption bei *Steinmüller* (Auswirkungen) S. 130 ff., 136 ff. – bei *Simitis* nicht berücksichtigt. Darin liegt übrigens eine bislang unerschlossene kritische Potenz von Dokumentationssystemen allgemein und juristischer Dokumentation im besonderen. Ihre Eigenart, Objekte vermittelt über Texte abzubilden, gibt die Möglichkeit der Distanz des Entscheiders zum Objekt, damit zu verstärkter Selbstreflexion und Fremdkontrolle – übrigens auch umgekehrt: Dokumentationssysteme können durch feed back zum abgebildeten Objekt kritisierbar werden; hierin beruht die Bedeutung von „Sozialdaten" (dazu *Hasselkuß/Kaminski*) für die juristische Dokumentation und die juristische Entscheidung, weit über die Berücksichtigung von „Rechtstatsachen" hinaus.

lektuelle Verfahren der Problemlösung, z. B. für Entscheidungsprozesse in Recht und Verwaltung[45]. Abstrakt: Programme sind maschinenverarbeitbare Abbildungen von Problemlösungsprozessen[46].

Beiden ist gemeinsam, daß sie Abbildungen, „Modelle" sind: Die in Informationssystemen gespeicherten Daten- und Programmbestände fungieren als Modelle über die Objekte (Systeme und Verfahren), die sie abbilden[47]. Näheres darüber sogleich.

Ein wichtiges Element des Informationssystems wurde noch nicht genannt: Das System der Übertragungskanäle – gleich in welcher technischer Form es realisiert ist. Bei ihm verbindet sich die Informationsverarbeitungstechnologie mit den verschiedenen Formen der Informationsübertragung. Die letzte Entwicklung auf diesem Gebiet ist die Breitbandtechnologie (gemeinhin bekannt unter dem einseitigen Stichwort des „Kabelfernsehens")[48]. Sie ermöglicht partiell die Aufhebung der gesellschaftlichen Kommunikationsprobleme[49]. Informationelle und damit immaterielle Übertragung von Bibliotheken ,Zusammenschalten von Datenverarbeitungsanlagen, ja ganzen Informationssystemen ist kein grundsätzliches Problem mehr.

Darum ist es nicht mehr notwendig, für Zwecke von Regierung und Verwaltung zentrale Computer zu bauen. Es genügt, wenn ein Netz von kleineren Systemen mit wohl definierten Kopplungen („Schnittstellen") und Übertragungskanälen unsichtbaren Nervenbahnen gleich das Land überzieht.

Es stellt sogar kein technisches Problem mehr dar, Informationssysteme beliebig große Territorien umgreifen und erfassen zu lassen.

3.3 Eigenschaften von Informationssystemen

Die „Produktionsstätte Informationssystem" beruht auf einem komplizierten Zusammenwirken von Mensch und Maschine. Demgemäß weist sie Eigenschaften und Leistungen beider Teilsysteme in wechselseitiger Bedingtheit auf.

Dieser scheinbar selbstverständliche Satz hat weittragende Implikationen, die nun in Gestalt der generellen Eigenschaften von Informationssystemen so darzulegen sind, daß anschließend die Leistungsfähigkeit von Informationssystemen für das Gesamtsystem und schließlich für den Rechtsbereich aufgezeigt werden kann.

Zunächst die Eigenschaften des maschinellen Teilsystems. Aus seinem Bereich

---

[45] Daneben gibt es andere Arten von Programmen, die hier nicht näher interessieren sollen; z. B. solche, die die Aufgabe haben, den Rechner in Betrieb zu setzen, die Daten- und Programmbestände zu verwalten usw. Auf einer abstrakten Ebene sind auch sie Problemlösungsverfahren.

[46] Der hier aus juristischen Gründen betonte Unterschied von Daten und Programmen ist informationstechnisch stark zu relativieren; auf diese Problematik kann jedoch nicht näher eingegangen werden.

[47] Allgemein *Klaus* (Semiotik); für Informationssysteme: *Steinmüller* (Grundbegriffe) S. 122 ff.

[48] *OECD* (Computer und Fernmeldewesen); *Dropmann.*

[49] Ausgezeichnet *K. Lenk* (Kabelfernsehen).

wird der Mensch ausgeschlossen und durch den „Denkverstärker" ersetzt[50]. Eine Reihe scheinbarer oder wirklicher menschlicher Unzulänglichkeiten fallen damit weg, dies ungeachtet des Umstandes, daß sie unter anderen Gesichtspunkten und bei anderer Bewertung als Vorzüge erscheinen mögen:

– die menschliche Langsamkeit, Unbestimmtheit und Unzuverlässigkeit,
– die geringe aktuelle Kapazität und Leistungsfähigkeit im intellektuellen Bereich
– schließlich die Unbeweglichkeit des Menschen in Raum und Zeit.

Auf ein methodisches Problem sei wenigstens hingewiesen: Bei der Frage nach den Auswirkungen technischer Systeme auf die gesellschaftliche Umwelt ist es höchst problematisch, von Eigenschaften gesellschaftlicher Teilsysteme auf die Gesellschaft insgesamt zu extrapolieren. Die hier gewählte Darstellungsform soll wenigstens einige Zwischenschritte zur Überbrückung dieser Glaubwürdigkeitslücke aufzeigen.

3.3.1 Eliminierung menschlicher Langsamkeit und Unzuverlässigkeit

Bekannt ist die Schnelligkeit des Rechners. Auf ihr beruht im Grundsatz alles übrige. Datenverarbeitungsanlagen sind inzwischen in den Bereich der Nanosekunden vorgestoßen, also in den Bereich von milliardstel Sekunden; man experimentiert sogar mit Schaltungen, die so unvorstellbar schnell arbeiten, daß eine logische Entscheidung in der Zeit abläuft, in der das Licht wenige Millimeter zurücklegt, obwohl es doch in der Sekunde 300 000 km durcheilt. In der Zeit, die der Mensch für eine einfache logische Operation braucht, trifft ein solcher Automat eine Milliarde Ja-Nein-Entscheidungen.

Das will besagen, daß bisher unbewältigbar große Datenmengen nunmehr verarbeitet werden können – etwa aus den 60 000 000 Einwohnern der Bundesrepublik in Sekundenschnelle einen einzigen Bürger oder eine Personengruppe herauszufinden, über den bzw. die nur wenige Daten bekannt sind. Ferner können bisher unlösbare, weil zu komplizierte Probleme mathematisch berechnet werden, für die noch vor wenigen Jahren hunderte von Mathematikern hunderte von Jahren gebraucht hätten, was zudem ein unlösbares Organisationsproblem aufgegeben hätte – etwa komplizierte Modelle über soziales Verhalten bestimmter Bevölkerungsgruppen, Prognosen über eine bestimmte gesellschaftliche Entwicklung mit vielen Unbekannten und Veränderlichen, usw.

Diese Beschleunigung erfaßt alle Prozesse, von denen Teile automatisiert sind; auch im Recht. Es kann entweder in der gleichen Zeit viel mehr getan werden, oder das gleiche in viel kürzerer Zeit. Dadurch wird Kapazität für andere Tätigkeiten frei – über deren sinnvolle Auswahl es sich lohnen würde nachzudenken. Hier soll nur soviel konstatiert werden, daß dies im Rechtsbereich bisher noch nachzuholen ist.

Ähnliches geschieht durch die weitgehende Eliminierung menschlicher Unbestimmtheit und Unzuverlässigkeit.

[50] Denkprothese, Denksimulator: *Steinmüller* (Rechtsinformatik) S. 2. (Es ist überflüssig zu bemerken, daß Maschinen nicht denken können; was sie aber nicht hindert, Denken höchst effektiv zu simulieren.)

Der Rechner ist logisch sehr viel präziser; er macht zudem je nach Aufwand millionen- bis milliardenfach weniger Fehler.

Die noch zu schildernden Auswirkungen auf den Rechtsbereich sind mit dem Stichwort „Computergläubigkeit" keineswegs auch nur entfernt erschöpft[51].

3.3.2 Aufhebung von Kapazitäts- und Komplexitätsgrenzen

Die nächste menschliche Grenze, die mit Hilfe des Rechners übersprungen werden kann, ist die seiner geringen aktuellen Gedächtnis- und Entscheidungskapazität. Zwar kann er im Laufe seines Lebens viel mehr Informationen aufnehmen als das größte existierende Computersystem; aber aktuell verarbeiten kann er nur wenig; dazu ist sein „Kurzzeitspeicher" zu klein[52].

Deswegen kann der Mensch bereits Probleme geringer Komplexität nicht mehr überschauen, erst recht nicht mehr beherrschen[53].

Ganz anders der Computer. Mit Hilfe seiner Übertragungskanäle und seiner großen Speicher ist er in der Lage, die Kapazität von Informationssystemen praktisch beliebig groß wachsen zu lassen. Dies gilt jetzt schon für Datenbestände, in absehbarer Zeit auch für Entscheidungsstrukturen (Programme).

Reicht ein Rechnersystem nicht aus, können mehrere miteinander multipliziert werden, und das könnte eigentlich unbegrenzt geschehen, wüchse nicht der Organisationsaufwand exponentiell an.

Zudem befindet sich die Speichertechnologie vor entscheidenden Durchbrüchen, die es erlauben werden, das gesamte Wissen von großen Disziplinen in wenigen cm^3 Speicherraum zu speichern und über fortgeschrittene retrieval-Verfahren in wenigen Sekunden wieder zu finden.

Das Problem ist aber nicht die Maschine, sondern der Mensch, der von sich selber nicht weiß, welche Fragen er an das System stellen wird; folglich weiß er auch nicht, welche Informationen er in das System einzugeben hat, damit sie für die Antwort bereitstehen. Die Auswirkungen für den Rechtsbereich sind nicht nur in der Dokumentation deprimierend.

Große reale Kapazität ist aber zugleich mögliche Komplexität. Damit wird die Datenverarbeitung überhaupt erst für den Einsatz im Bereich der sozialen Kon-

---

[51] Einem on-dit zur Folge soll der „*Club of Rome*" seine Prognosen hauptsächlich zwecks besserer Öffentlichkeitswirkung vom Computer berechnen haben lassen. Se non è vero è ben trovato.

[52] Diese Kopplung von Kurzzeitspeicher und Verarbeitungskapazität ist beim Rechner technisch aufgehoben.

[53] *Wolters* (Perspektiven) S. 6 bringt in seinem lesenswerten Essay ein demonstratives Beispiel: Schon bei einer einfachen strategischen Situation mit vier Spielern, zwischen denen nur drei Verträge bestehen, wäre der Mensch überfordert, wenn er die Auswirkungen eines vierten Vertrags im Kopf verfolgen wollte. – Der Verzweigungsgrad von Systemen kann durch Einsatz von ADV so weit erhöht werden, daß nicht einmal die Planer und Programmierer des Systems (und noch viel weniger die Personen, die führen oder geführt werden) dies noch überschauen können – so *Jessen* mit Hinweis auf *J. Weizenbaum*/MIT. – Bei *Wolters* auch Erwägenswertes zur erstmals möglichen Akkumulier- und Verknüpfbarkeit individueller Problemlösungen zur zeitlich-gesellschaftlichen Weitergabe.

trolle interessant – spätestens dann, wenn zur großen Speicherungskapazität die entsprechende Verarbeitungskapazität hinzukommt und, was derzeit noch den eigentlichen Engpaß darstellt, die Kenntnis der Problemlösungstechniken durch Fortschritte der Mathematik und Sozialwissenschaften voranschreitet.

3.3.3 Beseitigung von Beschränkungen des Raumes und der Zeit

Zwei weitere Eigenschaften von Informationssystemen sind weniger evident und schwieriger zu interpretieren; da sie aber für die Automation im Rechtsbereich von vermutlich noch größerer Bedeutung sind, sei der Versuch ihrer Erläuterung gemacht: die Zeit- und Ortsunabhängigkeit automationsunterstützter Datenverarbeitung in Informationssystemen.

Die Ortsunabhängigkeit der ADV bezeichnet den Sachverhalt, daß überall im System die gesamte intellektuelle Kapazität und Komplexität des Systems präsent ist, wo ein Benutzer Zugang zum System hat (z. B. Terminal) – und dies mit der vollen Schnelligkeit, Präzision und Zuverlässigkeit elektronischer Datenverarbeitung.

Dabei ist es völlig gleichgültig, ob diese Zugangsstelle im Landeszentrum, in der Bundeshauptstadt oder auf dem letzten Dorf steht, ebenso ob sich der Oberlandesgerichtspräsident oder ein Betriebsrat ihrer bedient. Es bestehen auch keine vorgegebenen hierarchischen Schranken des Zugangs zur gespeicherten maschinellen Fähigkeit; sie müssen erst zulätzlich einprogrammiert (oder juristisch z. B. über Gebührenordnungen realisiert) werden.

Die Übertragungstechnik erlaubt es zudem, die Informationsnetze beliebig weiträumig zu gestalten, wie es auch jetzt schon der Fall ist;
sie übergreifen

- Städte (z. B. BESI; KOMPAS)[54]
- Regionen (z. B. KIS; DATUM)[55]
- Länder (z. B. BIS[56], LIS[57])
- Staaten (z. B. NADIS[58], KRIPOLIS[59])

---

[54] BESI ist das Berliner Planungsinformationssystem, KOMPAS (vgl. *Blum*) ist das Äquivalent von BESI für die Stadt München (Kommunales Informations- und Analysesystem).

[55] Zum Hessischen Krankenhausinformationssystem vgl. das Hessische Krankenhausgesetz (Gesetz- und Verordnungsblatt für das Land Hessen, Teil I/5, April 1973) S. 145-148 und dazu den Zweiten Tätigkeitsbericht des *Hessischen Datenschutzbeauftragten* S. 26 f. – „DATUM" heißt: *D*okumentations- und *A*usbildungszentrum für *T*heorie und *M*ethode der Regionalforschung e.V., für Forschung und Entwicklung von Planungshilfen.

[56] Zum *B*ayerischen *I*nformationssystem vgl. *Siemens* (Bayerisches Informationssystem 1. und 2. Auflage); weiterführend *Goller* u. a. (KI-System); kritisch *Fehl* (Anmerkungen).

[57] Für das *L*andes-*I*nformations-*S*ystem von Rheinland-Pfalz vgl. *Maxeiner* u. a.

[58] NADIS ist die Abkürzung für das gemeinsame „*Na*chrichten*d*ienstliche *I*nformationssystem" des Bundesamtes und der Landesämter für Datenschutz, des militärischen Abschirmdienstes und des Bundes-Nachrichtendienstes mit Sitz in Köln. Vgl. hierzu *Hessischer Datenschutzbeauftragter* (Zweiter Tätigkeitsbericht) S. 32 und *Dammann* (Datenbank) S. 43 ff.

[59] Abkürzung für *kri*minal*poli*zeiliches *I*nformationssystem; Entwicklungsstand und Kritik: *Dammann* (Datenbanken) S. 33–43.

– ja die ganze Welt[60], zunächst noch über Kabel, aber auch über Satelliten.[61]

Die Zeitunabhängigkeit der ADV ist noch frappierender. Zunächst bezeichnet sie den Sachverhalt, daß nichts was im System einmal aufgenommen ist, jemals wieder vernichtet wird, wenn dies nicht ausdrücklich in die Wege geleitet wird. Die Informationsmaschine „lernt" alles, was der Mensch soweit aufbereitet, daß die Maschine es lernen kann; zugleich „vergißt" sie nichts, von technischen Pannen und alterndem Material einmal abgesehen. Und zwar tut sie dies mit der erwähnten milliardenfach größeren Zuverlässigkeit und Fassungskapazität und einer ebenso inhumanen Genauigkeit (was nicht hindert, daß größere Rechenzentren ca. einmal im Tag einen Totalzusammenbruch haben).

Die außerordentlich geringe „Vergeßlichkeit"[62] des Systems schafft zugleich neue Probleme: die menschliche (und juristische) „Wohltat des Vergessens" muß künstlich organisiert und gegen vielfältige Interessen auch durchgesetzt werden. Wie dieser Konflikt zwischen technischer Leistungsfähigkeit und ihrer humanen Zähmung zu lösen sei, darauf wird noch unten einzugehen sein. Doch diese Probleme sind lösbar, und es steht zu hoffen, daß eine langsam erwachende Öffentlichkeit hierfür den notwendigen politischen Druck erzeugt.

Schwieriger ist ein anderes Zeitproblem der ADV zu lösen, das eng mit der Schnelligkeit der Anlage zusammenhängt. Im Prinzip kann der Rechner – und damit das ganze System – Probleme in dem Moment lösen, in dem sie auftreten, genauer während sie auftreten. Neben die Ewigkeit der Information tritt also ihre „Gleichzeitigkeit". Im technischen Jargon spricht man von „real time". Daß diese Gleichzeitigkeit von Ereignissen und Reaktion nicht nur im Prinzip gilt, sondern auch praktisch realisiert wird, zeigen zielsuchende militärische Systeme in Bomben und Raketen genauso wie Prozeßrechner in automatischen Fabrikationsprozessen (z. B. Überwachung von Atomreaktoren, medizinische Kontrollsysteme u. a.).

Nichts hindert, dieses Prinzip auch auf soziale Sachverhalte zu übertragen. So fehlt denn auch in keiner anspruchsvolleren Firmenschrift der für Politiker und höhere Verwaltungsbeamte bestimmte Hinweis, daß Bundes- und Landesinformationssysteme bei geeignetem Ausbau als „Frühwarnsysteme" für soziale Krisenherde geeignet seien.[63]

3.3.4 Anpassungsfähigkeit der ADV

Eine vielleicht unerwartete Eigenschaft des maschinellen[64] Teilsystems wurde

---

[60] Vgl. die illustr. „Übersicht über einige Datenfernverarbeitungsnetze" bei *Ruckriegel* (DV-Verbund) S. 23 f.

[61] So z. B. das militärische US-Frühwarnsystem; es dürfte das größte der Welt sein. – Entsprechende Planungen bestehen für ein Luftfahrtreservierungssystem.

[62] Das Problem ist nicht allein die geringe Vergeßlichkeit (auch das Papier „vergißt" nicht), sondern die Kombination mit der aktiven Information und der Informationsverarbeitungskapazität und -beweglichkeit des Informationssystems.

[63] Vgl. *Siemens* (Bayerisches Informationssystem 1. Aufl.); *Goller* u. a. (KI-System) S. 57 f.

[64] Es handelt sich freilich um eine „Maschine neuer Art": Während die konventionelle Kraftmaschine nur *ein* „Programm" kennt, nämlich dasjenige, das der Konstrukteur in sie gelegt hat, ist die Informationsmaschine so vielen Maschinen gleichwertig, wie Programme auf ihr laufen können – das sind praktisch unbegrenzt viele.

bis zuletzt aufgehoben: seine Flexibilität und Adaptivität, die im Zusammenwirken mit dem menschlichen Teilsystem noch verstärkt wird.

Entgegen dem Anschein und trotz der länderumspannenden Weite ist Datenverarbeitung das anpassungsfähigste Instrument, das der Mensch in den letzten Jahrhunderten erfunden hat, abgesehen von der Elektrizität. Denn es ist im Prinzip so flexibel wie der menschliche Geist, dessen Problemlösungsstrukturen es abbildet und objektiviert. Von dieser Beweglichkeit ist freilich derzeit noch wenig zu verspüren; doch handelt es sich um eine Anfangsschwierigkeit, die zumindest mittel- und langfristig überwunden werden wird.

Wichtiger ist, daß es bei Informationssystemen vermöge ihrer Anpassungsfähigkeit gegenüber den vielfältigsten Anforderungen kaum Sachzwänge gibt. Wo in diesem Bereich angeblich unabweisbare Sachzwänge beschworen werden, etwa um Zentralisierungen der Information[65] in der Hand weniger zu begründen, sollte der Jurist hellhörig werden. Denn die Behauptung dient, sofern sie nicht auf bloßer Unkenntnis beruht, stets anderweitigen Interessen. Gleichwohl spielt sie bei der Automatisierung staatlicher Aufgaben eine beträchtliche Rolle.

Soviel zu den Eigenschaften des maschinellen Teilsystems:
- es ist um ein Vielfaches schneller, genauer und zuverlässiger als der Mensch
- es macht Daten und Problemlösungen unabhängig von örtlichen und zeitlichen Beschränkungen verfügbar
- es ist zugleich ein höchst anpassungsfähiges Instrument für den politischen und rechtlichen Willen des Menschen.

3.3.5 Informationsorganisation als Bedingung der Beherrschung der ADV

Die – vorerst[66] – nicht automatisierbaren intellektuellen Fähigkeiten des Menschen sind dagegen seine Phantasie und Assoziationskraft, seine Begabung, weit entfernte Dinge zusammenzusehen und Beziehungen zwischen ihnen zu entdecken, seine Möglichkeit, Ziele zu setzen und zu verfolgen, seine Kritikfähigkeit und andere Eigenschaften, die vor allem einen Vorzug haben: mit emotionalen Kräften wie Freude und Liebe koppelbar zu sein.

Die Chance der Automation besteht u. a. in der Entlastung von intellektueller Routine zugunsten der genannten höheren Fähigkeiten.

Zugleich aber ist der Mensch vermöge der ihm eigenen Struktur seinem eigenen Instrument nur teilweise gewachsen. Dieses widersprüchliche Verhältnis ist die Ursache für die eigenartige organisatorische Ausgestaltung der ADV, hier Informationsorganisation genannt, oder anders ausgedrückt: für die Mensch-Maschine-Interaktion und ihre Auswirkung auf die Umwelt.

Für die Informationsorganisation ist vor allem die geringe Verarbeitungskapazität des Menschen ausschlaggebend geworden. Da der Mensch nicht über die Fähigkeiten des Rechners verfügt, muß er ihn an den „Berührungsstellen" auf seine eigenen Fähigkeiten umorganisieren: Er muß ihm eine organisatorische

[65] So einstmals *Osswald* S. 19. Zum begrifflichen Rahmen der Zentralisierung in der Automation vgl. *K. Lenk* (Zentralisation).

[66] Vgl. aber oben 3.1 Anm. 40.

Gestalt geben, daß er für ihn durchschaubar bleibt, auch wenn er dazu noch einmal Computer zu Hilfe nehmen muß.

Naturgemäß stört die mangelnde Verarbeitungskapazität des Menschen nur oberhalb einer gewissen Größenordnung; da aber die größten bekannten Systeme – außer im militärischen Bereich – im Rahmen der Verwaltungsautomation eingesetzt werden, haben sich gerade dort diejenigen organisationellen Strukturen ausgebildet, mit deren Hilfe der Mensch zu komplex geratene Systeme wieder in den Griff bekommt: Subsystembildung und zusätzlicher Computereinsatz, wie im Rahmen der Organisation der Verwaltungsautomation des näheren zu schildern sein wird.

3.4 Leistungen kybernetischer Modelle

Als weitere Voraussetzung für die Untersuchung der Auswirkungen der Informationstechnologie auf das Recht sind nunmehr die spezifischen Leistungen von Informationssystemen für das „Gesamtsystem Gesellschaft" zu untersuchen.

Einiges ergab sich bereits aus den Eigenschaften derartiger Mensch-Maschine-Systeme:

Ihre Schnelligkeit läßt bisher unbewältigbare Aufgaben realisierbar werden; ihre Zuverlässigkeit und Genauigkeit rationalisiert vorhandene Aufgaben und erlaubt vermöge ihrer Kapazität, bislang allzu komplexe Probleme mit Aussicht auf Erfolg anzugehen – z. B. wenn sie mehrere staatliche Ressorts übergreifen. Die zeit- und ortsunabhängige Bereitstellung der gesamten Systemleistung schließlich ermöglicht nicht nur – auf oberer Ebene – eine neuartige Organisation von Entscheidungsprozessen aufgrund umfassender Information, sondern auch und ebenso eine umfassende Überwachungs- und Kontrollmöglichkeit des beherrschenden Apparats über sich selbst wie über die Machtunterworfenen.

Auf mittlerer und unterer Ebene bedeutet dies die Bereitstellung bisher unerreichbarer Sach- und Entscheidungskompetenz für Mitarbeiter und Betroffene, und damit – bei entsprechender Ausgestaltung – eine entscheidende Verbesserungschance für Mitwirkung von unten.

Diese generelle Betrachtung hierarchisch gestufter Systeme trifft auch für das spezielle System des Staatsapparates zu.

3.4.1 Informationssysteme als kybernetische Modelle

An dieser Stelle wird es notwendig, mit Hilfe eines weiteren Forschungsinstruments die vielfältigen und verwirrenden Erscheinungsformen zu ordnen, um eine prognosefähige Aussage für die Rechtsautomation zu gewinnen. Es handelt sich um die kybernetische Modelltheorie.

Informationssysteme sind kybernetische Modelle[67] der gesellschaftlichen Wirk-

[67] Die Unterscheidung zwischen Struktur- und Funktionsmodellen wird nicht berücksichtigt. Im übrigen wird „kybernetisch" nur zur Verdeutlichung angefügt, um die drei- (*Klaus* [Kybernetik] S. 413) bzw. vierstellige Modellrelation (*Steinmüller* [Grundbegriffe] S. 121 Anm. 39) auszudrücken. (Streng genommen macht der hier verwendete Modellbegriff der Kybernetik das Modell zum Modell„system" mit den drei Elementen „Mo-

lichkeit und/oder ihrer Teile. Dies trifft auch für staatliche Informationssysteme zu.

Modelle werden eingesetzt, um etwas (das „Original") derart abzubilden, daß das Verhalten des Originals „imitiert", „simuliert"[68] werden kann.

Das kann auf verschiedene Weise geschehen; etwa durch den nassen Finger eines Jungen, der in der passenden Windrichtung einen Drachen steigen lassen will ebenso wie durch mathematische Formeln; aber auch durch Informationssysteme.

Wichtig ist vor allem, daß Modelle die Wirklichkeit praktisch immer eingeschränkt abbilden, nämlich lediglich im Hinblick auf eine Fragestellung eines fragenden dritten Systems, eines Menschen oder auch einer Behörde („Modellsubjekt"). Infolgedessen liegt jedem Modell eine Fragestellung zugrunde, auf die es antwortet, und außerhalb derer es nichts taugt. Natürlich kann die Frage so allgemein formuliert sein, daß auch das Modell entsprechend allgemein verwendbar ist, wenngleich es besonders im Bereich von Informationssystemen besonders schwierig ist, derart umfassende Informationsmodelle zu konzipieren.

Die Feuchtigkeit am nassen Finger des Jungen mag durchaus zutreffend die Windverhältnisse abbilden, wenngleich nur für Zwecke des Drachensteigens; dagegen reicht dieses Modell, wie leicht einzusehen sein wird, keineswegs aus, um die Strömungsverhältnisse an einem Überschallflügel zu simulieren.

Diese „pragmatische"[69] Beschränkung kybernetischer Modelle gilt in den hier interessierenden Bereichen allgemein: Modelle sind stets zweckabhängige spezialisierte Abbildung von Objekten (Personen, Sachen, Vorgängen, Methoden) für bestimmte Benutzer[70].

Kybernetische Modelle, und damit Informationssysteme, leisten vor allem dreierlei:

1. Modelle vereinfachen das Original, weil sie aufgrund ihrer Zweckorientierung mit weniger Komplexität auskommen, und machen es so überschaubarer, beherrschbarer. Sie reduzieren „Komplexität" zu handhabbarer Spezialität („Vereinfachungsfunktion").

Dies bringt natürlich die Gefahr der gewalttätigen Simplifizierung mit sich. Sie ist nicht gering zu achten, da die diffizilen und empfindlichen Freiheitschancen in hochentwickelten Gesellschaften durch allzu einfache Herrschaftsmechanis-

---

dell", Original, Mensch ([Benutzer] und den entsprechenden Relationen). Dagegen soll nicht verkannt werden, daß im übrigen kybernetische Modelle selbstverständlich abstrakte Systeme sind.

[68] Hier ist der weite kybernetische Simulationsbegriff zugrundegelegt. Zum (engeren) betriebswirtschaftlichen Simulationsbegriff vgl. neuestens *Niemeyer* (Systemsimulation), zum rechtsinformatischen *Fiedler* (Rechtstheorie) und *Steinmüller* u. a. (Sonderheft I, II).

[69] Zur Pragmatik vgl. allgemein *Klaus* (Semiotik); zur Übertragung auf den Informationsbegriff in der Rechtsinformatik vgl. *Steinmüller* (Grundbegriffe) S. 117 ff.

[70] Das ist die Crux der juristischen Benutzerforscher für Rechtsdokumentationssysteme; vgl. *Uhlig/Seidel* (Informationsverhalten).

men abgewürgt werden können. Diese Gefahr ist auch für den Rechtsbereich nicht von der Hand zu weisen (s. u.).

2. Modelle sind tote Dinge, mit denen man ohne die Restriktionen umgehen kann, die den Umgang mit dem lebenden Original erschweren; so darf man etwa mit dem Modell von Menschen durchaus Experimente vornehmen, die am Original verboten wären („Experimentalfunktion").

Die Restriktionen, die durch das Modell aufgehoben werden, können sehr vielfältiger Art sein. Ein bestimmtes Experiment kann unmöglich sein, z. B. weil das Original nicht erreichbar ist. Es kann verboten sein, etwa weil man Menschen außerhalb des Krieges nicht töten darf. Es kann zu aufwendig sein, z. B. das Einverständnis eines Patienten zu erhalten.

Modelle lassen darum Manipulationen eher gerechtfertigt erscheinen; sie setzen weniger der Kritik aus. Möglicherweise bemerkt der Betroffene sie überhaupt nicht. Durch den Umweg über das Modell wird auch das experimentierfähig, woran Experimente nicht vorgenommen werden dürfen. Damit wird das Original aber auf dem Umweg über das Modell zumindest partiell berechen- und planbar, mithin manipulierbar. Dies bedeutet auf der Ebene von Informationssystemen: Die Planungsebene kann in die Automation einbezogen werden.

3. Modelle erübrigen bei hinreichender Komplexität das Original; z. B. braucht man über das Verhalten einer Bevölkerungsgruppe keine Informationen mehr einzuholen, wenn das Modell dem Experimentator oder Planer das Verhalten schon aufgrund der gespeicherten Informationen mit genügend großer Sicherheit voraussagt. Modelle machen also umweltunabhängiger und damit „sicherer" – und die Bevölkerung ist für das staatliche System „Umwelt" („Sicherungsfunktion")[71]!

Diese generellen Funktionen kommen allen kybernetischen Modellen oberhalb einer bestimmten Größenordnung zu; sie gelten damit auch im Rechtsbereich.

3.4.2 Arten kybernetischer Modelle

Ehe darauf näher eingegangen werden kann, muß noch der Unterschied zwischen Lern-, Entscheidungs- und Verhaltensmodellen[72] erläutert werden, weil auf ihnen verschiedene Typen juristischer Informationssysteme beruhen.

1. Lernmodelle: Wenn ein Menschen „lernt", ist eine der Voraussetzungen, daß er sich aus Informationen ein Modell über sich und seine Umwelt aufbaut. Kom-

[71] Die Gewährung besserer Selbsterhaltungschancen über Modellbildung ist anscheinend ein universelles Prinzip biologischer, aber auch gesellschaftlicher Evolution. – *Zuse* (257 ff), der Erbauer des ersten Rechners, nennt „Beschleunigung des Dienstweges", automatisierte „laufende Betriebsprüfung durch die Finanzämter", aber auch Manipulation ganzer Bevölkerungsgruppen „mit Hilfe gesiebter oder gar gefälschter Informationen" als mögliche Auswirkungen der Verwaltungsautomation. Ebd.: „Die Computerentwicklung ist somit keine rein technische Angelegenheit. Sie geht uns alle an. Die Folgen des Computereinsatzes reichen weit über die Belange einzelner Betriebe und Verwaltungszweige hinaus ins politische Leben."

[72] Diese Einteilung ist noch wenig durchdacht und vermutlich sehr problematisch; sie dient hier lediglich zur vorläufigen Orientierung.

men Informationen hinzu, so ordnet er sie und vergleicht sie mit seinem Modell. Je nach Ergebnis verbessert er das Modell oder weist die Information zurück. Je weiter sein Modell ausgebaut ist, desto weniger neue Informationen benötigt er – oder glaubt er zu benötigen; denn es kommt weniger darauf an, wie realistisch das Modell ist, sondern wie realistisch es seinem Herrn vorkommt. Parallelen zu staatlichem und juristischem Informationsverhalten liegen nahe und spielen auch bei der Rechtsautomation eine Rolle.

Das Bemerkenswerte an Lernmodellen in Gestalt von Informationssystemen ist, daß sie keines besonders großen Programmieraufwandes bedürfen, wenigstens am Anfang[73]. Bereits die Daten und ihre Beziehungen untereinander (data basis = Datenbasis = Datenbank) bilden ein Lernmodell.

2. Entscheidungsmodelle dagegen benützen Daten über die Umwelt nur als Material. Der wesentliche Bestandteil derartiger Informationssysteme sind die Programme, die menschliche Entscheidungsverfahren abbilden. Sie sind maschinenverarbeitbare Modelle intellektueller Problemlösungsstrukturen.

3. Verhaltensmodelle schließlich vereinigen Lern- und Entscheidungsmodelle. Informationstechnisch treten sie auf als größere Informationssysteme mit z. T. umfangreichen Daten- und Programmbanken. Sie erlauben nicht nur umfassend das Verhalten bestimmter Bevölkerungskreise abzubilden, sondern auch über formalisierte Entscheidungs- und Simulationsmodelle ihr Verhalten vorauszusagen.

Auf den wichtigsten Typ von Verhaltensmodellen in Gestalt von Informationssystemen ist im Rahmen der Verwaltungsautomation näher einzugehen: das integrierte Informationssystem.

4 Informationssysteme im Bereich des Rechts

Wie bei der allgemeinen Entwicklung der Automation, so ist auch hier vom Einfacheren zum Komplizierteren voranzuschreiten. Leitfaden soll dabei die skizzierte Charakteristik der Informationsautomation sein; sie gibt den Anhaltspunkt für die Beurteilung der Automation im Rechtsbereich. Gelegentliche Seitenblicke auf die Automation in der Gesetzgebung sollen das Bild vervollständigen.

Wie im Vorfeld Datenverarbeitung allenthalben als instrumentales „Arbeitsmittel" herabqualifiziert wurde, so auch im Bereich des Rechts; es handle sich lediglich um ein „Verwaltungsmittel"[74], heißt es hier – gleich als ob länderumspannende Informationssysteme qualitativ auf die gleiche Stufe zu stellen seien wie Gesetzestexte, Bleistifte oder Formulare für einstweilige Verfügungen.

Die Beschwichtigungstherapie ist um so bemerkenswerter, als die Bundesrepublik in bestimmten Teilbereichen der Verwaltungsautomation – ungeachtet des Umstandes, daß die gesamte Informationsautomation noch in den Anfängen steht – durchaus mit an der Spitze der Entwicklung in der Welt steht; mit deut-

---

[73] Relativ komplizierte Programme werden dagegen notwendig, wenn diese Strukturen für planerische u. ä. Prozesse fruchtbar gemacht werden sollen. Dann gehen sie in Verhaltensmodelle über.

[74] Dazu *Steinmüller* (Rechtsfragen) 26; zum verwaltungswissenschaftlichen Begriff siehe *Thieme*.

scher Gründlichkeit konzipiert man Systeme, denen selbst die ansonsten im Bereich der Datenverarbeitung um ein halbes Jahrzehnt vorauseilenden USA an Größe, Komplexität und Machtfülle nichts zur Seite zu stellen hat.

Um eine gewisse Ordnung in die Vielzahl der Informationssysteme im Rechtsbereich zu bringen, soll vom allgemeinen juristischen Entscheidungsprozeß ausgegangen werden[75], der in allen drei Gewalten im wesentlichen gleich abläuft, um dann auf die Eigentümlichkeiten juristischer Informationssysteme übergehen zu können.

4.1 Automation juristischer Entscheidung allgemein

Der juristische Entscheidungsprozeß besteht aus einer Vielzahl von menschlichen Einzelentscheidungen, die der jeweiligen juristischen Endentscheidung vorausgehen. Obwohl die genauere Struktur der juristischen Entscheidung unbekannt ist und zu vermuten ist, daß es mehrere strukturell zu unterscheidende Typen juristischen Problemlösungsverhaltens gibt, bedeutet jedenfalls die Einführung der ADV in einzelne Stadien des juristischen Entscheidungsprozesses eine tiefgreifende Veränderung, die nunmehr analysiert werden kann.

Hierbei soll die informationswissenschaftlich erweiterte systemtheoretische Betrachtungsweise[76] einige Orientierungshilfen geben. Für das weitere wird unbewiesen behauptet, daß der juristische Entscheidungsprozeß aus mehreren verschiedenen Informationsverarbeitungsprozessen zusammengesetzt sei, ferner daß der juristische Entscheidungsprozeß ein spezieller Typ des allgemeinen menschlichen Problemlösungsverhaltens sei, schließlich daß Planung und Leitung auch im öffentlichen Bereich ein besonders strukturierter und komplexer Typ der Entscheidung sei.

Nun besteht die Aufgabe, dem Entscheidungsprozeß folgende Typen von Rechtsinformationssystemen zuzuordnen: Verwaltungsdatenbanken, juristische und Verwaltungsdokumentationssysteme, Automation der Verwaltungsentscheidung, integrierte Informationssysteme, Planungsinformationssysteme verschiedener Arten und anderes mehr.

Man kann intuitiv davon ausgehen, daß der juristische Entscheidungsprozeß insgesamt ungeachtet seiner Varianten typischer Weise folgende Phasen erfaßt,

(1) Problemdefinition (Fragestellungen und Problemkorrektur) . (5)
↕
(2) Sammlung der benötigten normativen und deskriptiven Informationen . . . . (4)
↕
(3) Formulierung des Entscheidungsprogramms . . . . (3)
↕
(4) Durchlaufen des Entscheidungsverfahrens bis zum Ergebnis . (2)
↕
(5) Kontrollverfahren[77]) . . . . (1)

---

[75] Zum folgenden verdanke ich Wesentliches meinen früheren Mitarbeitern, Herrn Carl-Eugen *Eberle*, Bernd *Lutterbeck* und Hansjürgen *Garstka*, denen ich für langjährige Zusammenarbeit herzlich danken möchte.

[76] Zur ihrer Genese vgl. *Steinmüller* u. a. (Gutachten) 44 ff.

[77] Die Endkontrolle hat eine Sonderstellung, auf die hier nicht näher eingegangen werden kann.

die, je nach Art unterschiedlich häufig, rück- und vorgekoppelt iterativ durchlaufen werden:

Die verschiedenen Modelle setzen an verschiedenen Stellen des juristischen Entscheidungsprozesses an:

- Lernmodelle (Datenbanken und Dokumentationssysteme)[78] unterstützen die Phase der Informationssammlung (2)
- Entscheidungsmodelle automatisieren das Entscheidungsverfahren (Phase der eigentlichen Informationsverarbeitung, ggfs. einschließlich der – begleitenden oder nachfolgenden – Kontrolle (4, 5))
- Kombinierte Verhaltensmodelle können vor allem bei Problemfindungs- und Verfahrensentwicklungsstadien unterstützen (1, 3)
- Integrierte Systeme und Planungsinformationssysteme, auf die noch unten zu sprechen zu kommen sein wird, betreffen alle Phasen.

Je nach dem, welche Phasen automatisiert werden, ergeben sich verschiedenartige Auswirkungen auf den juristischen Entscheidungsprozeß.

Die bisherigen Planungen gehen in zwei Richtungen. Im Bereich der Justiz- und der Gesetzgebungsautomation sind lediglich Dokumentationssysteme großen Umfangs vorgesehen[79].

Dagegen ist das juristische Entscheidungsverfahren selbst bisher nur sehr „selektiv" automatisiert:

In der *Legislative* sind Entscheidungsvverfahren wenigstens in der BRD noch nicht entwickelt worden; lediglich zwei partielle Gesetzessimulationen[80] als vorbeugende Kontrolle während des Gesetzgebungsverfahrens (noch innerhalb der Ministerialbürokratie) sind bekannt geworden.

Für die *Judikative* ist ebenso Fehlanzeige zu erstatten. Richter- und Rechtsanwaltsinformationssysteme fehlen[81] bzw. kommen über Dokumentation nicht hin-

---

[78] Hier wird deutlich, daß die Dokumentation ein Teil des Entscheidungsprozesses ist, mithin juristische Dokumentation Teil des juristischen Entscheidungsprozesses, darum ihm ein- und untergeordnet, so daß dieser Aspekt auch bei einer Untersuchung über Rechts- und Verwaltungsinformationssysteme nicht ganz unberücksichtigt bleiben darf, so daß juristische Dokumentation – bei entsprechender Weiterentwicklung – unselbständiger Bestandteil der Automationsunterstützung juristischer Entscheidung in (in diesem Sinn) „integrierten", Dokumentation und Entscheidungsfindung vereinigenden Rechtsinformationssystemen wird. Erste Ansätze zu diesem Übergang finden sich bei *Schlink* (Artificial intelligence) unter dem Stichwort der „Dokumentationssysteme der zweiten Generation".

[79] Zu Möglichkeiten des EDV-Einsatzes in der Gesetzgebungsphase vgl. allgemein *Arbeitsgemeinschaft Rechtsinformatik* (Gesetzesplanung), ferner die Veröffentlichungen von *Hopt* zur Simulation im Recht sowie *Reisinger* (in diesem Heft), schließlich *Steinmüller* (Systemanalyse).

[80] Als Beispiele für Simulationen und Planspiele bei der Gesetzesplanung zählt *Hopt* (Experimente) 75 Anm. 104 u. a. auf das Bundessozialhilfe-, Wohngeldgesetz; den gesetzlichen Übergang zur Mehrwertsteuer; schließlich den Entwurf eines Städtebauförderungsgesetzes. Hinzugekommen ist inzwischen ein Projekt zur Simulation von Auswirkungen des Bundesdatenschutzgesetzes.

[81] Vgl. die Anmerkungen von Ulrich *Rothenbücher*, bei *Steinmüller* u. a. (Sonderheft I) 59, 109.

aus, obwohl auf diesem Gebiet einiges geleistet werden könnte. Darin manifestiert sich die strukturelle Rückständigkeit dieses Gebietes gegenüber der Exekutive. Wieviel an Kreativität könnte freigesetzt werden, wenn der Richter durch den Rechner von Alltagsroutine befreit würde! (Aber wo noch nicht einmal ein Diktiergerät allgemein bekannt ist, dort hat ein Informationsautomat nichts zu suchen.)

Anders in der *Exekutive.* In den letzten 15 Jahren ist viel geschehen. Mehrere hundert verschiedene Verwaltungsverfahren, also rechtlich normierte Entscheidungsprozesse, sind oder werden automatisiert. Für den Bereich der Kommunalverwaltung nennt man 200 automatisierbare Funktionen; bei Länderverwaltungen hat man fast 600 entsprechende automatisierbare Verwaltungsaufgaben aufgezählt, während für die Bundesverwaltung vergleichbare Auflistungen erst teilweise vorhanden sind, wobei zwei Modelle konkurrieren: ressortübergreifende integrierende Konzeptionen und ressortbezogene Konzeptionen[82].

Beispiele sind die Steuer-, Gehalts- und Rentenberechnungen; automatisierte Erstellung von Verwaltungsakten aus vielen Verwaltungsbereichen; Vergabe des Personenkennzeichens und dessen Organisation; Aufbau von Personenmelde- und Überwachungssystemen; Erstellung von Statistiken und Planungsunterlagen, usw., usf.

Man mag einwenden, daß dies alles doch rechtlich höchst anspruchslose Verfahren seien; Wertungen könne der Computer auch im Verwaltungsbereich nicht vornehmen, und vor Auslegung und Ermessenausfüllung versage er völlig, ganz zu schweigen von Computereinsatz im Rahmen der Leistungsverwaltung.

Die Antwort hierauf kann nur lauten: Darauf kommt es gar nicht an. Denn viel entscheidender als die Automatisierung des einen oder anderen juristischen Entscheidungsprozesses ist der Aufbau übergreifender Informationssysteme, die – wenigstens prinzipiell – die Gesamtbevölkerung erfassen und regulieren. Demgegenüber ist es gleichgültig, mit welchen trivialen oder nichttrivialen Methoden dies geschieht. Man kann sogar wünschen, daß dies möglichst lange mit einfachen Methoden geschehe, damit die rechtspolitische Besinnung Zeit habe mit der technischen Entwicklung soweit Schritt zu halten, daß dabei auch Freiheit einprogrammiert wird (was selbstverständlich möglich ist). Davon wird aber noch zu sprechen sein, unter dem Stichwort „Verwaltungsinformationssysteme als kybernetische Modelle“.

Eine weitere Entwicklung wird viel zu wenig bedacht: Ganz abgesehen davon, daß auch Wertungen, Auslegungen und Ermessensausfüllung bei entsprechend hohem finanziellen und Forschungsaufwand automatisierbar wären und in irgendeiner Zukunft auch automatisiert werden (wenn nur der politische Wunsch

---

[82] Für die Kommunen vgl. den Funktionskatalog der *KGSt* nach dem Stand vom 1. 1. 1971 (*Jähnig*); hier Anhang I. Für die Länderverwaltung steht repräsentativ der *Große Hessenplan* (Hessen '80), der wegen seines großen Umfangs nur in einer gekürzten Fassung (nach *Goller,* KI-System) hier im Anhang II mitgeteilt wird. Vergleichbare Kataloge bestehen auch in *Niedersachsen;* in *Nordrhein-Westfalen – Programm 1975,* u. a. – Was den *Bund* betrifft, ist lediglich auf die DV-Programme und die DV-Berichte zu verweisen. Für Näheres vgl. die Untersuchungen bei *Eberle* (Organisationsrecht).

deutlich genug ist), hat sich die Praxis recht erfolgreich bemüht, derartige Probleme durch Umgehung aus der Welt zu schaffen – sei es, daß beim Programmieren „zufällig" Ermessensentscheidungen vorweggenommen werden, sei es – weniger bedenklich – daß bei der Programmiervorgabe Ermessensentscheidungen in eine Reihe von ermessensfreien Tatbeständen zerlegt werden[83], sei es, daß der Sachbearbeiter bei der Datenerfassung vorgweggenommen oder im Dialog mit dem Rechner während der Verarbeitung die Ermessensfrage beantwortet[84] und viele andere Möglichkeiten mehr.

4.2 Eigentümlichkeiten juristischer Informationssysteme

4.2.1 Schnelligkeit ist im Recht bisher nicht sehr gefragt. Beschleunigung noch weniger; gleichwohl beginnt sich die Beschleunigung, die juristische Entscheidungen durch Automation erfahren, auch im Rechtsbereich auszuwirken.

Weniger bekannt ist, daß schon heute viele Bereiche der Verwaltung angesichts der steigenden Personalknappheit und angesichts des steigenden Aufkommens an Verwaltungsaufgaben nur noch über Computerisierung bewältigbar sind und bewältigt werden.

Darum ist es nicht verwunderlich, daß immer mehr Gesetze erlassen werden, die überhaupt nur mit Hilfe der Datenverarbeitung ausgeführt werden können. Die oben angeführte lange Reihe von „rätselhaften Phänomenen" gibt hierfür illustrative Beispiele – so im Meldewesen als Grundstufe einer Einwohnerdatenbank, in der Statistik als Grundstufe eines Planungssystems usf. Da verwundert es nicht, daß Rationalisierung als Hauptziel der Verwaltungsautomation gleichsam „offiziell" an der Spitze eines Landes-EDV-Organisationsgesetzes hervorgehoben wird[85].

Ob dagegen die Geschwindigkeit und Reaktionsfähigkeit rechnerunterstützter Systeme auch für den Richter und für die verschiedenen Gerichtsverfahren fruchtbar gemacht werden können, wie dies z. T. in den Vereinigten Staaten geschieht, bleibt abzuwarten; lediglich im Mahnverfahren sind Ansätze erkennbar.

4.2.2 Problematischer ist die weitgehende Eliminierung von Unbestimmtheit durch Computer im Rechtsbereich, die häufig mit Rationalitätssteigerung gleichgesetzt wird.

Viele „kritische" Kräfte begrüßen die logische Transparenz automatisierter Verfahren, die dazu zwinge, verborgene ideologische Prämissen juristischer Entscheidung aufzudecken. Ein Wunschtraum! Zwar bedeutet die Automatisierung juristischer Prozesse, daß die logische Struktur der Entscheidung in einem Ausmaß präzisiert werden muß, daß keine Zweideutigkeit mehr offen bleibt. Aber

---

[83] So der Vorchlag von *Knapp* (Kybernetische Methoden) S. 45 ff.

[84] Dies ist der Normalfall bei der automationsunterstützten Steuerberechnung.

[85] Gesetz über die Organisation der elektronischen Datenverarbeitung im Freistaat Bayern, Art. 1 Abs. 1 Satz 1: „Die öffentliche Verwaltung bedient sich der elektronischen Datenverarbeitung zur rationellen Erledigung automationsgeeigneter Aufgaben und zur Gewinnung von Planungsinformationen und Entscheidungshilfen."

damit verschwindet zugleich die durchaus sozial erwünschte, weil sozialen Wandel ohne großen Aufwand auffangende Unbestimmtheit und muß der schonungslosen logischen Klarheit des Rechners weichen.

Das ist keineswegs nur positiv zu sehen, da die Unbestimmtheit der Rechtssprache und des juristischen Entscheidungsprozesses u. a. die Funktion hatte, die Gesetzgebung zu entlasten. Nunmehr kann jede einzelne Gerichtsentscheidung, jede neue Auslegung umfangreiche Neuprogrammierungen zur Folge haben. Da hierfür nur beschränkte Ressourcen zur Verfügung stehen – wenigstens im Bereich der Legislative und der Justiz –, ist im Gegenteil ein neuartiger, weil über technische Mittel politisch urgierter, Konservativismus zu erwarten.

Die Beseitigung von Unbestimmtheit greift auch auf die Rechtsetzung (unter dem verfänglichen Stichwort der „Automationsfreundlichkeit"[86]) und die Rechtsanwendung („automationsbezogene Rechtsauslegung" [!]) über[87].

4.2.3 Zudem hat die formale Präzision des Computers zu einer durchaus bedenklichen Computergläubigkeit geführt. Zwar steigt die Rechtssicherheit beträchtlich, wo Rechtsanwendung automatisiert wird, parallel dazu aber sinkt die Kritisierbarkeit der Entscheidungen, die Anfechtungsrate dergleichen.

Die Computergläubigkeit beruht auf falschen Voraussetzungen. Nicht nur das automatisierte Entscheidungsverfahren, das „Programm", kann juristische oder logische Fehler enthalten, die unter Umständen erst nach Jahren entdeckt werden; auch die vorweg getroffenen Wertungen bei der Dateneingabe, erst recht falsche Daten selbst, gehen natürlich in das formal korrekt ausgerechnete Ergebnis ein. Formale Korrektheit ist eben nicht materiale Richtigkeit.

Enthält das System der Justiz oder der Verwaltung teilautomatisierte Bestandteile, so erhält das ganze System die Gloriole einer unbezweifelbaren Rationa-

[86] Die „Automationsfreundliche" bzw. „Automationsgerechte Normsetzung" (Rechtsgrundlagen: Anm. 140) bedeutet für den Bereich legislativer Systeme den Einbau von (zumeist menschlichen) Instanzen (Expertenausschüssen), die für die Vereinfachung von Gesetzentwürfen im Dienste der Automation sorgen sollen. Sie bringt neben der Forderung nach logischer Klarheit auch durchaus bedenkliche Postulate ein: so sollen etwa Emessenstatbestände und Mitwirkungsrechte möglichst abgebaut werden, vage Formulierungen (die im Interesse des sozialen Wandels und der Entlastung der Parlamente unentbehrlich sind) möglichst ausgeschlossen werden usf. Ähnliche Tendenzen gibt es bei der *„automationsgerechten Entscheidung"*, also im Bereich automationsfreundlicher, aber u. U. betroffenenfeindlicher Informationsein- und -ausgabe bei automatisierten Verwaltungsverfahren; so etwa wenn Bescheide „maschinenlesbar", jedoch für den Betroffenen unverständlich mitgeteilt werden, was den durchaus erwünschten Nebenerfolg hat, daß Anfechtungen unverhältnismäßig erschwert werden und mit langwierigen Nachforschungen verbunden sind. Erschreckend hieran ist die manchmal überdeutlich sichtbare Mißachtung der Bedürfnisse von mehr oder minder wehrlosen Betroffenen, aus der eine versteckte, nichtsdestoweniger höchst wirksame Form administrativer Brutalität sprechen kann (nicht muß).

[87] Am weitesten geht *Schmidt* S. 341: Automationsgerechte Normauslegung sei Auslegungskriterium für das geltende Recht, notwendig sei eine „automationsbezogene Rechtsauslegung"! (Offensichtlich wird hier die „verfassungskonforme Auslegung" durch die „Normative Kraft der faktischen Automationswünsche" ergänzt. . .)

lität. Doch es handelt sich um eine formale Rationalität ohne Wertkriterien, und zudem eine Insider-Rationalität, die dem rechtsuchenden Externen keine Chance läßt. Im Gegenteil; diese Rationalität erzeugt Unsicherheit und damit größere Abhängigkeit als zuvor.

4.2.4 Bemerkenswert ist die Auswirkung der phantastischen Kapazitätssteigerung automationsunterstützter Informationssysteme im Recht. Für die Dokumentation wurde das bereits erläutert. Auch im Rechtsbereich ist das Problem nicht die Maschine, sondern der Mensch. Zwar werden ungeheure juristische Informationsmengen erschlossen. Aber der Jurist weiß mit dem neugewonnenen Glück wenig anzufangen, da er seine eigenen Problemlösungsstrukturen nicht genügend kennt. Dem Stöffel fehlt, mit *Goethes* Zahmen Xenien zu reden, angesichts des vom Himmel regnenden Breis der Löffel.

Da die größere Kapazität und damit Problembewältigungsfähigkeit nach dem derzeitigen Lauf der Dinge weit überwiegend im Raum der Verwaltung angesiedelt sein wird, steht zu erwarten, daß einige oder viele Funktionen des heute noch recht schwerfälligen Rechtssystems auf das wesentlich besser ausgestattete Regierungs- und Verwaltungsinformationssystem übergehen werden. Weil diese Entwicklung aufs engste mit der Konzeption der „integrierten Datenverarbeitung" zusammenhängt, ist sie dort näher geschildert (4.4.2). Dem Sog des großen Systems wird das kleinere, strukturell unterlegene sich möglicherweise nicht entziehen können – eine Entwicklung, die heute bereits im Verhältnis zwischen den Informationssystemen der Exekutive und des Parlaments recht deutlich zu erkennen ist.

Dort gilt als neuester Erkenntnisfortschritt, daß Parlamente auf Regierungsinformationssysteme Zugriff erhalten sollten[88]. Demgegenüber wäre Ernst zu machen mit der Einsicht, daß kybernetische Modelle eben nur für den taugen, der sie sich für seine Zwecke geschaffen hat. Das jedenfalls dürfte sicher sein, daß die Exekutive ihre Informationssysteme nicht mit dem Blick auf die Volksvertretung errichtet hat.

4.2.5 Die Ortsunabhängigkeit der Problemlösekapazität von juristischen Informationssystemen würde, konsequent realisiert, in vieler Hinsicht wesentliche Vorteile bieten. Zum erstenmal wäre es möglich, menschliche Entscheidungskapazität nicht an zentralen Orten suchen zu müssen, sondern sie dort anzubieten, wo die Probleme auftreten – und sei es beim letzten Amtsrichter in der

---

[88] Dazu die Zusammenstellung von *von der Groeben*. Die im BayEDVG Art. 1 vorgesehene Beteiligung des Parlaments an den exekutiven Datenbanken besteht zur Zeit in einem Terminal, das an die spezielle Fachdatenbank für Regionalplanungen angeschlossen ist. Hierzu damals schon zutreffend *Siemens* (Bayerisches Informationssystem) 90: „Für das Parlament und den Senat bedeutet dies, daß es unmöglich ist, daß einzelne Abgeordnete oder Senatoren sich durch Selbstbedienung über dieses System informieren können. Vielmehr muß ein Team von umfassend ausgebildeten Systemspezialisten für die Auskünfte an den Landtag und den Senat zur Verfügung gestellt werden. Dieses Team muß dann auch laufend über die Erweiterungen und Neuerungen der Verfahrenskomplexe, Programme und Dateien informiert werden." Dieser korrekten Aussage ist nichts hinzuzufügen.

Kleinstadt. Breitbandkommunikation ermöglichte ein übriges: Jeder Bürger könnte partizipieren. Doch das sind Wunschträume; dem widerspricht nicht nur ein guter Teil unserer Gesellschaftsstruktur, sondern auch (und näherliegend) der auf Funktionseliten zugeschnittene Aufbau und die darin verfestigten Sprachspiele der derzeit konzipierten Informationssysteme, auch im Bereich von Justiz und Verwaltung.

Eine wesentlich unerfreulichere Möglichkeit sei ebenfalls angesprochen. Wo es möglich ist, ein lückenloses Informationsnetz über beliebig große Gebiete in den Dienst der jeweiligen Regierung zu stellen, dort ist jegliche Form von Opposition oder auch nur von abweichendem Verhalten (als Voraussetzung für neue Initiativen in der Gesellschaft) im Keim bedroht; wo zudem Informationskapazität und Entscheidungsmacht dezentral über das Land verteilt werden kann, kann eine sehr „unsichtbare" Informationsorganisation errichtet werden, die der Unauffälligkeit des Spinnennetzes für die Fliege funktional äquivalent sein mag.

Das parlamentarische System ist auf diese Möglichkeiten nicht vorbereitet; es kennt noch keine Abwehrmechanismen gegen mögliche Mißbräuche dieser Art.

Man darf sogar einen Schritt weiter gehen: Die elegante und unauffällige Struktur länderumspannender Verwaltungsinformationsnetze ist so komplex und damit in ihrer gesellschaftlichen Auswirkung nur für Experten durchschaubar organisiert, daß der durchschnittliche Beamte und Angestellte des öffentlichen Dienstes, der dieses System bedient, es guten Gewissens tun wird auch dann, wenn es jegliche Freiheitsträume lückenlos erfaßt und damit informationell beseitigt. Darin besteht das Gefährliche, in der Verlängerung der derzeitigen Planungen, daß sie in eine hochwirksame und höchst wohlmeinende Diktatur sozialstaatlich denkender Technokraten münden könnten mit all der Perfektion einer mit Frühwarnsystemen ausgerüsteten Informationstechnologie.

Zugleich eröffnet sich eine neue Form informationstechnisch realisierbarer administrativen Krisenmanagements. Die Gleichzeitigkeit von Information über Entstehung sozialer Probleme und administrativer Reaktion, die durch die genannten staatlichen Informationssysteme vermittelt wird, erlaubt nicht nur eine deutliche innenpolitische Stabilisierung, sondern auch Formen der Beherrschung der Bevölkerung, die *Orwell* als kurzsichtigen Propheten entlarven würden. Ermöglichung höherer Humanität und der Befreiung von Zwängen stehen unvermittelt neben sublimsten Möglichkeiten informationeller Manipulation. Beides wird durch das scheinbar so harmlose „Verwaltungsmittel ADV" ermöglicht.

Wohin die Reise geht, läßt sich jedoch abschätzen: Es bedarf hierzu nur der Analyse der Zweckbestimmung und -verwendung der für die Entwicklung der ADV bereitgestellten — ungewöhnlich hohen — Mittel aus den Bundes-[89] und Länderhaushalten.

Eine weitere Perspektive sei nur angedeutet. Wie aus der Betriebswirtschaftslehre bekannt ist, ist begleitende Kontrolle ungleich effektiver als nachfolgende

---

[89] *Bundesministerium für Bildung und Wissenschaft* (Zweites Datenverarbeitungsprogramm).

Sanktion; da Regierungs- und Verwaltungsinformationssysteme neben der erstmaligen Möglichkeit effektiver Effizienzmessung von Gesetzen und staatlichen Plänen zugleich höchst wirkungsvolle Formen begleitender Selbstkontrolle bereitstellen, da zudem die gleichen Systeme als kybernetische Modelle der Bevölkerung auch diese mehr oder minder zuverlässig kontinuierlich abbilden und damit „kontrollieren", wird die nachfolgende Kontrolle der Judikative zunehmend dysfunktional, ja störend. Ohne effektive Justizinformationssysteme vermag sie diesen Rückstand nicht mehr auszugleichen oder aufzuholen. Sie verliert damit auch ihre Optimierungsfunktion für den Staatsapparat. Möglicherweise wird sie, mangels Fähigkeit zu sachkundiger Kritik, in die weitgespannte automatisierte Entscheidungstätigkeit der Exekutive nur noch in Ausnahmefällen korrigierend eingreifen können. Dagegen mag sie im Verhältnis zum Bürger durchaus weiter ihre Funktion behalten, wird ihn aber kaum über ihre Hilflosigkeit gegenüber der Exekutive hinwegtäuschen können. M. a. W.: das effizientere informationelle Kontrollsystem, das der Exekutive in ihren eigenen Verwaltungsinformationssystemen zur Verfügung steht, übernimmt u. U. als das reaktionsschnellere, wichtige Funktionen der heute so schwerfälligen Justiz[90].

Nicht alle Probleme sind von dieser Tragweite; so ist etwa die oben gestellte Frage nach der Organisation der „Wohltat des Vergessens" wesentlich leichter zu beantworten. Zwar bleiben auch in einem juristischen Informationssystem alle Informationen über Vorstrafen, psychische Erkrankungen, Bankrotte und ähnliche sozial diskriminierende Fakten erhalten, bis sie ausdrücklich gelöscht werden. Die Fristen der Strafprozeßordnung zum Schutz des Bürgers werden in den derzeitigen polizeilichen[91], Bundesgrenzschutz-, Unternehmens- und Kreditinformationssystemen[92] der BRD souverän – und z. T. verfassungswidrig – negiert, und kaum ein Jurist schert sich darum einen Deut. Doch hier wird wenigstens teilweise das Bundesdatenschutzgesetz eine Änderung bringen, und wo es nicht ausreicht, sind Mittel und Wege bekannt, wie eine sinnvolle Lösung erreichbar ist.

Die Gefahr kommt aber von einer anderen Seite: Politiker, Planer und Sozialforscher[93] haben, allen sorgsam gepflegten Legenden zum Trotz, durchaus nicht nur Interesse an statistischen Informationen, sondern benötigen individuelle Informationen über Einzelpersonen über viele Jahre hinweg, um Wander- und Verlaufsstatistiken, epidemologische u. ä. medizinische u. a. Langzeituntersuchungen durchzuführen. Doch auch hier ist der prinzipielle Lösungsweg bekannt. Das menschliche Vergessen muß künstlich, d. h. automationsunterstützt,

[90] Daß die Exekutive aufgrund ihrer Rationalisierung des Informationsverarbeitungsverfahrens eine wesentlich höhere Effizienz und Entscheidungskapazität gegenüber den beiden anderen Gewalten erreicht hat, ist das Hauptergebnis der Dissertation von *B. Lutterbeck* (Informationsrecht).

[91] *Dammann* (Datenbanken) 38 f.

[92] Zur leidvollen Geschichte des Fair Credit Reporting Act siehe *Miller* 104–108. Als eine qualifizierte, jedoch durchaus interessierte deutsche Stellungnahme vgl. *Tiedemann/Sasse*, insbesondere S. VI: „Für nachhaltige und uneingeschränkte Unterstützung bei der Sammlung der Rechtstatsachen haben wir insbesondere der Firma Schimmelpfeng GmbH und dem Verband der Vereine Creditreform zu danken."

[93] *Karhausen* 91 ff; *Müller*.

organisiert werden, und wo da nichts hilft, hilft die „Simulation des Verdrängens", nämlich abgeschirmte spezielle Systeme[94].

4.2.6 Was die bisherigen Eigenschaften informationsverarbeitender Systeme zu einer potentiellen und teilweise realen Bedrohung der Gesellschaft macht, auch und gerade bei Systemen in der Hand des Staates, wird möglicherweise aufgehoben durch die Anpassungsfähigkeit dieser Erfindung[95].

Die Eigenheit der Informationsautomation, Objektivierung bestimmter Strukturen des menschlichen Geistes zu sein, läßt jede staatliche Berufung auf Sachzwänge zumindest mittelfristig als Ausrede erkennen: Staatliche Informationssysteme können bereits heute partizipationsfreundlicher, rechts- und sozialstaatlicher und auch grundrechtskonformer geplant werden als dies jemals bei bisherigen „manuellen" Systemen möglich war. Freilich bedarf es dazu einiger Sachkenntnis, auch und gerade der Sachkenntnis der Juristen und der die Haushaltsmittel verteilenden Politiker.

Übrigens bewährt sich die Anpassungsfähigkeit automatisierter Systeme bereits heute in der Rechtsautomation: Die Einführung der dynamischen Rente steht und fällt mit ihrer rechtzeitigen Berechnung und Auszahlung mit Hilfe der Datenverarbeitung. Die häufigen (Norm-, nicht nur Daten-) Änderungen, so hat sich gezeigt, sind mittels Umprogrammierung wesentlich schneller zu bewerkstelligen als durch Umlehren und Umlernen der beteiligten Sachbearbeiter ...

4.2.7 Vermöge der Größe der Informationssysteme im staatlichen Bereich haben sich besondere Informationsstrukturen herausgebildet, die bisher bei kleineren Systemen nicht so deutlich beobachtet werden konnten und die auf die Eigenart der Mensch-Maschine-Beziehung zurückgehen. Wie schon erwähnt, hat die geringe menschliche Verarbeitungsfähigkeit zur Folge, daß überkomplexe Gebilde reduziert werden müssen. Dies ist bei der Verwaltungsautomation eingetreten, und zwar mit gravierenden Folgen bis hinein in die Verfassungsstruktur.

Zu Beginn der Verwaltungsautomation hatte man befürchtet, es werde zu zentralistischen Riesensystemen kommen, die alles Bestehende äußerlich erkennbar tiefgreifend revolutionieren, die insbesondere die Verwaltungs- und Justizstruktur über den Haufen werfen würden.

Das Gegenteil ist eingetreten. Ministerien, Behörden und Gemeindeverwaltun-

---

[94] „Abschottung" von Risikosystemen; *Steinmüller* (Medizinische Informationssysteme) 49 ff.

[95] Dies steht in einer gewissen Spannung zu den derzeit immer noch stärker werdenden Tendenzen zur „Automationsgerechtmachung" von Rechtsnormen (s. o. 4.2.2) – überhaupt steht die Anpassungsfähigkeit rechnerunterstützter Systeme in einem (auflösbaren) Widerspruch zu allen bisher aufgeführten Rechnereigenschaften. Denn die Anpassungsfähigkeit bedeutet konkret: Anpassungsfähigkeit an den Menschen. Vermöge der abweichenden Struktur des menschlichen Entscheidungsverhaltens und seiner Eigenschaften ist der Mensch gezwungen, überall dort, wo er mit dem Computer in unmittelbare Berührung kommt, dessen Geschwindigkeit, Genauigkeit usw. soweit herabzusetzen bzw. zu transformieren, daß sie mit seiner eigenen „kompatibel" wird.

gen funktionieren scheinbar wie bisher; auch bei den Gerichten und in den Parlamenten ist kein Wandel sichtbar geworden.

Die äußere Erscheinungsform blieb ebenso unversehrt wie die juristische Gestalt.

Und dennoch ist alles anders geworden. Hinter der organisatorischen und juristischen Fassade hat sich, von der Öffentlichkeit wie von der juristischen Fachwelt praktisch unbemerkt, eine eigene Informationsorganisation ausgebildet und von der herkömmlichen Organisation abgelöst („Dissoziation der Verwaltung")[96].

Erst jetzt, da Personenkennzeichen, Datenschutzgesetz, Bedrohung der Privatsphäre und des Informationsgleichgewichts in aller Munde sind, beginnt man aufmerksam zu werden.

Die Entwicklung hat einen Umfang erreicht, daß jetzt die Rückwirkung auf die bisherige Organisation von Verwaltung und Justiz (wahrscheinlich auch auf die des Parlaments) deutlich wird. Sie besteht in der organisatorisch-rechtlich-technischen Ausgestaltung der Wechselbeziehungen zwischen Informationsorganisation und bisheriger „normaler" Verwaltungsorganisation. Diese Spannungseinheit bezeichnet auch den wesentlichen Unterschied zur früheren Angstvorstellung einer „monistischen" Technostruktur der Verwaltung. Zum Teil ist diese Umgestaltung bereits eingetreten; ihrer rechtlichen Legitimierung dienen zahlreiche („ADV"-)Gesetze, die sich übrigens nur schwer in bisherige Kategorien einordnen lassen und auf die abschließend noch eigens eingegangen werden soll (unten 5).

Die Merkmale der Umgestaltung sind:

- partielle Auslagerung der automatisierbaren Funktionen in Informationssysteme
- beginnende Trennung zwischen technischer und fachlicher Verantwortung
- Rationalisierung der Rechts- und Verwaltungsverfahren nach einheitlichen Grundsätzen, so daß sie untereinander zusammenschaltbar werden
- weitere Ausdifferenzierung der Informationssysteme in mindestens folgende sich verselbständigende Subsysteme:
  1. Informationssammel- und Verwaltungssysteme, die möglicherweise auch die schon geschilderten und strukturell verwandten Dokumentationssysteme einbeziehen können[97]
  2. Informationsverarbeitungssysteme mit Methoden- und Programmbanken
  3. Informationsübertragungssysteme mit eigener Computersteuerung[98] zur Herstellung universaler Verfügbarkeit der beiden anderen Subsysteme.

---

[96] *Steinmüller* (Stellenwert) 462; *Ruckriegel* (Quo vadis) 6 ff; *Bresse,* 504; zuletzt *Eberle* (Organisationsrecht) 206 ff. – Zur Frage, ob es sich um eine Sonderverwaltung handle, soll hier nicht Stellung genommen werden. Die Desintegration der Verwaltung im Gefolge der ADV führt bereits zur Forderung nach verstärkter Zusammenarbeit zwischen beiden Bereichen (vgl. *Fuchs).*

[97] Beispiel hierfür ist der erwähnte Umbau des Meldewesens in der Eingangsstufe eines Personeninformationssystems.

[98] Hierzu vgl. insbesondere die Beiträge von *Ruckriegel, Dropmann* und *Wörsch* in ÖVD 1974, 1.

Das Grundprinzip wird deutlich: Nicht mehr bewältigbare Komplexität wird dadurch reduziert, daß

- Systeme aufgeteilt werden in Subsysteme mit spezieller Funktion, die arbeitsteilig zusammenwirken[99]
- Subsysteme ihrerseits und untereinander ihre Problemlösekapazität noch einmal mittels Computer rationalisieren und multiplizieren.

4.3 Verwaltungsinformationssysteme als kybernetische Modelle

Oben wurde versucht, plausibel zu machen, daß Informationssysteme grundsätzlich Modelle der gesellschaftlichen Wirklichkeit oder ihrer Teile seien; dies trifft verstärkt auf staatliche, insbesondere Justiz- und Verwaltungsinformationssysteme aller Art zu.

Während Dokumentationssysteme eine gewisse Sonderstellung einnehmen, sind im übrigen alle staatlichen Informationssysteme in gewisser Hinsicht gleich aufgebaut[100]. Auf diesem Aufbau beruht nicht nur ihre Modellqualität, sondern auch – in der Konsequenz – ihr Einfluß auf die engere Justizautomation. Zur größeren Klarheit soll zunächst die Struktur der Automation in der Verwaltung herausgearbeitet werden.

4.3.1 Allgemeine Struktur und Funktion staatlicher Informationssysteme

Zum Verständnis ihres Aufbaus geht man am besten von der Aufgabe kybernetischer Modelle im öffentlichen Bereich aus: einer bestimmten Menge von Benutzern einen bestimmten Ausschnitt aus der Realität in Abbildungen so zur Verfügung zu stellen, daß die Erfüllung von Staatsaufgaben unter Automationsunterstützung möglich wird.

Analysiert man den Katalog der Staatsaufgaben und ihrer Objekte (der übrigens erstmals nicht von der Verwaltungswissenschaft, sondern von den Praktikern der Verwaltungsautomation erstellt wurde!), so erhält man als implizierte Soll-Vorstellung ein relativ komplettes[101] Gesellschaftsmodell. Es ist Voraussetzung für die Erfüllung dieser Staatsaufgaben[102]. Es stellt möglichst vollständig alle

---

[99] Darum die ständige Betonung der Koordination und der Kooperation bei den EDV-Organisationsregelungen der verschiedenen Länder; darum auch die Einrichtung zahlreicher „Koordinierungsstellen ADV", „Interministerieller Ausschüsse" u. ä. zwischen den Ressorts des Bundes bzw. der Länder und zwischen Bund, Ländern und Kommunen untereinander. Zu ihrer rechtlichen Zulässigkeit im Rahmen des Ressortprinzips und des kommunalen Selbstverwaltungsrechts vgl. *Eberle* (Organisationsrecht) 124–163.

[100] Einer parallelen Untersuchung bedürfte das entsprechende privatwirtschaftliche System der Informationssysteme; die strukturelle Annäherung und Verflechtung in Staat und Wirtschaft in hochindustrialisierten Ländern läßt auch hier weitgehende Parallelen vermuten, was von den bisherigen empirischen Ergebnissen im Gebiet der Automation durchaus bestätigt wird.

[101] Dies wird besonders deutlich angesichts der geschlossenen Menge von Verwaltungsdatenbanken (unten 4.3.2): Sie umfassen virtuell die ganze „Welt" einschließlich des Staates selbst.

[102] Von hieraus ergibt sich eine Kritik am sozialwissenschaftlichen Datenschutzkonzept (zuletzt *Paul J. Müller*), sofern die rollentheoretische Begründung ausschließlich ge-

Informationen für Planung und Vollzug zur Verfügung. Dazu gehören auch Informationen über die Gesetzmäßigkeiten der Veränderungen. Dagegen werden – entsprechend der Gewaltenteilungsvorstellung – informationelle Anforderungen der Legislative und der Judikative nicht eigens berücksichtigt[103].

Da Gesellschaftsmodelle nur dann ihre Funktion erfüllen, wenn sie die „Originale" in irgendeiner Form repräsentieren, ergeben sich folgende Mindestvoraussetzungen an staatliche Informationssysteme, wenn ihr Modellcharakter effektiv werden soll:

1. Ein System von „Kennzeichen" hat die Aufgabe, zu jedem abzubildenden Gegenstand der Realität ein entsprechendes informationelles Äquivalent im Informationssystem bereitzustellen, so daß eine eindeutige Beziehung zwischen Original (z. B. Person) und Abbild (z. B. Personenkennzeichen)[104] besteht („Abbildungsfunktion des Kennzeichens")[105].
2. Eine Menge von Programmen dient zur Abbildung von menschlichen Problemlösungsstrukturen, insbesondere von Simulations- und Entscheidungsverfahren. Auch hier gibt es so etwas wie „Kennzeichen", nämlich die „Namen" der Programme (und ihre maschinentechnischen Äquivalente). Man nennt die Menge dieser Verfahren häufig „Methodenbank"[106].
3. Kennzeichen und Programme sind als Abbilder zu inhaltsleer; zu beiden kommt jeweils eine (möglicherweise leere) Menge von zusätzlichen Informationen hinzu, die in verschiedenen „Dateien" angeordnet sind. Durch be-

meint wäre: Rollenspiel des Individuums und Funktionsaufteilung des Staatsapparats stimmen längst nicht mehr zusammen, selbst wenn dies einmal der Fall gewesen sein sollte. Das Rollenspiel dient der Selbstdarstellung in den verschiedenen öffentlichen und privaten Funktionen, die Funktionsaufteilung des Staatsapparats ist dagegen über sehr lange Zeit historisch gewachsen, so daß schon aus diesem zeitlichen Grund eine gewisse Inkompatibilität zu vermuten ist, und folgt zudem eher Gründen der Staatsraison, neuerdings auch der Rationalisierung, als Rücksichten auf Individuen – ganz abgesehen davon, daß der Staat viel mehr auf organisierte Interessen ausgerichtet ist.

[103] Das geht soweit, daß etwa in Hessen sogar ausdrücklich eigene Auswertungsprogramme für das Parlament ausgeschlossen werden; dazu *Steinmüller* (Rechtsfragen) 28. Die anderen Länder, soweit sie entsprechende Gesetze erlassen haben, haben dieses Vorbild getreulich nachgeahmt. Ohne eigene Auswertungsprogramme wird jedoch die Kontrollfunktion in diesem Bereich aus modelltheoretischen Gründen nicht mehr ausübbar. – Im übrigen gibt es im parlamentarischen Bereich bisher nur Dokumentationssysteme; ihre Bezeichnung als „PAIS" („*Pa*rlamentarisches *I*nformations*s*ystem") ist irreführend. Zum gegenwärtigen Stand und zur Problematik vgl. *B. Lutterbeck* (Informationsrecht).

[104] Die öffentliche Unkenntnis über die Funktion des Personenkennzeichens ist grotesk und durch einseitige Unterrichtung von seiten „automationsfreundlicher" Ministerien mitverursacht. Der Topos, daß das PK lediglich die Vielzahl der Nummern durch eine einzige ersetzen solle und daß darin sein Zweck bestehe, stammt, soweit ersichtlich, aus der ersten Auflage von *Siemens* (Bayerisches Informationssystem 30) und ging von da aus in die entsprechenden Pressemitteilungen des BMI, was zu der geradezu klassischen Entgleisung eines ungenannt bleiben sollenden Abgeordneten im Bundestag führte, das Personenkennzeichen bedeute einen Fortschritt in der Realisierung der Menschenwürde (Art. 1 GG), da es den unwürdigen Zustand, daß ein Mensch viele Nummern trage, auf eine Nummer reduziere ... (sinngemäß).

[105] Zum System der Kennzeichen vgl. u. 4.3.2.

[106] Zum Begriff vgl. *Grochla* 29.

stimmte weitere Programme können sie mit Hilfe des Kennzeichens zusammengeführt werden, gleich an welcher Stelle die Dateien sich im System befinden („Integrationsfunktion des Kennzeichens")[107].

Diese Informationen bilden die Datenbasis („Datenbank")[108] des Informationssystems; sie wird mit Hilfe von speziellen „Datenbankprogrammen" und der sogenannten „Datenorganisation" (die die „Datenbankorganisation" begrifflich umfaßt) für Abfragen und Entscheidungsverfahren verwendbar gemacht.

Die aufgezählten Bestandteile lassen deutlich drei verschiedene Typen von Informationssystemen im staatlichen Bereich erkennen:

1. Informationssysteme, die mit Hilfe von Kennzeichen und anderen Informationen reale gesellschaftliche Teilsysteme in ihren Elementen und Strukturen abbilden („Datenbanken"; z. B. automatisiertes Strafregister; Grundbuch): Sie haben die oben so bezeichnete Funktion von staatlichen „Lernmodellen".
2. Informationssysteme, die mit Hilfe von Programmen reale gesellschaftliche Teilprozesse in ihrem Ablauf abbilden; Beispiele sind die automatisierte Steuerberechnung, die Automatisierung des BAFöG, des Wohngeldgesetzes usf.: Sie fungieren als staatliche „Entscheidungsmodelle".
3. Informationssysteme, die mit Hilfe von Kennzeichen, Programmen und weiteren Informationen reale gesellschaftliche Teilysteme und deren Verhalten zusammen abbilden. Sie vereinen Daten- und Methodenbanken, sind Lern- und Entscheidungsmodelle. Als Beispiel sind Planungsinformationssysteme oder der geplante Ausbau des Bundeszentralregisters zu nennen, vor allem aber „integrierte Informationssysteme" (siehe unten): Sie bilden komplexe „Verhaltensmodelle" über die Gesellschaft.

Die heuristische Unterscheidung nach Lern-, Entscheidungs- und Verhaltensmodellen geschieht sowohl nach der Komplexität der Abbildung als auch nach der Funktion für den Benutzer: sie simulieren Systemelemente, Systemprozesse oder beides; sie dienen dem Benutzer als Hilfe beim Lernen, Entscheiden und Beeinflussen von Systemverhalten.

4.3.2 Verwaltungs-Lernmodelle

Was nun die Lernmodelle betrifft, so sind bereits, wie angedeutet, die normalen Vollzugsverwaltungsdatenbanken als derartige Lernmodelle anzusehen.

Lernmodelle ist etwa das Bevölkerungsmodell, das derzeit durch Umbau des Meldewesens in ein automatisiertes Einwohnerwesen als Grundstock eines Persnneninformationssystems entsteht, oder die Schüler-Lehrer-Hochschuldateien der Kultusministerien; auch das kombinierte Personen-Flächenmodell, das durch Automation von Grundbuch und Kataster in Form einer Grundstücksdatenbank errichtet wird. Es handelt sich um Modelle, an Hand derer Verwaltun-

---

[107] Abbildungs- und Integrationsfunktion sind nicht die einzigen Funktionen des Personenkennzeichens, worauf hier aber nicht näher eingegangen werden soll, da die restlichen für unsere Problematik nicht von Bedeutung sind.

[108] Daneben wird „Datenbank" üblicherweise in zahlreichen anderen Bedeutungen gebraucht. Im übrigen handelt es sich hier um eine untechnische und bewußt unscharfe Verwendung.

gen den gegenwärtigen Zustand von Regierten und Verwalteten ablesen können.

Die hierfür benötigten Informationen stammen nur ausnahmsweise aus besonderen Erhebungen; normalerweise fallen sie beim Verwaltungsvollzug „automatisch" mit an.

Darin liegt die mächtigste Triebfeder für die Verwaltungsautomation: sie liefert bei entsprechendem Ausbau problemlos die neuesten Daten über die Bevölkerung, hält die Informationssysteme des Staates „up to date", warnt vor kritischen Entwicklungen, möglicherweise ehe die Beteiligten selbst es bemerken können (im Sinne von „Frühwarnsystemen" mittels „social indicators"). Darum werden überall Datenbanken und Verwaltungsvollzug miteinander verbunden und zu „integrierten" Systemen aufgestockt, deren besondere Struktur sogleich im Rahmen der Schilderung von komplexeren Verhaltensmodellen zu beschreiben ist.

Es lohnt sich, bei den kybernetischen Lernmodellen im Bereich der Verwaltung noch ein wenig zu verweilen. Ihr Prinzip ist denkbar einfach, ungeachtet ihrer Vielfalt. Sie bilden grundsätzlich alle Rechts- und Verwaltungsobjekte einschließlich ihrer selbst[109] in automationsgeeigneter Form ab:

1. Personen, Personengruppen, Personenbezüge und deren Veränderungen
2. Sachen, Sachbezüge und ihre Veränderungen
3. Beziehungen zwischen Personen in räumlicher und zeitlicher Verteilung
4. Kenntnisse über Gesetzmäßigkeiten über Personen, Sachen und Beziehungen
5. Binnenstruktur dieser Modelle einschließlich ihrer Beziehung zu den Modellbenützern (z. B. System der Zugriffsberechtigungen verschiedener Behörden als Abbild der realen Verwaltungshierarchien — eine grundlegende Vorbedingung eines effektiven Datenschutzes).

Hierbei ist Voraussetzung ein ausgebautes System von Kennzeichen[110]:

1. Personen- und Gruppenkennzeichen[111]
2. Sachkennzeichen der verschiedenen Arten[112] (einschl. Strukturkennzeichen)
3. Raum- und/oder Zeitkoordinaten
4. Methodenkennzeichen.

Abstrakter: Die „Welt" wird im Modell abgebildet, getrennt nach Objekt- und Metaebene, unter Einschluß eines Modells (höherer Ordnung) über das Modell. Es wird also, über das bisher Gesagte hinaus, nicht nur das System der Staatsfunktionen berücksichtigt, wie es sich in der Gewalten-, Ressort-, Bund/Länder/Kommunen-Einteilung widerspiegelt; vielmehr wird grundsätzlich die Gesellschaft als ganzes und in ihren Teilen und in ihrem Verhalten zum informationel-

---

[109] Der Leser wird gebeten, in einem Gedankenexperiment die im Anhang I/II aufgeführten Verwaltungsfunktionen der Länder und Gemeinden auf die hier gegebenen Strukturen abzubilden. Der Verfasser vermutet, daß die Liste zu ergänzen ist um das System der gesellschaftlichen Prozesse und ihre Abbildung (im Sinne von 4.3.3 a. E.).

[110] Dazu vgl. *Goller* u. a. 52 ff.

[111] Hierzu vgl. *Phillips*.

[112] z. B. Kraftfahrzeugnummer.

len Objekt staatlichen Handelns. (Entsprechendes gilt übrigens weitgehend auch für das privatwirtschaftliche System und seine Automationsbestrebungen).

Gemäß der Einteilung möglicher Objekte von Lernmodellen sind auch die entsprechenden Arten von staatlichen Informationssystemen entstanden[113]:

- Personeninformationssysteme; z. B. KRIPOLIS, Einwohnerdatenbank, Automation des Zentralregisters
- Sachinformationssysteme; z. B. Grundstücksdatenbank als Vereinigung von automatisiertem Grundbuch und automatisiertem Kataster mit verbreiterter Benutzerstruktur
- Raum/Zeit-orientierte Informationssysteme; z. B. bei Planungsministerien, bei Planungsabteilungen der Städte und Stadtstaaten usw. – so das Informationssystem des bayerischen Staatsministeriums für Raumordnung und Landesplanung; DATUM als Projekt der Stadt Köln und anderer;
- Struktur„datenbanken"; sie sind meist unselbständige Bestandteile von Informationssystemen höherer Ordnung (s. u.) und bilden Beziehungen zwischen Personen und Sachen in Raum und Zeit ab. Eine selbständige Sonderform sind statistische Datenbanken, die übrigens meist auch Einzelangaben enthalten.
- Methoden„banken"; sie sind ebenfalls meist unselbständiger Bestandteil von Informationssystemen höherer Ordnung; sie enthalten Programme und (meist) mathematische Methoden als Vorrat an formalisierten Problemlösungsstrukturen.

Im Vordringen begriffen sind Informationssysteme höherer Ordnung, ebenfalls in verschiedenen Formen:

- Kombinierte Informationssysteme; sie erlauben, mehrere Objektbereiche miteinander zu verbinden (so werden bei der Grundstücksdatenbank „juristische" und „faktische" Grundstücke aufgeführt).
- Multifunktionale Informationssysteme; sie gestatten mehrere Funktionen und Benutzertypen gleichzeitig zufriedenzustellen (z. B. Krankenhausinformationssysteme nach dem Hessischen Krankenhausgesetz)[114].
- Landesinformationssysteme, die in einem bestimmten Bereich grundsätzlich allen Benutzern für alle Funktionen zur Verfügung stehen sollen und Informationsmonopole neuer Art repräsentieren (z. B. wieder das Bayerische Informationssystem und seine literarische Weiterentwicklung im KI-System; das Landesinformationssystem Rheinland-Pfalz; das Informationsbankensystem des Bundes [auf der Dokumentationsseite]).

Bei diesen Systemen gehen Verwaltungssysteme vom Typ „Lernmodell" in komplexere Systeme vom Modelltyp „Verhaltenssimulation" über, da sie zusätzlich in mehr oder minder großem Umfang Entscheidungsmodelle enthalten.

---

[113] Diese Arten treten nicht rein auf, weil ihre Isolierung nach Personen, Sachen usw. für Verwaltungszwecke unbrauchbar wäre.

[114] Benützer sind nach den derzeitigen Vorstellungen: Ärzte, Krankenhausverwaltung, Krankenkassen und Versicherungen, allgemeine Verwaltung, Gesundheitspolitik, medizinische und sozialwissenschaftliche Forschung; dagegen nicht die Patienten ...

4.3.3 Verwaltungs-Entscheidungsmodelle

Für die Erkenntnis der Struktur von Entscheidungsmodellen im staatlichen Bereich hat sich – gerade in Folge der Einführung der ADV – die Erkenntnis durchgesetzt, die zuerst in der Betriebswirtschaftslehre gewonnen wurde, daß Entscheidungsprozesse einen speziellen Informationsverarbeitungsprozeß mit einem typischen mehrstufigen Ablauf darstellen, der in Justiz und Verwaltung im wesentlichen gleich ist. Dies ermöglichte, mit gleichen formalen Verfahren (Programmen) Rechts- und Verwaltungsentscheidungen zu automatisieren.

Was nun zunächst die Exekutive anlangt, so hat es wenig Sinn, mit einer endlosen Aufzählung von teilautomatisierten und automatisierbaren Rechtsanwendungsprozessen zu langweilen. Hierfür sei auf die Funktionskataloge der Länder und Kommunen verwiesen[115]. Statt dessen soll auch hier das Grundsätzliche hervorgehoben werden. Entsprechend gilt, was für die Lernmodelle im Bereich der Verwaltung zu zeigen versucht wurde: Wie dort die Abbildung der gesellschaftlichen Systeme, so tendiert hier die Abbildung der gesellschaftlichen Problemlösungsprozesse zur Vollständigkeit und Totalität.

Die einigende Klammer ist die zunehmende Beeinflussungs- und Eingriffsfreudigkeit des Staates in alle gesellschaftlichen Bereiche, von der kommerziellen Produktion und Distribution von Gütern bis weiter zur gesellschaftlichen Reproduktion durch Erziehung, Gesundheitspolitik und soziale Kontrolle.

4.3.4 Verwaltungs-Verhaltensmodelle, insbesondere „integrierte Datenverarbeitung"

Staatliche Verhaltensmodelle vereinigen die Eigenschaften und Fähigkeiten von Lern- und Entscheidungsmodellen in der Hand der Staatsgewalt. Hauptanwendungsgebiet sind (neben der „integrierten Datenverarbeitung") die Planungsinformationssysteme[116].

Beispiele sind etwa „Pendlermodelle" im Rahmen der Regionalplanung, anhand deren das günstigste Verkehrs- oder Schulennetz entworfen werden kann; automationsunterstützte Wahlkampagnen; aber auch modellunterstützte Richterentscheidungsvoraussagen und Gesetzessimulationen.

Der wichtigste Typ des administrativen Verhaltensmodells ist das überregionale integrierte Informationssystem. In der Privatwirtschaft entspricht dem das überbetriebliche integrierte Informationssystem.

---

[115] Vgl. Anhang I und II.

[116] Bei den Planungsinformationssystemen sind verschiedene Typen scharf voneinander zu unterscheiden, um Verwechslungen ihrer „Tragweite" auszuschließen. Meist versteht man darunter Regionalplanungssysteme, wie z. B. DATUM. Sie sind unter rechtspolitischen Gesichtspunkten nicht sonderlich aufregend. Anders bei den Planungssystemen im Dienst der Ministerialbürokratie zur Vorbereitung politischer Entscheidungen. Auch hiervon gibt es mindestens zwei Typen. Der eine ist repräsentiert in HEPAS, einem spezialisierten und vom übrigen Landesinformationssystem separierten Gebilde – eine begrüßenswerte Lösung, wenn sie durchgehalten wird. Wesentlich weiter gehen integrierte Planungs- und Vollzugssysteme nach Art des Bayerischen Systems, das, wenigstens in seiner ursprünglichen Gestalt, die eleganteste und zugleich weitaus risikoreichste Lösung darstellte (vgl. die Kritik von *Fehl* [Information] S. 264 ff).

„Integrierte Datenverarbeitung" war das ursprüngliche Traumziel der Verwaltungsautomation: Alle Daten und Programme des gesamten Landes sollten an einem Ort zusammengeführt werden und möglichst für alle Verwaltungsfunktionen bis herauf zur Regierungsspitze zur Verfügung stehen. Dieses Ziel ist als Illusion erkannt; es ist nicht möglich, in einem großen Anlauf und zudem ohne umfassende empirische Untersuchungen die verschiedenartigsten Funktionsabläufe, institutionellen Interessengegensätze und organisatorischen Abgrenzungen aufzuheben. Gleichwohl bleibt Integration – unter verschiedenen Bezeichnungen – als Leitvorstellung bestehen: wie man sich nach einem Stern richtet, den man nicht erreichen kann, der aber eine unverrückbare Orientierung bietet. Nur bedurfte diese Leitvorstellung einer realistischeren Ausformung. Wie „Integration" heute zu beschreiten ist, kann im wesentlichen als bekannt gelten: „Modulare"[117] (bausteinartige) Verbindung kleinerer Systeme mit definierten „Schnittstellen"[118] zu (fast) beliebig großem Verbund[119].

Bereits heute gibt es praktizierbare zuständigkeitsübergreifende Projekte, die zu ihrer Ausführung Kompetenzen aus mehreren Ministerien[120] oder aus Bund und Ländern[121] oder aus Bund, Ländern und Kommunen gemeinsam[122] voraussetzen.

Die informationstechnische Realisierung dieses Grundgedankens der integrierten Datenverarbeitung geschieht auf verblüffend einfache Weise. Gleichwohl ist diese Struktur bisher fast unbekannt, für die Beurteilung der Auswirkungen auf Staat und Recht jedoch grundlegend. Sie sei darum in gebotener Kürze geschildert. Die Aufbauprinzipien lauten:

1. Möglichst die gesamte Staatsverwaltung auf allen ihren Ebenen erhält möglichst nur ein einziges („modulares") Verbundinformationssystem. Vertikale oder horizontale Informationstrennungen nach Ressorts oder nach Ländern und Kommunen sind tunlichst zu vermeiden[123] (Grundsatz der Einheit des Systems).

---

[117] Dazu *Eberle* (Modulare Datenverarbeitung).

[118] Zum Begriff vgl. *Abel* u. a.

[119] Zur z. T. divergierenden Entwicklung des staatlich-kommunalen Verbundes in den USA vgl. *Fehl* (Föderalismus).

[120] z. B. Grundstücksdatenbank.

[121] z. B. KRIPOLIS.

[122] Z. B. Einwohnerdatenbank i. V. m. der Personenkennzeichen-Vergabe.

[123] Der Topos der „totalen vertikalen und horizontalen Durchlässigkeit für Informationsströme" ist Allgemeingut der Arbeitsunterlagen zu integrierten, insbesondere Landesinformationssystemen. Auch eine Trennung zwischen kommunalen und staatlichen Funktionen soll im Informationsverarbeitungsbereich nicht bestehen; so heißt es in einem vertraulichen Rahmenplan, daß der „weit überwiegende Teil der Projekte" (nämlich der Verwaltungsautomation) Auswirkungen auf die gesamte Staatsverwaltung hätte, die eine Trennung zwischen kommunalen und staatlichen Projekten als „sachlich nicht gerechtfertigt" und damit als zu vermeiden erscheinen ließe. – Daß die horizontale und vertikale Daten- und Programmintegration bei konsequenter Durchführung aus vielen Gründen verfassungswidrig wäre, braucht hier nicht ausgeführt zu werden. Nicht nur unter diesem Gesichtspunkt kann als Pflichtlektüre für jeden, der sich mit Verwaltungsautomation befassen möchte, die äußerst informative Gemeinschaftsarbeit von *Goller* u. a. (KI-System) empfohlen werden.

2. Für das ganze Land werden alle Daten und Programme nur noch einmal und einheitlich erfaßt, gespeichert, gelöscht (Grundsatz der quantitativen Informationsminimierung).
3. Für das ganze Land werden alle Daten und Programme möglichst oft für möglichst viele Aufgaben verwandt, also auch für möglichst viele Benutzer zur Verfügung gestellt und ausgetauscht (Grundsatz der qualitativen Informationsmaximierung).
4. Das integrierte System umfaßt Verwaltungsautomation aller Stufen (Grundsatz der Zweckmaximierung):
   - Auf der vollziehenden Ebene automatisiert es die Abwicklung der Massenarbeiten
   - Auf der vollziehenden und leitenden Ebene gibt es die Einzelauskünfte für Verwaltungs- und Leitungszwecke
   - Auf der leitenden Ebene ermöglicht es die modellunterstützte Kontrolle und Planung[124] aller Ebenen[125].

4.3.5 Gesellschaftspolitische Implikationen der Verwaltungsautomation

Spätestens an dieser Stelle ist es notwendig, auf einige gesellschaftspolitische Konsequenzen der Verwaltungsautomation hinzuweisen, die auch die engere Rechtsautomation in der Justiz nicht unberührt lassen werden. Sie führen die kritischen Gedanken zur Rechtsautomation weiter.

Die durch Automation zwangsläufig anlaufende „Globalrationalisierung" der öffentlichen Verwaltung bedingt eine ungeheure Steigerung ihrer Verwaltungskraft; zahlreiche zusätzliche Aufgaben werden übernehmbar und auch tatsächlich übernommen – und dies ohne zusätzliche Steigerung des Personalbestandes. Man sollte sich keinen Täuschungen hingeben; bereits in nicht allzu weiter Zukunft wird das Zwischenergebnis der Verwaltungsautomation ein sehr umfassender Leistungs- und Versorgungsstaat sein, der schon starker gegenläufiger Partizipationsstrukturen bedarf, um nicht in einem Totalitarismus technokratischen Wohlwollens zu korrumpieren.

Um die Wucht dieser Entwicklungstendenz zutreffend einzuschätzen, möge man sich des demokratischen Sprengpotentials entsinnen, das durch die kybernetische Modellbetrachtung erkennbar wird: Zwar bringt die oben benannte „Vereinfachungsfunktion" staatlicher Modelle möglicherweise, wie erwähnt, eine

---

[124] Darum verwundert es nicht, daß derzeit Planungsinformationssysteme der verschiedenen Arten wie Pilze aus dem Boden schießen; wobei leicht vorausgesagt werden kann, daß sie nur sehr beschränkten Wert haben werden, auch wenn sie technisch realisiert werden können, da die formalen Strukturen von Planungsprozessen insbesondere in gesetzgebungsvorbereitenden Ministerien, nicht bekannt sind (wobei dieses Problem ein Teilproblem der Unbekanntheit des exekutiven Problemlösungsprozesses überhaupt ist).

[125] Daß die Trennung von operativer und leitender Ebene nur bedingten Erkenntniswert besitzt(ebenso wie die Reservierung der Planungsfunktion für die leitende Ebene), daß schließlich hier ein Regelkreismodell zugrunde liegt, ist Gemeingut der Management-Informations-System-Diskussion geworden und braucht hier nicht weiter begründet zu werden.

wesentlich größere Durchsichtigkeit rechtlicher und Verwaltungs-Verfahren mit sich, die sich auch den Systemen selbst mitteilt und sie wenigstens prinzipiell auf eine höhere Rationalitätsstufe hebt – selbstredend natürlich nur dann, wenn Transparenz „automatisiert“ wird, d. h. die hierfür notwendigen Informationen und Verfahren bereitgestellt werden. Geschieht dies nicht, so schlägt die Chance zur Transparenz um in die komplementäre negative Chance der Vernebelung staatlichen Handelns durch über Informationssysteme zusätzlich geschaffene Komplexität. Diese „Opazität“ staatlichen Handelns ist bereits durch die bloße Existenz der Informationsorganisation gegeben; hierzu bedarf es keiner zusätzlichen Informationsmanipulation.

Auf die weitere freiheitsbeschränkende Gefahr künstlicher Übervereinfachung wurde schon hingewiesen.

Bei staatlichen Informationssystemen hat die kybernetische Modelleistung der besseren Beeinflußbarkeit des Originals und zugleich der besseren Abschirmung vor dem Original zur möglichen Folge, daß die Bevölkerung in parlamentarischen Systemen von einem notwendigen Informationslieferanten und von einem Indikator politischer Initiativen zu einem bloßen Störfaktor degeneriert, der zum schieren Objekt staatlicher Manipulation wird.

Da zugleich das Regierungs- und Verwaltungssystem von Kritik unabhängiger wird, kann es sich effizienter von unerwünschten Einflüssen aus der „Umwelt“ abschirmen. Das heißt, Bevölkerungsmodelle sind bei entsprechender Konzeption partizipations- und demokratiefeindlich.

Diese Monopolisierungs- und Abschirmtendenz gilt nicht nur im Verhältnis System–Umwelt, sondern auch innerhalb des staatlichen Systems; und zwar überall dort, wo Ungleichgewichtigkeiten des Informationshaushaltes bestehen – etwa zwischen Opposition einerseits, Regierung und Regierungspartei andererseits; oder zwischen Kommunen einerseits, Ländern in staatlich-kommunalen Informationssystemen andererseits; schließlich zwischen Ressorts innerhalb der engeren Staatsverwaltung, z. B. wenn das Innenministerium oder die Staatskanzlei allein die Aufgabe übertragen erhält, das Landesinformationssystem aufzubauen (und damit nach seinen Vornstellungen zu formen).

Diese Entwicklung ist einerseits weitgehend gesellschaftlich notwendig. Unter dem Gesichtspunkt des Funktionswandels des modernen Staats und der Verwaltung im Übergang zu globaler Steuerung und Planung auch in den westlichen Demokratien ist dieses Phänomen als konsequente Folge der gestiegenen gesellschaftlichen Komplexität vielfach analysiert worden. Es handelt sich übrigens um die gleiche Entwicklung, die auch die Automation insgesamt wie im Bereich von Staat und Recht notwendig gemacht hat. Keineswegs also geht es um eine böswillige Denunziation, wenn diese Gesetzmäßigkeiten und Tendenzen aufgezeigt werden, sondern um die Konstatierung eines scheinbar „wertfreien“, in Wirklichkeit aber ambivalenten Phänomens, das grundsätzlich die Tendenz hat, jeweils vorhandene Machtstrukturen noch zu verstärken und zu zementieren.

Zugleich ist diese Tendenz selbstverständlich nicht zwangsläufig; sie ist nicht mit der Informationstechnologie vorgegeben; erst recht ist sie kein „Sachzwang". Entsprechende Entscheidungs- und Verhaltensmodelle können hier entgegenwirken: auch hier kommt es darauf an, welche politischen Ziele aus dem rechtlich möglichen Vorrat ausgewählt und technisch realisiert werden.

Die schwer faßbare Faszination des Gedankens einer universalen Informationsintegration entsteht nicht nur aus seiner technischen Eleganz, seiner verwaltungstechnischen Vielseitigkeit und politischen Attraktivität, die sich auf pikante Weise mit ihrer Gefährlichkeit vermischt, sondern letzten Endes aus dem Glanz eines gesellschaftlich neuen Prinzips, das nunmehr nach Jahrhunderten immer weiter fortschreitender Differenzierung und Spezialisierung erstmals wieder eine Überbrückung und „Integration" möglich macht: die Aufhebung gesellschaftlicher Arbeitsteilung.

Integration durch Verwaltungsautomation heißt letztlich Aufhebung der Arbeitsteilung im staatlichen Bereich — nicht individueller (dieser Irrtum steckt gelegentlich in einigen Veröffentlichungen), wohl aber gesellschaftlicher Arbeitsteilung.

4.4 Rückwirkungen der Verwaltungs- auf die Justizautomation

Nunmehr kann die Bedeutung der verschiedenen kybernetischen Modelle und damit der entsprechenden Informationssysteme für die juristische Entscheidungsfindung und insbesondere für die Justizautomation deutlich gemacht und in ihren Konsequenzen weitergeführt werden. Dabei sind zwei Blickrichtungen auseinanderzuhalten; zunächst sind die Möglichkeiten und Folgen der Justizautomation für sich zu betrachten, sodann die Auswirkungen der Verwaltungsautomation auf die der Justiz mit einzubeziehen.

4.4.1 Kybernetische Modelle im Justizbereich

Die Automatisierung juristischer Entscheidung in der Justiz ist bisher, wie erwähnt, noch kaum vorangekommen; über Automatisierung von Hilfsverfahren (Mahnverfahren) oder in Zweigen von Gerichtsverfahren, die funktionell Verwaltungstätigkeit ausführen (Grundbuchautomation) ist man bisher nicht hinausgekommen, wenn man die Favorisierung von juristischen Dokumentationssystemen einmal nicht berücksichtigt.

1. Judizielle Lernmodelle

Was dagegen berücksichtigt werden sollte, ist der Einfluß juristischer Dokumentation auf den Entscheidungsprozeß des Richters; einiges davon wurde im ersten Beitrag dieses Bandes aufgeführt. Auch hier bringt die Automatisierung eines Teilbereiches der juristischen Entscheidung eine Akzentverlagerung zu dessen Gunsten[126]; die Exklusionswirkung von Dokumentationssystemen schließt andere Informationsquellen und Informationen aus, wie beobachtet, und verstärkt obendrein, wie ergänzt werden kann, die Bürokratisierungstenden-

---

[126] Vgl. *Steinmüller* u. a. (Sonderheft I) 49 zur Veränderung des Forschungsvorgangs bei Mensch-Maschine-Dialog mit einem Dokumentationssystem. Zwar ist eine Verstärkung der „Informationslawine" zunächst die paradoxe Folge der Automatisierung, weil viel mehr gefunden wird; doch sind Techniken bekannt, die auch größere Informationsmengen schneller abzuarbeiten gestatten als bisher die geringere.

zen innerhalb des judiziellen Entscheidungsverfahrens, da die Dokumentationssysteme nach ihrer derzeitigen Planung überwiegend auf die Bedürfnisse der Verwaltungsjuristen ausgelegt sind. Da Dokumentationssysteme als Lernmodelle fungieren, werden allgemein in der Justiz die „lernenden" Teile qualitativ verstärkt, erhalten also erhöhte Bedeutung. Zur Charakterisierung ihrer zugleich technischen wie Hilfsfunktion sollen nun die teilautomatisierten Systeme mit der Bezeichnung „Servosysteme" belegt werden. Je nach Auslegung dieser Servosysteme geht nun die weitere Entwicklung juristischer Entscheidungsprozesse in verschiedene Richtung.

- Die juristische Entscheidung erhält – alternativ oder kumulativ – stärkeren Realitätsbezug oder stärkeren Literaturbezug oder stärkeren Bezug auf andere juristische Entscheidungen; je nach Art des unterstützenden Systems (Sozialdatenbank – wissenschaftliches Dokumentationssystem – Urteilsdokumentationssystem).
- Der Rechtsfindungsprozeß wird von Informationssuche zeitlich entlastet, obwohl (über geeignete Dialogverfahren) viel mehr Informationen verarbeitet werden können als vorher.
- Je nach Projektierung der juristischen Servosysteme entsteht im deutschen Rechtssystem durch die Teilautomatisierung mithin eine alternative oder kumulative Tendenz zu
  - verstärkter Berücksichtigung sozialwissenschaftlicher Ergebnisse, damit verbunden in der Rückkopplung zugleich die verstärkte Möglichkeit der Einwirkung durch Entscheidungen auf eben diese Realität
  - einer verstärkten Verwissenschaftlichung, die sich auch in einer zunehmenden Formalisierung und damit Automatisierbarkeit ausdrückt
  - einem verstärkten Präjudizienkult in Richtung eines case law.

Welche dieser Tendenzen sich durchsetzen wird und in welchem Umfang, kann noch nicht abgeschätzt werden. Eine Kombination dieser Faktoren ist möglich, aber weniger wahrscheinlich.

2. Judizielle Entscheidungsmodelle:

Wenn in größerem Umfang judizielles Entscheiden automatisiert würde – wofür wenig spricht–, so geschähe dies jetzt und in absehbarer Zeit unter den starken Restriktionen der gegenwärtigen Unkenntnis formaler Strukturen des richterlichen Handelns. Darum würden Auswege bevorzugt: Innerhalb der juristischen Entscheidung des Richters wird die geistige Routinetätigkeit ausgegliedert und dem maschinellen Teilsystem übertragen; hierbei kann sich eine neue judizielle Informationsorganisation ausbilden. Entgegen verbreiteten Befürchtungen würde durch die Automation der Richter nicht ersetzt, sondern freigesetzt, wobei die Freisetzung je nach Wahl entweder in verstärkte Kreativität oder in verstärkte Abhängigkeit mündet[127].

Desgleichen können die Gerichtsverfahren sowohl zeitlich als auch qualitativ optimiert werden. In diese Richtung gehen einige Versuche aus den Vereinig-

[127] Wie sich zeigt, bringt Automation keineswegs zwangsläufig eine Befreiung von Routine für Innovation mit sich. Automation schließt offensichtlich keineswegs aus, daß für die beteiligten Individuen, etwa für Angestellte der Datenerfassung, gegenwärtig und bis

ten Staaten. Gerade das Straf- und Zivilprozeßrecht wäre hervorragend für ein System richterlicher Prozeß- und Entscheidungshilfen geeignet.

3. Kombinierte Verhaltensmodelle in der Justiz

Falls die Entwicklung weiter so fortschreitet, daß auch im Bereich der Justiz Lern- und Entscheidungsmodelle miteinander kombiniert werden, würde der juristische Entscheidungsprozeß sogar in allen Teilen durch verschiedene Ausgestaltung des judiziellen Informationssystems unterstützt werden können („Richterinformationssystem"). Der Arbeitsplatz des Richters wird dadurch zunächst aufgewertet, weil er über mehr und bessere Information sowie über schnellere Reaktionsweisen verfügt. Die richterliche Entscheidung würde möglicherweise durch derartige eher futuristische Formen der Justizautomation stärker in Richtung auf eine sozialtechnologische und sozialkurative Struktur gedrängt. Im Falle dieser Entwicklungsalternative würde der Richter über einen ausgebauten Informationsapparat verfügen und entsprechend seiner gestiegenen Entscheidungskompetenz eine weit größere politische Machtposition erlangen als bisher.

Freilich setzt dies eine entsprechende, d. h. sehr veränderte Ausbildung voraus, die neben dem selbstverständlichen Umgang mit informationstechnischen Hilfssystemen vor allem die Kenntnis sozialwissenschaftlicher Zusammenhänge verlangt. Es ist jedoch nicht sehr wahrscheinlich, daß diese Umstrukturierung bald erfolgen wird; am ehesten wird sie noch in den obersten Gerichten einsetzen. (Dagegen zählt sie schon heute in der Verwaltungsausbildung außerhalb der Universitäten und Hochschulen fast zum normalen Rüstzeug[128]). Es ist notwendig, nochmals zu betonen, daß die hier skizzierten Entwicklungen eine Auswahl von mehreren möglichen darstellen; sie sind zwar nicht zwangsläufig, aber ohne tiefgreifende Umbesinnung, weil Verlängerung gegenwärtiger Tendenzen, durchaus wahrscheinlich. Es handelt sich also um keinen „Sachzwang", sondern um eine durch politische (und d. h. durch finanzielle) Entscheidung gestaltbare Möglichkeit der Ausgestaltung der ADV im Rahmen ihrer Adaptivität.

4.4.2 Verwaltungsautomation und Justiz

Was oben für die Justizautomation im Bereich des eigentlichen richerlichen Entscheidungsprozesses als wahrscheinliche Entwicklung dargestellt wurde, wird in einem gewissen Maß bestätigt durch die Parallelen der Verwaltungsautomation. Sie lassen nicht nur auf ähnliche Vorgänge im Bereich der Justiz vorausschließen, sondern werden auch mittelbar oder sogar unmittelbar auf sie zurückwirken.

In der Exekutive hat man den juristischen Entscheidungsprozeß dort, wo ein-

---

auf weiteres im Zuge der Automation eine wesentlich monotonere und enervierendere Arbeit als bisher verlangt wird; ja es hat sogar den Anschein, als ob aus dem Trend zur Mechanisierung intellektueller Prozesse allein nicht eine Voraussetzung für Kreativität resultiere, vielmehr diese sogar zumindest vorübergehend aus dem Blick käme.

[128] Zur ADV-Ausbildung Bediensteter der öffentlichen Verwaltung vgl. insgesamt das Dezemberheft der ÖVD 1973 sowie *Fiedler/von Berg* (DVR).

mal die Automatisierung beschlossen war – etwa gut zu verfolgen bei der Automatisierung des Bundesausbildungsförderungsgesetzes – in automatisierbare und nicht-automatisierbare Teile zerlegt, die automatisierbaren programmiert, die nicht-automatisierbaren durch Einführung eines – man verzeihe den Ausdruck – „geistigen Fließbandes" (in Gestalt von maschinenlesbaren Formularen oder Terminals mit programmiertem Abfragedialog) so „taylorisiert"[129], daß die schöpferische Tätigkeit auf ein Mindestmaß reduziert und die Effizienz im Sinne einer mengenmäßigen Leistungserhöhung maximiert wurde. Das implizierte nicht selten, daß Ermessens- Wertungs- und Auslegungsfragen anläßlich der ADV-Vorbereitung durch spezielle Expertenteams (bei denen oft nicht einmal Juristen vertreten waren) im Interesse der Programmierbarkeit vorentschieden wurden[130].

Programme erhalten dadurch rechtssoziologisch die Funktion von formalisierten „Verwaltungs"verordnungen, ohne daß damit über ihre Rechtsnatur abschließend etwas gesagt sein soll.

Diese Art von formalisierten Verwaltungsverordnungen wird auch im Bereich der Justiz ihren Einzug halten. Überhaupt werden diese und ähnliche in der Verwaltungsautomation bewährte Verfahren auch bei der Einführung der Justizautomation in naher oder ferner Zukunft sich durchsetzen, nicht in allem zum Nutzen der Justiz, aber wohl unausweichlich; einerseits, weil die Entwicklung der Programmiertechnik und die Kenntnis des juristischen Entscheidungsprozesses noch nicht so weit fortgeschritten sind, daß vernünftigere und komplexere Lösungen ins Auge gefaßt werden können, zum anderen aus der Erwartung, daß der künftige Jurist mit der Begründung „Judex non calculat" sich von der Mühe distanzieren wird, bessere und justizwürdigere Verfahren mitzuentwerfen.

Zwar wird aus verfassungsrechtlichen Gründen[131] die Endentscheidung beim Richter bleiben, und sei es nur in der Form, daß er in bestimmten programmierbaren Rechtsbereichen aus fertigen Alternativen auswählen darf oder als eigene Instanz nach dem programmierten Verfahren angerufen werden kann. Aber für die Automation wichtiger ist die erwähnte – zugleich entscheidungstheoretische wie rechtstheoretische – Einsicht, daß der richterliche Entscheidungsprozeß aus mehreren Einzelentscheidungen zusammengesetzt ist, deren Aufeinanderfolgen die Endentscheidung wesentlich vorentscheidet, so daß ausgehend von der Programmierung des Vorentscheidungsprozesses, und sei sie auch noch so komfortabel und alternativenreich, der vermeintlich schöpferische Akt der Endentscheidung bereits soweit determiniert ist, daß der Richter (auch aus Bequemlichkeitsgründen) sich der höheren Einsicht des bürokra-

[129] Hierzu *Kirsch* (Auf dem Weg zu einem neuen Taylorismus?)

[130] Eine rechtssoziologische Untersuchung des Entstehens der Programmierung zum BAFöG oder dem Wonhgeldgesetz ist ein dringendes Desiderat. Erhellend ist schon, was *Eberle/Garstka* (Programmablaufplan) berichten. Übrigens wurde der Programmablaufplan des BAFöG im Rahmen eines ministeriellen Auftrags von einem Mathematiker der Technischen Universität München erstellt.

[131] *Podlech* 161 ff.

tisch-technokratischen Expertenteams unterwerfen wird, das die Programmiervorgabe entworfen hat.

Dabei kann nicht einmal ausgeschlossen werden, vielmehr ist durchaus wahrscheinlich, daß in der Tat das interdisziplinäre Expertenteam bessere generelle Lösungen produziert – und mehr kann ein Programm nicht leisten –; während auf jeden Fall die Einzelgerechtigkeit, soweit sie überhaupt erreichbar ist, strukturell und nicht nur zufällig zu kurz kommen muß.

Damit wird aber durch Teilautomatisierung im scheinbaren Vorfeld herkömmlicher richterlicher Entscheidung in Wirklichkeit die juristische Endentscheidung selbst nicht nur vorprogrammiert, sondern, weil dies zugleich eine Formalisierung enthält, verändert – wobei dies nicht einmal ins Bewußtsein des einzelnen Richters dringen muß.

Eine weitere Entwicklungstendenz dürfte sich ebenfalls durchsetzen: die Integrationserfolge auf dem engeren Gebiet der Verwaltungsautomation verleiten ganz generell zu entsprechendem Vorgehen auch in der Justiz. Schon die bisher entstandenen juristischen Datenbanken und Dokumentationssysteme tendieren dazu, Bestandteile übergreifender integrierter Entscheidungssysteme zu werden. Hier setzt eine Entwicklung ein, die auch auf die Justiz übergreifen wird: die Einbettung der Automation von Einzelverfahren in übergreifende Systeme mit Automationsunterstützung.

Das würde zunächst zur Folge haben, daß auch im Bereich der Justiz eine eigene Informationsorganisation sich ausbildet, die dem materiell Verantwortlichen, dem Richter, gegenübertritt und deren er sich mit der nötigen Sachkunde bedienen muß; die ihm aber ihrerseits das ganze Gewicht ihres informationstechnischen Sachverstandes entgegensetzen wird. Ob wohl der künftige Richter hierfür ausgebildet werden wird?

Mit anderen Worten: Da im Rahmen der integrierten Datenverarbeitung ressortübergreifend aufgrund einer einzigen gemeinsamen Datenbasis alle automatisierbaren Verfahren zusammengefaßt werden können, wird von hier aus auch die Judikative (zunächst in Teilbereichen, aber sehr selbstverständlich) miteinbezogen werden können.

Dies ist auch der Grund, warum die gegenwärtigen juristischen Dokumentationssysteme von vornherein auch für Zwecke des Verwaltungsjuristen ausgelegt sind[132]. Des weiteren ist hier die verwaltungsförmige Ausgestaltung der Automation im Grundstückswesen und im Mahnverfahren zu nennen.

Übrigens wird die gesamte derzeitige Automation im judiziellen Bereich von der Exekutive betrieben – mit vielleicht der einzigen ehemaligen Ausnahme, der Sozialdatenbank des Bundessozialgerichts[133], deren Integration in das allgemeine System der juristischen Dokumentation jedoch inzwischen beschlossen und teilweise realisiert wurde. Das bedeutet aber, daß von der Verwaltung her auch die Justizautomation als bürokratische Aufgabe betrieben und gelöst wird.

---

[132] Nach übrigens durchaus bestrittener Auffassung.

[133] Dazu noch *Heußner*.

Folgerichtig hat man darum auch schon vorgeschlagen, die freiwillige Gerichtsbarkeit zur besseren Automatisierung in einen Teil der Verwaltung umzugestalten (selbstverständlich mit nachfolgender Möglichkeit der Anrufung eines unabhängigen Richters)[133a].

Die Informationsorganisation wird also nicht auf den exekutiven Sektor beschränkt bleiben können, dies um so mehr, als der weltweit zu beobachtende Ausbau von Regierungs- und Verwaltungsinformationssystemen bei gleichzeitiger Vernachlässigung der ersten und dritten Gewalt (mit parallelen Entwicklungen im gewaltenvereinigenden sozialistischen System) eine stark herrschaftsintegrierende (und nicht gewaltenteilige) Herrschaftsorganisation bevorzugt, die die ohnehin monokratischen Tendenzen der Bürokratie noch verstärkt. Das ist, wie anzunehmen ist, ein weithin notwendiger und irreversibler Prozeß in allen hochindustrialisierten Gesellschaften oberhalb einer gewissen Komplexität. Freilich ist die Gefahr nicht zu verkennen, daß es sich um ein Dinosaurierproblem handelt – ein Problem, das an seiner eigenen Größe zugrunde geht.

Die Ein- und Unterordnung des Richters in übergreifende Maschinensysteme vollzieht sich nach den bisher erkennbaren Entwicklungstendenzen durch mindestens drei Umstände:

- Die Judikative wird umgestellt in ein technologisch rationalisiertes und effizienteres Informationssystem mit veränderter Bedeutung innerhalb des staatlichen Gesamtsystems.
- Das judizielle System ist funktional unterlegen und wird ein- und untergeordnet als Subsystem in ein sehr differenziert aufgebautes, „modular" organisiertes allgemeines System.
- Diese Umstellungen bedingen eine angemessene Veränderung der Qualifikationsstruktur des Richters; tritt sie ein, wird die subjektive Bereitschaft des Richterstandes zu einer solchen Integration sich verstärken und damit die Eingliederung erleichtern.

4.4.3 Annäherung von Judikative und Exekutive

Der lange Umweg von Eigenschaften und Leistungen von Informationssystemen über die Verwaltungs- zur Justizautomation hat wahrscheinlich gemacht, daß die heutige Rechtsautomation vor einer tiefgreifenden Umgestaltung steht.

Infolge des Aufbaus integrierter Lern- und Entscheidungssysteme im Bereich rechtlich geregelter Verfahren wird die Unterscheidung zwischen Judikative und Exekutive zunehmend obsolet. Sie wird gleichsam informationell unterlaufen. Die gemeinsame Struktur von judiziellen und Verwaltungs-Entscheidungsprogrammen begünstigt diese Entwicklung, und beide werden aufgehoben in übergeordneten Informationssystemen im Dienst der politischen Gewalt.

Da der Funktionswandel der modernen Verwaltung zu einer global steuernden und planenden Organisation auch die Justiz ergreift, und da diese Veränderung jede bloß nachfolgende Kontrolle leerlaufen ließe, bleibt der Judikative nichts

---

[133a] Für Näheres vgl. *Podlech* (DVR) S. 162 ff.

anderes übrig, als selbst mit Hilfe der Automation und von ihr getrieben, diesen Funktionswandel mitzumachen, indem sie zu einer gleichsam „innerbetrieblichen“ staatlichen Begleitkontrollinstanz zur laufenden Beseitigung von exekutiven Störungen wird.

Natürlich bleibt, wie eingangs konstatiert, die gewaltenteilige Fassade vor dem Bürger bestehen. Das Grundgesetz wird kaum offen sichtbar verletzt werden. Aber das Nervengeflecht der integrierten Datenverarbeitung, das Entstehen einer grenzenauflösenden überregionalen Informationsorganisation nivelliert die Unterschiede und höhlt sie von innen her aus. Da zudem die Initiative und die Modellkonzeption von der Exekutive ausgeht, ist unausweichlich, daß exekutive und nicht judikative Strukturen die Entwicklung bestimmen. Weil obendrein informationelle Modelle, um noch einmal daran zu erinnern, vorwiegend für den geeignet sind, für den sie gedacht sind, wird sich entweder die Justiz verwaltungsförmiger organisieren müssen, auch in ihren Fragestellungen (und sich damit noch mehr vom Bürger entfernen) und in ihrem Informations haushalt[134], oder sie wird weiter gegenüber der übermächtigen Exekutive an Bedeutung verlieren. Insgesamt erhält dadurch die Judikative, nach einer von mehreren möglichen Entwicklungsrichtungen, eine verstärkte Ausrichtung auf innerstaatliche Bedürfnisse. Es ist durchaus möglich, daß die Judikative die für das Funktionieren eines so kompliziert gewordenen Apparats notwendige begleitende Kontrollfunktion übernimmt. Die Justiz würde dann in verstärktem Maß behördenförmig organisiert werden müssen; sie wird bürokratisiert und strukturell administrativ.

Das bedeutet zugleich, daß der Richter als Helfer des Bürgers gegenüber einem übermächtigen und undurchschaubar gewordenen Staats- und Wirtschaftsapparat weitgehend ausfällt, ohne daß dies allerdings für die Bevölkerung allzu deutlich zu werden braucht. Gegenüber dem Bürger wird damit der Richter zur „Legitimations“-Instanz staatlichen Handelns „durch Verfahren“, freilich nicht ganz im ursprünglichen Sinne dieses (*Luhmann*schen) Begriffes. Die Judikative wird zur absichernden Hilfsfunktion staatlicher Planung und Leitung.

Diese Umschichtung bahnt sich heute an. Ob sie zu wünschen ist, kann keine Frage sein. Es ist übrigens keineswegs sicher, ob man diese Entwicklung nur bedauern soll. Möglicherweise bestünde die Alternative im Aufbau eigener judizieller Informationssysteme, die über bloße Rechtsdokumentation weit hinausgehen müßten, aber nach dem derzeitigen (geringen) Gewicht der dritten Gewalt innerhalb des Staatsaufbaus höchstwahrscheinlich nicht die „kritische Kapazität“ erreichen würden, um den übermächtigen Verwaltungsinformationssystemen das notwendige Pendant zur Seite zu stellen. Vieles hängt schlicht von der Trägheit der Betroffenen ab.

Um eine technisch mögliche Alternative zu skizzieren, die übrigens über den engeren Bereich der Justizautomation hinausgreifen würde: Dokumentationssysteme, Datenbanken und Entscheidungssysteme können bei entsprechendem Forschungsaufwand durchaus in gänzlich anderer Richtung entwickelt

---

[134] z. B. durch Mitbenutzung der administrativen Datenbanken.

werden: als Lern- und Denkverstärkung für Rechtsbetroffene, die dadurch dem Richter und dem Staatsdiener allgemein weniger unterlegen gegenübertreten könnten.

Da hierzu aber eine größere Bürgernähe und die Entprofessionalisierung der Informationssysteme erfordert wäre, für die die Bedingungen noch nicht erforscht sind, würde dies eine ziemlich weitgehende Umverteilung der Forschungs- und Förderungsprioritäten bedeuten.

Bisher gehen mehr als 90 % der staatlichen EDV-Förderungsmittel in den weiteren Ausbau des informationstechnischen Instrumentariums, für die Anwendung der Datenverarbeitung werden grob geschätzt wenigstens 10 % ausgegeben (ohne jede Zieldiskussion –), und schließlich weniger als 1 % steht für die Erforschung wünschbarer Ziele zur Verfügung – all dies vor dem Hintergrund des Umstandes, daß die Informationsindustrie bereits die stärkste Zuwachsrate aller Industriezweige hat und ab 1980 die drittstärkste Wirtschaftsmacht darstellen wird[135].

Übrigens reichen bereits heute die technischen Möglichkeiten durchaus aus, um Alternativen wie etwa die geschilderte zu realisieren. An der Technik fehlt es nicht. Freilich darf auch nicht verschwiegen werden, daß gewichtige Gründe dafür sprechen, daß das humanistische und partizipatorische Potential der ADV[136] als gesellschaftlicher Denk- und Lernverstärkung nicht allzu sehr strapaziert werden wird. Für diese Annahme spricht nicht nur der Umstand, daß ökonomische Rationalität (im Sinne der Profitmaximierung) und humane Rationalität (im Sinne der Befreiung von selbst geschaffenen Zwängen) einander in gewissem Maße ausschließen. Dafür spricht vor allem die kaum beherrschbare Zwangsläufigkeit der fortschreitenden Komplizierung und Denaturierung aller Lebensverhältnisse. Sie erzeugt einen so hohen Planungsbedarf, daß allzu viele vermeinen, in der fortschreitenden Einengung alle Spielräume für gesellschaftliche Freiheit liege das Heil ...

Der Richter, und alle, denen das Recht zur treuhänderischen Verwaltung anvertraut ist, werden sich diesem Systemzwang nur zum geringen Teil entziehen können. Doch sollte das nicht verhindern, daß Juristen ihre gesamtgesellschaftliche Denkfunktion und Handlungsfunktion wahrnehmen. Diesem Ziel dient die Erforschung des Informationsrechts.

5 EDV-Recht

Ein kritischer Überblick über die EDV-Gesetze und sonstigen Rechtsnormen des Informationsrechts soll die Ergebnisse abrunden, wenngleich dies nur in gedrängtester Kürze erfolgen kann. Rechtsautomation kann und darf nicht betrachtet werden ohne Einbeziehung ihres rechtlichen Rahmens. Zudem übernimmt heute das sog. EDV-Recht als wichtigster Teil des Rechts der Informationsverarbeitung zunehmend die Funktion, Entwicklungen der Verwaltungsautomation

---

[135] Vgl. Inhaltsangabe der EWG-Kommissionsstudie in: ÖVD 4 (1974, 2) 86 ff.

[136] Zu Möglichkeiten des Einsatzes von Informationssystemen zur Effektivierung partizipatorischer Mechanismen vgl. *Krauch;* unter rechtspolitischen Gesichtspunkten knüpft hieran an *Stadler* S. 10 f.; vgl. auch *Steinmüller* (Sonderheft I) S. 84 f.

politisch abzusichern und in das allgemeine staatliche System normativ zu integrieren.

Die EDV-Normen lassen sich zwanglos nach Häufigkeit in bestimmte Gruppen ordnen[137].

1. ADV-Organisationsgesetze: Fast alle Länder haben Gesetze zum Einbau der ADV in die allgemeine Staatsorganisation[138] und zur Schaffung eines eigenen Subsystems „Informationsorganisation" geschaffen, die zugleich die gesetzliche Grundlage für die Integrationsbestrebungen im öffentlichen Bereich darstellen.
   Zahlreiche Koordinationsausschüsse nehmen die gewaltengliederungsüberschreitende Funktion bei der Vorbereitung und Ausführung der integrierten Datenverarbeitung wahr.
2. Datenschutzvorschriften: Der Bund und die meisten Länder der BRD haben zum Ausgleich für die verstärkte Bedrohung der Informationsbetroffenen Datenschutzgesetze erlassen bzw. in das Gesetzgebungsverfahren eingeführt. Sie versuchen einen Teil der bisher behandelten Problematik aufzufangen. Wieweit ihnen dies gelingt, ist sehr umstritten[139].
   Sie richten gewisse interne und externe Kontrollen ein, die im übrigen zugleich im Interesse des Staates selbst liegen. Sie sind vor allem bemerkenswert unter dem Gesichtspunkt des Übergangs von nachfolgender (durch die Judikative) zu begleitender Kontrolle (durch Institutionen der Selbstkontrolle sowie durch Sonderbehörden). Damit wird rechtlich die Konsequenz aus der Beschleunigung durch ADV gezogen, die nur nachfolgende Kontrollen funktionslos werden läßt.
3. Vorschriften zur Anpassung der Gesetzgebung an die Verwaltungsautomation: Im Gefolge eines bayerischen Vorbildes hat der Bund (ebenso wie Niedersachsen und übrigens auch Österreich) Vorschriften über „automationsfreundliche" Gesetzgebung erlassen[140].
   Sie richten sich an den Gesetzgeber und versuchen unter der Voraussetzung

---

[137] Im einzelnen vgl. die Gesetzessammlung von *Burhenne/Perband*.

[138] Dies scheint nur partiell geglückt zu sein; von verschiedener Seite wird die Verfassungswidrigkeit einiger Normengruppen behauptet, da sie mit der gegenwärtigen Verfassungsorganisation unvereinbar seinen; so *Podlech* 158 f. für das Verhältnis Landesamt für Datenverarbeitung in Bayern – Staatskanzlei; ferner *Eberle* (Organisationsrecht S. 163 für das Verhältnis von EDV-Koordinierungsausschüssen zur kommunalen Selbstverwaltung; *Steinmüller* (Rechtsfragen) 30 für die rückwirkenden Strafbestimmungen des Bayerischen EDV-Gesetzes.

[139] Die Datenschutzliteratur ist bereits uferlos; neueste Literatur bei *Simitis* (Datenschutz) und *Steinmüller* (Schutz vor Datenschutz) 835 sowie in DSWR und IBM-Nachrichten (passim).

[140] Zur „Automationsgerechtmachung " vgl. in zeitlicher Reihenfolge.
a) Normen: *Bayerische Staatsregierung* (Vorläufige Grundsätze);
Niedersächsischer Minister des Innern (Grundsätze);
Bundesregierung (Grundsätze);
Hessische Landesregierung (Grundsätze);
b) Literatur: *von Berg; von Oertzen; Kókai; Fiedler (Wandlungen); Scheubel; Rendels.*
c) zur Problematik: s. o.

des gegenwärtigen, höchst unvollkommenen Standes der formalen Methoden der Automation die Anforderungen an „automationsgerechte" Rechtsnormen zu formulieren. Auf ihre Problematik ist hingewiesen: Sie normieren falsche Simplizität im Dienst der Automation, aber nicht oder nur bedingt im Interesse des Bürgers.

4. Die Einführung der Automation in bestimmten Bereichen, die bisher voneinander getrennt waren, macht neuartige Vorschriften für einzelne Phasen der automationsunterstützten Informationsverarbeitung notwendig.
Namentlich gehören hierher Vorschriften für den Informationsverbund zwischen Staat und Wirtschaft. Es sind zu nennen die DÜVO und DEVO[141], Standardisierungs- und Kompatibilitätsvorschriften[142], aber auch der Datenschutzgesetzentwurf des Bundes[143] und eine Bestimmung des Bayerischen Hochschulgesetzes[144].

5. Nicht nur bisherige Systemgrenzen stehen der Automation entgegen, auch juristische Schranken gilt es zu überwinden.
Dazu zählen etwa Sondervorschriften für Buchhaltung bei EDV, über Unterschriftserfordernisse bei automatisierten Verwaltungsakten, aber auch Spezialvorschriften während der Übergangsphase bei der Einführung automatisierter Datenverarbeitung, die diffizile Gleichheitsprobleme während der Überlappungszeit überbrücken müssen.

---

[141] Der Text findet sich bei *Burhenne/Perband* (Datenübermittlungs- bzw. Datenerfassungs-Verordnung).

[142] Die Diskussion der Normierung und Standardisierung im Rahmen der Automation steht in der BRD erst in den Anfängen. Gleichwohl hat sie bereits in EDV-Vorschriften des – auch in anderen ADV-Hinsichten besonders fortschrittlichen – Landes Niedersachsen Aufnahme gefunden. Dies ist deswegen so bedeutsam, weil die Standardisierbarkeit auch im Rahmen der Datenschutzdiskussion eine Rolle spielt (Standardisierung bedeutet verkürzt automatisierbare Transparenz im Dienste gesellschaftlicher Kontrolle) und häufig von Automationsfachleuten darauf hingewiesen wird, sie sei technisch zu aufwendig.
Abgesehen davon, daß eine Reihe von staatlichen Rechenzentren bereits auf große Erfolge in dieser Richtung verweisen können, dürfte es nicht abwegig sein zu bemerken, daß Rationalisierung durch ADV nicht an der ADV selbst halt machen wird. Standardisierung ist auch von Bedeutung für Kompatibilität von Rechensystemen. Da sie naturgemäß den Machtunterlegenen nützt, wird sie deshalb vorwiegend von ihnen sowie von herstellerunabhängigen Staatsverwaltungen propagiert. Vgl. hierzu die zahlreichen Diskussionsbeiträge in ÖVD (passim).

[143] Der Entwurf des Bundesdatenschutzgesetzes legt, dem Vorschlag des (Gutachtens) folgend, eine Gliederung in schutzwürdige Phasen der Datenverarbeitung zugrunde, die folgerichtig zu einer Art „Datenverkehrsrecht" (Ausdruck von *Rave)* führt. Dies ist inzwischen allgemeine Auffassung geworden; auch der *Ware*-Bericht (vgl. *Stadler*) kommt nunmehr zu einem ähnlichen Ergebnis, nämlich der, wenn ich es recht beurteile, zumindest teilweisen Abwendung von der bisherigen angelsächsischen Privacy-Auffassung (s. o. Anm. 25).

[144] Sie nimmt eine einmalige Sonderstellung ein; sie sieht vor, daß Studenten (als Mitglieder der Hochschule) exmatrikuliert (!) werden können, wenn sie ihrer Verpflichtung zur Preisgabe persönlicher Daten nicht nachkommen (BayHsG Art. 10 Abs. 1 Satz 3; 55 Abs. 3 Ziff. 4). Die exorbitant hohe Sanktion ist mit Recht von *Eberle/Garstka* (Staatliche Informationsansprüche) S. 343 kritisiert worden.

6. Schließlich bedarf es neuartiger Vorschriftenformen innerhalb spezieller Rechts- und Verwaltungszweige entsprechend der Besonderheiten des jeweiligen Rechtsgebietes.
   Hierher zählt der Programmablaufplan des BAFöG – eine rechtshistorische Novität –[145], Rechtsverordnungen in Formularform[146], Netzpläne als Rechtsnormen[147] u. v. a. Die rechtstheoretische Diskussion dieser Innovation steht durchaus noch vor ihren Anfängen, erst recht die rechtsdogmatische.

Dieser Hinweiskatalog mag genügen; eine umfassendere Darstellung muß vorbehalten bleiben. Sie würde das schwierige Grenzgebiet zwischen systematisch wertender Jurisprudenz und normativ-deskriptiver Rechtsinformatik zu durchforschen haben.

6 Ausblick

Die Automation im Bereich des Rechts hat in gewissem Sinne längst die Ländergrenzen überschritten. Es gibt heute eine fruchtbare Zusammenarbeit zahlreicher auf diesem Feld Tätigen, seien es Forscher, Anwender oder juristische Praktiker. Man kennt sich gegenseitig, ist durch gemeinsame Arbeit, auch durch Interesse an einer fruchtbaren Entwicklung der Informationstechnologie miteinander verbunden. Fast stets dieselben Leute treffen sich auf denselben Kongressen; das vorherrschende Engagement am gemeinsamen Gegenstand überwindet sonst übliche Rivalitäten und Divergenzen in erfreulichem Ausmaß.

Dieser Umstand – mehr als die wissenschaftliche Erforschung der Probleme selbst – wirkt sich international vereinheitlichend auf die Entwicklung der Rechts- und Verwaltungsautomation aus.

Die Neigung zur Übernahme sinnvoller Problemlösungen, die keineswegs mit einer Unifizierung verwechselt werden darf, sondern eine fruchtbare Polarität der Forschungs- und Entwicklungsansätze mit einschließt, geht bezeichnenderweise nicht vom Recht und der Rechtswissenschaft aus; erst recht bedient man sich dabei keineswegs anerkannter Methoden der Rechtsvergleichung. Ihr Ursprung liegt vielmehr in der „integrativen" Auswirkung der Informationsverarbeitung selbst begründet.

Man gestatte abschließend eine persönliche Bemerkung. Was ich in diesem Zusammenhang vor allem fürchte, ist, daß der Jurist sich seiner großen Bedeutung bei der Gestaltung der neuen Entwicklung nicht bewußt wird. Juristen sind gerne – und mit einem gewissen Recht – der Vergangenheit verhaftet und bescheiden sich dabei; in dem Bewußtsein, hierdurch der Gesellschaft den größten Dienst zu erweisen. Dies genügt jedoch für die anstehenden Probleme der Informationstechnologie nicht mehr. Vorrangig ist hier die rechtspolitische Arbeit, mag es auch bislang keine zulängliche Theorie hierfür geben.

Dies gilt nicht nur für die wissenschaftliche Bearbeitung des Informationsrechts, dies gilt ebenso für die praktische Mitarbeit an der Gestaltung der gesellschaft-

---

[145] *Eberle/Garstka* (Programmablaufplan) 265 f.

[146] *Eberle/Garstka* (Staatliche Informationsansprüche) 342.

[147] Beschluß des Ministeriums der DDR vom 26. Juni 1968 (GBl. II 433 ff); dazu *Steinmüller* (Leitungswissenschaft) 58 A. 132.

lichen Entwicklung. Nur der gestaltende Jurist ist im Bereich der Automation gefragt. Er muß die Sprache der Interdisziplinarität verstehen und selbst sprechen. Er muß mit technischem Fachverstand und sozialwissenschaftlicher Ausrüstung bei den komplexen Systemaufgaben der Automation mitwirken können. Die Planungsprozesse zumal können ohne ihn nicht angemessen bewältigt werden. Dort muß er die Rechtsordnung zur Geltung bringen, wo Zukunft geplant wird. Wenn Planungen in Gesetze, und noch später, in Verwaltungsakte und Urteile umgeformt werden, sind verfassungsfremde Entwicklungen kaum mehr rückgängig zu machen. Versteht der Jurist diese Zeichen, ist er gefragter Gesprächspartner und unentbehrlicher Ratgeber.

LITERATUR

Abel, Horst/Amstädter, Karl/Klimesch, Erhard: Kompatible Datenbankschnittstellen (KDBS), in ÖVD 3 (1973, 9) 395–404

Bayerische Staatsregierung: Vorläufige Grundsätze für das automationsgerechte Abfassen von Vorschriften, Bayerischer Staatsanzeiger Nr. 36/1969

Bayern, Hessen, Rheinland-Pfalz: Soll-Konzept für die Automatisierung des Grundbuchs (unter Berücksichtigung der Integration mit dem Liegenschaftskataster), Mainz/München 1973

von Berg, Malte: Automationsgerechte Rechts- und Verwaltungsvorschriften, Köln/Berlin 1968

Blum, Helmut: Kommunales Planungsinformations- und Analysesystem (KOMPAS) der Landeshauptstadt München, in: ÖVD 3 (1973, 11) 495–503

Braedt, Johannes: Strukturdatenbank für Planung und Parlament, in: ÖVD 3 (1973, 10) 447–453

Bresse, Klaus: Soll und Haben in der Datenverarbeitung mit Folgerungen für die Zukunft, in: ÖVD 2 (1972, 12) 501–505

Bundesminister für innerdeutsche Beziehungen: Materialien zur Lage der Nation 1972, Kassel 1972

Bundesministerium des Innern: Dokumentation einer Anhörung zum Referentenentwurf eines Bundes-Datenschutzgesetzes vom 7.–9. September 1972, Bonn 1973

– Erster Bericht der Bundesregierung über die Anwendung der elektronischen Datenverarbeitung in der Bundesverwaltung vom 7. 10. 1968, Bundestagsdrucksache V/3355

Bundesministerium der Justiz (Hg.): Das Juristische Informationssystem – Analyse, Planung, Vorschläge, Bericht der Projektgruppe BMJ – GMD – C-E-I-R (Bonn) 1972 (JURIS)

Bundesministerium für Bildung und Wissenschaft: Zweites Datenverarbeitungsprogramm der Bundesregierung, Bonn 1971

Bundesregierung: Grundsätze für die Gestaltung automationsgeeigneter Rechts- und Verwaltungsvorschriften vom 29. 11. 1973, in: Bundesanzeiger Nr. 231 vom 11. 12. 1973

– Zweiter Bericht der Bundesregierung über die Anwendung der elektronischen Datenverarbeitung in der Bundesverwaltung vom 17. 4. 1970, Bundestagsdrucksache VI/648

Burhenne, Wolfgang E./Perband, Klaus: EDV-Recht, Berlin 1970 ff.

Dammann, Ulrich: Zum Datenschutz im Einwohnerwesen, in: ÖVD 2 (1972, 2) 69–74

– Zum Vorschlag eines „Informationsbankensystems“, in: DVR 1 (1972/73, 2/3) 209–236

– */Karhausen, M./Müller, P./Steinmüller, W.*: Datenbanken und Datenschutz, Frankfurt/New York 1974

Dropmann, Elmar: Technische Probleme eines Datenverbundsystems, in: ÖVD 1 (1974, 1) 25–28

Eberle, Carl-Eugen: Verfassungsrechtliche Fragen der ADV-Organisation und das Denkmodell der „modularen Datenverarbeitung“, in: ÖVD 2 (1972, 10) 439–445

– Organisation der automatisierten Datenverarbeitung in der öffentlichen Verwaltung. Eine Untersuchung unter besonderer Berücksichtigung organisationsrechtlicher Fragen, Diss. jur. masch. Regensburg 1974

– */Garstka, Hansjürgen*: Soll das Verwaltungsverfahren durch einen bundesweiten Programmablaufplan determiniert

werden? Einige Anmerkungen zum Vollzug des BAFöG, in: ÖVD 2 (1972, 6) 265 f.
– Staatliche Informationsansprüche im Rahmen der Ausbildungsförderung. Zur Behandlung der Problematik von Personeninformationen im BAFöG, in: ÖVD (1972, 8) 342–344
Egloff, Willi: Die Informationslage des Parlaments. Eine Untersuchung zur Gesetzgebungslehre am Beispiel des Deutschen Bundestages und der Schweizerischen Nationalversammlung, Zürich 1974
Esser, Josef: Vorverständnis und Methodenwahl bei der Rechtsfindung, Frankfurt/Main 1970
Fehl, Gerhard: Information ist alles ... Anmerkungen zu staatlich-kommunalen Informations-Systemen in der BRD, in: *Gerhard Siel/M. Kühnert* u. a. (Hg.): Planung und Information, Materialien zur Planungsforschung, Gütersloh 1972, 264–314
– Kreativer Föderalismus, in: ÖVD 4 (1972, 1) 4–14
Fiedler, Herbert: Automatisierung im Recht und juristische Informatik, in: JuS 10 (1970) 432–436, 552–556, 603–607; 11 (1971) 67–71, 228–233
– Theorie und Praxis der Automation in der öffentlichen Verwaltung. Zur Konzeption einer anwendungsorientierten „Informatik" für Recht und Verwaltung, in: ÖVD 1 (1971) 92–99
– Wandlungen der „Automationsgerechten Rechtsetzung", in: DVR 1 (1972/73, 1) 41–55
– *von Berg, Malte*: Stichworte zur Rechtsinformatik-Ausbildung an den Juristischen Fakultäten, in: DVR 2 (1973/74, 2/3) 231–241
Fuchs, E.: Gedanken zur organisatorischen Eingliederung der ADV in der öffentlichen Verwaltung, in: ÖVD 3 (1973, 3) 99–102
Geiger, Hansjörg/Schneider, Jochen: Computer, Grundbuch und Sicherheit in der EDV, in: ÖVD 3 (1973, 8) 352–359
Genscher, Hans-Dietrich u. a.: Moderne Mittel des Verwaltungshandelns, Bad Godesberg 1970
– Die öffentliche Verwaltung im Kräftefeld der Datenverarbeitung, in: ÖVD 1 (1971, 0), 4 f.
Göttlinger, Franz/Schneider, Jochen: Elektronische Datenverarbeitung im Grundbuch (Beiträge zur integrierten Datenverarbeitung der öffentlichen Verwaltung 3), Siemens AG, München 1972 (Neubearbeitung von *Siemens AG*: Elektronische Datenverarbeitung im Grundbuchwesen. Ein Einsatzvorschlag, München 1970)
– Die Automatisierung des Grundbuchs, in: DSWR 4 (1974, 1) 25–32
Goller, Friedrich/Scheuring, Heinrich/Trageser Alfred: Das KI-System. Automatisierte Kommunikation und Information in Politik und eVrwaltung, Stuttgart u. a. 1971
Grochla, Erwin: Management-Informationssysteme als eine Herausforderung an sche Forschung, in: *Grochla/Szyperski*: die betriebswirtschaftlich-organisatori-Management-Informationssysteme,Wiesbaden 1973, 19 ff.
von der Groeben, Wolfgang: Informationsrecht der Parlamente im Rahmen der Neuorganisation der ADV – eine Übersicht, in: ÖVD 4 (1974, 1) 38–40
Hasselkuß, Andrea/Kaminski, Claus-Jürgen: Sozialdaten in einem Informationssystem für den Rechtsanwender, in: DVR 1 (1972/73, 2/3) 237–256
Hessische Landesregierung: Grundsätze für die automationsfördernde Gestaltung von Vorschriften, in: Hess. Staatsanzeiger 1974, 8, 346 f.
Hessische Zentrale für Datenverarbeitung (Hg.): Großer Hessenplan. Entwicklungsprogramm für den Ausbau der Datenverarbeitung in Hessen („Hessen '80"), Wiesbaden 1970
– Politische Entscheidungshilfen und Dokumentation. Hessisches Planungsinformations- und nAalyse-System (HEPAS), Wiesbaden 1971
Hessischer Datenschutzbeauftragter: Erster Tätigkeitsbericht, in: Hessischer Landtag, Drucksache 7/1495 (1972)
– Zweiter Tätigkeitsbericht, in: ebd. 7/3137 (1973)
Heußner, Hermann: Computer und juristische Dokumentation, in: Bundesarbeitsblatt 22 (1971) 175–180
Hopt, Claus: Finale Regelungen, Experimente und Datenverarbeitung in Recht und Gesetzgebung, in: Juristenzeitung 27 (1972) 65–75
– Simulation und Planspiel in Recht und Gesetzgebung, in: DVR 1 (1972/73, 1)

1–14
Interministerielle Arbeitsgruppe beim BMI: Das Informationsbankensystem. Vorschläge für die Planung und den Aufbau eines allgemeinen arbeitsteiligen Informationsbankensystems für die Bundesrepublik Deutschland, Bd. I–III, Köln u. a. 1971 f.
Istituto per la Documentazione Giuridica (Hg.): Bolletino bibliografico d'informatica generale e applicata al diritto (Florenz) 1 ff. 1972 f.
Jähnig, Werner: Automatisierte Datenverarbeitung in der öffentlichen Verwaltung, Köln/Berlin 1971
Jarass, Hans D.: Executive Information Systems and Congress (Arbeitspapiere Rechtsinformatik 11) Berlin 1974
Jessen, E.: Welche Verantwortung tragen die Informatiker für die Folgen der maschinellen Datenverarbeitung?, in: GMD-Spiegel 1974, 1, 4–8
Justizministerium Baden-Württemberg (Hg.): Soll-Konzept-Automation des Mahnverfahrens (Arbeitspapiere Rechtsinformatik 10) Berlin 1974.
Karhausen, Mark O.: Datenschutz bei Datenbanken für Umfragen, in: *Dammann*: Datenbanken) 91–110
Kilian, Wolfgang: Juristische Entscheidung und elektronische Datenverarbeitung. Methodenorientierte Vorstudie (Beiträge zur juristischen Informatik 3), Frankfurt 1974
Kirsch, Werner: Auf dem Weg zu einem neuen Taylorismus?, in: IBM-Nachrichten 23 (1973, 215) 561–566
Klaus, Georg: Semiotik und Erkenntnistheorie, Berlin² 1969
– Wörterbuch der Kybernetik (Berlin-Ost 1968 =) Fischer Taschenbuch 1073/1074, Frankfurt a. M./Hamburg 1969
Knapp, Viktor: Über die Möglichkeit der Anwendung kybernetischer Methoden in Gesetzgebung und Rechtsanwendung, in: Archiv für Rechts- und Sozialphilosophie 19 (1963, 1) 45–56
Kôkai, Titus R.: Gesichtspunkte der Abfassung von Grundsätzen zur automationsgerechten Gestaltung von Rechts- und Verwaltungsvorschriften, in: ÖVD 2 (1972, 3) 91–95; (1972, 4) 159–165
Kommunale Gemeinschaftsstelle für Verwaltungsvereinfachung: Arbeitsergebnisse mit Stichwortverzeichns. Stand: 1. 1. 1972., Köln 1972
– (Mitteilungen; u. a. Material: laufend)
Laisiepen, Klaus/Lutterbeck, Ernst/Meyer-Uhlenried, Karl-Heinrich: Grundlagen der praktischen Information und Dokumentation. Eine Enführung. München-Pullach/Berlin 1972
Landeshauptstadt München, Stadtentwicklungsreferat (Hg.): Kommunales Planungsinformations- und Analysesystem für München (KOMPAS), o. O., o. J. (1973)
Larenz, Karl: Methodenlehre der Rechtswissenschaft. Berlin u. a.² 1969
Lenk, Hans: Erklärung, Prognose, Planung. Skizzen zu Brennpunktproblemen der Wissenschaftstheorie, Freiburg 1972
Lenk, Klaus: Wie lassen sich (de-)zentralisatorische Wirkungen der Verwaltungsautomation bestimmen?, in: ÖVD 4 (1974, 3) 109–112
– Perspektiven des Kabelfernsehens (im Druck)
Loewe, Walter: Mehr Rechtsschutz für den Bürger?, in: Der Betriebsberater 27 (1972, 1) 21–24
Luhmann, Niklas: Recht und Automation in der öffentlichen Verwaltung. Eine verwaltungswissenschaftliche Untersuchung, Berlin 1966
Lutterbeck, Bernd: Das Informationsrecht des Parlaments. Ein Beitrag zur staatsrechtlichen Planungsdiskussion (Arbeitstitel) Diss. jur. masch. Regensburg 1973
Maxeiner, Klaus/Dietrich, Klaus-Dieter/Ringhoffer, Johann: Das Projekt Landesinformationssystem Rheinland-Pfalz – Erste IMS-Anwendung im öffentlichen Bereich von Bund und Ländern, in: IBM-Nachrichten 23 (1973, 218) 847–854
Miller, Arthur R.: Der Einbruch in die Privatsphäre. Datenbanken und Dossiers (mit einem Vorwort von *Spiros Simitis).* Neuwied/Berlin 1973 (Michigan 1971)
Müller, Paul J.: Datenschutz und Sicherung der Individualdaten der empirischen Sozialforschung, in: DSWR 3 (1974, 1) 2–12
Navarro, Joseph A. / Taylor, Jean G.: Data analyses and simulation of a court system for the processing of criminal cases, in: Jurimetrics Journal 9 (1968/69, 2) 101–126.
Niedersächsischer Minister des Innern: Grundsätze für die Abfassung automationsgerechter Vorschriften, in: Niedersächsisches Ministerialblatt 26/1970

Niemeyer, Gerhard: Systemsimulation. Studienbuch, Frankfurt a. M. 1973
OECD (Hg.): Computer und das Fernmeldewesen (Informatics Studies 3) 1974
von Oertzen, Hans-Joachim: Automationsgerechtigkeit von Gesetzen, in: Deutscher Juristentag: Datenverarbeitung im Recht (Sitzungsbericht T zum 48. Deutschen Juristentag), München 1970 T 29–34
Osswald, Albert: Verwaltungsreform und elektronische Datenverarbeitung. Ein Modell zur Diskussion gestellt, in: Land und Gemeinde (1970, 2) 3–24
Philips, Horst: Überlegungen zur Einführung eines Kennzeichens für juristische Personen, Personenmehrheiten und Institutionen (Gruppenkennzeichen), in: ÖVD 4 (1974, 4) 158–163
Podlech, Adalbert: Verfassungsrechtliche Probleme öffentlicher Informationssysteme, in: DVR 1 (1972, 2/3) 149–169
Rattel, Paul Norbert/Göttlinger, Franz/Kobes, Helmut/Miller, Friedrich: Rahmen-Soll-Konzept Grundstücksdatenbank (Abeitspapier Rechtsinformatik 5), München 1971
Rendels, Heinz J.: Automationsgeeignete Vorschriften im Steuerverfahren, in: DSWR 3 (1974, 4) 98–104
Rödig, Jürgen: Axiomatisierbarkeit juristischer Systeme, in: DVR 1 (1972/73, 2/3) 170–208
Ruckriegel, Werner: Quo vadis, ADV?, in: ÖVD 3 (1973, 1) 1–16
– Aspekte des DV-Verbundes, in: ÖVD 4 (1974, 1) 14–24
Schlink, Bernhard: Artificial Intelligence im juristischen Informationssystem (im Erscheinen)
Seidel, Ulrich: Ergebnisse und Perspektiven juristischer Benutzerforschung, in: Nachrichten für Dokumentation 24 (1973, 6) 242–251
Siemens AG: Bayerisches Informationssystem (Beiträge zur integrierten Datenverarbeitung in der öffentlichen Verwaltung Bayerns 1), München [2]1970 Überarbeitung von *Siemens AG:* Bayerisches Informationssystem. Gedanken und Vorschläge zu einer integrierten Datenverarbeitung in der öffentlichen Verwaltung Bayerns, (München [1]1970)
Simmerding, Franz: Grundbuch- und Liegenschaftskataster im Hinblick auf die Gesellschaft von morgen, in: DVR 2 (1973/74, 1) 110–117
– *Göttlinger, Franz:* Integration von Liegenschaftskataster und Grundbuch in einer Grundstücksdatenbank, in: ÖVD 3 (1973, 4) 147–153
Simitis, Spiros: Datenschutz – Notwendigkeit und Voraussetzungen einer gesetzlichen Regelung, in: DVR 2 (1973, 2/3) 138–189
Spillecke, Hermann: Probleme automationsgerechter Gesetzgebung, in: IBM-Nachrichten 21 (1971, 208) 865–867
Scheubel, Josef: Automationsfreundliche Vorschriftengebung, in: DSWR 2 (1973, 26) 322–326
Schmidt, Werner: Grundsätzliche und methodische Probleme automativer Normsetzung bei einer Umstellung des Grundbuchs auf elektronische Datenverarbeitung, in: DVR 1 (1972/73, 4) 329 bis 349
Schubert, Wolfram/Steinmüller Wilhelm: JUDAC – Jurisprudence – data processing – cybernetics (Internationale Bibliographie), München 1971
Stadler, Gerhard: Records, Computers and the Rights of Citizens. Datenschutzbericht in den USA, in: DSWR 3 (1974, 4) 123–125
Steinmüller und Arbeitsgruppe Rechtsinformatik an der Universität Regensburg: EDV und Recht. Einführung in die Rechtsinformatik (Juristische Arbeitsblätter, Sonderheft 6), Berlin 1970 (Sonderheft 1)
– u. a.: Grundfragen des Datenschutzes. Gutachten im Auftrag des Bundesministeriums des Innern (Juli 1971), in: Bundestagsdrucksache VI/3826 (Anlage 1) 5–193
– Rechtsfragen der Verwaltungsautomation in Bayern, in: data report 6 (1971) 24–30
– Rechtsinformatik, Elektronische Datenverabeitung und Recht, in: JR 1971, 1, 1–9
– Auswirkungen der elektronischen Datenverarbeitung auf Regierungs- und Gesellschaftssystem, in: Hessische Hochschulwochen Bd. 73, Bad Homburg/Berlin/Zürich 1972, 45–62
– Rechtstheorie, Rechtsinformatik und Rechtspolitik, in: Jahrbuch für Rechtssoziologie und Rechtstheorie 2 (1972) 373 bis 388
– Gegenstand, Grundbegriffe und Syste-

matik der Rechtsinformatik. Ansätze künftiger Theoriebildung, in: DVR 1 (1972/73, 2/3) 113–148
– Leitungswissenschaft. Eine sozialistische Verwaltungswissenschaft?, in: Die Verwaltung 6 (1973, 1) 1–69
– Medizinische Informationssysteme und ärztliches Schweigerecht, in: Verband der Ärzte Deutschlands (Hartmannbund) e.V. (Hg.): Schweigepflicht und Schweigerecht des Arztes, o.O. (Bonn) 1973 37–54
– Schutz vor Datenschutz? Informationskontrolle und planende Verwaltung, in: IBM-Nachrichten 23 (1973, 218) 830–835
– (Hg.): Systemanalyse als Hilfsmittel für den Entwurf von Informationssystemen (Arbeitspapiere Rechtsinformatik 8), Berlin 1973
– (Hg.): ADV und Recht. Einführung in die Rechtsinformatik und das Recht der Informationsverarbeitung (Sonderheft II) (Juristische Arbeitsblätter, Sonderheft 6) Berlin 1974 (zugleich Neubearbeitung von Sonderheft I)

Taylor, Donald W.: Problem Solving, in: International Encyclopedia of the Social Sciences, vol. 12 (1968) 505–511

Tiedemann, Klaus/Sasse, Christoph: Delinquenzprophylaxe, Kreditsicherung und Datenschutz in der Wirtschaft, Köln u. a. 1973

Uhlig, Sigmar/Seidel, Ulrich (Hg.): Informationsverhalten und Informationsbedarf von Juristen. Eine Erhebung von Infratest Sozialforschung, München, im Auftrag des Bundesministeriums der Justiz und der Gesellschaft für Mathematik und Datenverarbeitung, Teil 1: Analyse-Band: DVR Beiheft 2, Berlin 1974

Winkler, Paul: Datenaustausch zwischen Wirtschaft und öffentlicher Verwaltung am Beispiel der Sozialversicherung, in: ÖVD 1 (1971, 1) 26–31

Wörch, G.: Fragenliste für einen Vermittlungsrechner, in: ÖVD 4 (1974, 1) 28–30

Wolters, Martin F.: Über einige Perspektiven der Mensch-Maschine-Kooperation. Welche neuen Möglichkeiten bietet der Computer als Arbeitsinstrument?, in: data report 1974, 1, 4–8

Wortmann, Heinrich: Die Chancen der Datenfernverarbeitung in der öffentlichen Verwaltung, in: ÖVD 4 (1974, 2) 66–69

Zentrum Berlin für Zukunftsforschung e.V. (Hg.): Berliner Simulationsmodell (BESI), 3. Zwischenbericht (ZBZ-Bericht 7) Berlin 1970

Zimmermann, Dieter: Gemeinsame Daten-Banken für die Verwaltung und die Wirtschaft, in: ÖVD 3 (1973, 3) 130–140

Zuse, Konrad: Computer und Bürokratie, in: DSWR 1 (1971/72, 9) 257–262

ANLAGE I

Automatisierbare Aufgaben der Kommunalverwaltung (sog. Funktionskatalog der KGSt, Stand: 1. 1. 1971 – nach *Jähnig* S. 27–34)

1. Funktionsgruppe Personalwesen

1. Personenbezogene Leistungen
1.1 Berechnen und Zahlbarmachen der Gehälter
1.2 Berechnen und Zahlbarmachen der Vergütungen
1.3 Berechnen und Zahlbarmachen der Löhne
1.4 Berechnen und Zahlbarmachen der Versorgungsbezüge
1.5 Berechnen und Zahlbarmachen der Ruhelöhne und Ruhegelder
1.6 Berechnen und Zahlbarmachen der Renten der Versorgungsanstalten (früher ZVK)
1.7 Berechnen, ggf. nur Zahlbarmachen von Beihilfen, Unterstützungen, Reisekosten, Kilometervergütungen, Trennungsentschädigungen, Umzugskosten, Urlaubsbeihilfen usw.
2. Hauswirtschaftliche Funktionen
2.1 Aufstellen und Fortschreiben des Stellenplanes
2.2 Aufstellen und Fortschreiben des Personaldatenbestandes (Personalkartei)
2.3 Aufstellen des Sammelnachweises „Persönliche Ausgaben"
3. Entscheidungshilfen
3.1 Statistiken, auch unter Einbeziehung überörtlicher Daten
3.2 Strukturanalysen, auch unter Einbeziehung überörtlicher Daten
3.3 Prognosen, auch unter Einbeziehung überörtlicher Daten

2. Funktionsgruppe Finanzwesen

1. Aufstellen des Haushaltsplanes
1.1 Erstellen des Haushaltsplanentwurfs einschl. der Haushaltsquerschnitte und der Anlagen
1.2 Berechnen der Ansätze für die Sammelnachweise
1.21 Personalausgaben
1.22 Schuldendienst
2. Anordnungswesen und Haushaltsüberwachung
2.1 Berechnen von Abgaben, Entgelten und sonstigen regelmäßig wiederkehrenden Einnahmen
2.11 Berechnen von Steuern
2.111 Grundsteuer
2.112 Gewerbesteuer nach Ertrag und Kapital
2.113 Gewerbesteuer nach der Lohnsumme
2.114 Hundesteuer
2.115 Getränkesteuer
2.116 Vergnügungssteuer
2.117 Sonstige Steuern
2.12 Berechnen von Gebühren und Beiträgen
2.1201 Abwasserbeseitigungsgebühren
2.1202 Müllabfuhrgebühren
2.1203 Straßenreinigungsgebühren
2.1204 Erschließungsbeiträge
2.1205 Gebühren im Garten- und Friedhofsamt
2.1206 Gebühren im Schlacht- und Viehhof
2.1207 Gebühren im Marktwesen
2.1208 Gebühren im Pfandleihwesen
2.1209 Gebühren im Bäderwesen
2.1210 Gebühren im Forstwesen
2.1211 Fremdenverkehrsabgabe
2.1212 Sonstige Gebühren und Beiträge
2.13 Berechnen von Entgelten
2.1301 Mieten und Pachten
2.1302 Schulgelder einschl. Volkshochschulgebühren
2.1303 Heimkostenentgelte
2.1304 Entgelte für stationäre Behandlung im Krankenhaus
2.1305 Entgelte für ambulante Behandlung im Krankenhaus
2.1306 Theater- und Konzertmieten
2.1307 Heranziehung zu den Zins- und Tilgungsleistungen für Wohnungsbaudarlehen
2.1308 Büchereiwesen
2.1309 Kraftfahrzeugbenutzungsentgelte
2.1310 Grabpflegeentgelte
2.1311 Verbrauchsabrechnung für Betriebe (Gas, Wasser, Strom usw.)
2.1312 Sonstige Entgelte
2.14 Berechnen von sonstigen regelmäßig wiederkehrenden Einnahmen (z. B. Zuweisungen)
2.2 Berechnen und (oder) Zahlbarmachen von regelmäßig wiederkehrenden Leistungen (Ausgaben)
2.21 nach dem Bundessozialhilfegesetz
2.22 nach dem Lastenausgleichsgesetz
2.23 nach dem Jugendwohlfahrtsgesetz
2.24 nach dem Unterhaltssicherungsgesetz
2.25 nach dem Wohngeldgesetz
2.26 nach dem Ausbildungsförderungsgesetz
2.27 nach sonstigen Rechtsgrundlagen
2.3 Berechnen von Einzeleinnahmen (nicht wiederkehrende)

2.4 Berechnen von Einzelausgaben (nicht wiederkehrende)
2.5 Haushaltsüberwachung
3. Kassenwesen
3.1 Zeitbuchführung
3.2 Fertigung der Überweisungsträger
3.3 Führen der Bankkontogegenbücher, Scheckverzeichnisse
3.4 Bankabbuchungsverfahren (Lastschriftverfahren)
3.5 Daueraufträge
3.6 Mahnungen und Fertigung der Unterlagen für die Beitreibung
4. Rechnungswesen
4.1 Allgemeines Rechnungswesen
4.11 Führen der Personenkonten
4.12 Führen der Sachkonten
4.13 Erstellen der Monatsabschlüsse
4.14 Auflösen der Sammelnachweise
4.15 Erstellen der Kassen- und Haushaltsrechnung
4.2 Betriebliches Rechnungswesen und/oder Geschäfts- und Finanzbuchhaltung
4.21 im Krankenhaus
4.22 im Tiefbauamt
4.23 im Garten- und Friedhofsamt
4.24 im Straßenreinigungs- und Fuhramt
4.25 im Schlacht- und Viehhof
4.26 im Forstamt
4.27 in den Betrieben (Gas, Wasser, Strom usw.)
4.28 in sonstigen Dienststellen
4.3 Materialabrechnung (Lagerbuchführung)
4.31 im Krankenhaus
4.32 im Tiefbauamt
4.33 im Garten- und Friedhofsamt
4.34 im Straßenreinigungs- und Fuhramt
4.35 im Schlacht- und Viehhof
4.36 im Forstamt
4.37 in den Betrieben (Gas, Wasser, Strom usw.)
4.38 in sonstigen Dienststellen
5. Vermögensbuchführung und Vermögensrechnung
5.1 Fortschreiben des Vermögens (Verbundrechnung)
5.2 Berechnen der Abschreibungen
5.3 Darlehensforderungen
5.4 Schuldendienst
5.5 Führen des Vermögenssachbuches
5.6 Erstellen der Vermögensrechnung
6. Entscheidungshilfen im Finanzwesen
6.1 Statistiken, auch unter Einbeziehung überörtlicher Daten
6.2 Strukturanalysen, auch unter Einbeziehung überörtlicher Daten
6.3 Prognosen, auch unter Einbeziehung überörtlicher Daten
6.4 Mittelfristige Finanzplanung einschl. Investitionsplanung mit Folgekostenberechnung (als Beispiel einer Prognose)

3. Funktionsgruppe Einwohnerwesen

1. Speichern des Einwohnerdatenbestandes (Datenbank)
2. Programmgesteuertes Verarbeiten von Einwohnerdaten
2.1 für Lohnsteuer und Wahlen
2.2 für den Bereich der öffentlichen Sicherheit und Ordnung
2.201 Führen von Gesundheitskarteien
2.202 Bereitstellen von Daten für Impfungen
2.203 Bereitstellen von Daten für Röntgenreihenuntersuchungen

2.204 Führen des Gewerberegisters
2.205 Führen der Kraftfahrzeughalterkartei
2.206 Führen der Führerscheinkartei
2.207 Bereitstellen der Daten für die Wehrerfassung
2.208 Bereitstellen der Daten für den zivilen Bevölkerungsschutz
2.209 Bereitstellen von Daten über Ausländer
2.210 Selektierter Adressenausdruck für die freiwillige Polizeireserve (Berlin)
2.21 Überwachen der Ablaufdaten von Reisepässen und Personalausweisen
2.212 Erfassen der 21jährigen für das Zentralmeldeamt der Bundespolizeidirektion (Österreich)
2.213 Bereitstellen von Daten für Obdachlose
2.3 für sonstige Funktionen
2.301 Bereitstellen der Daten für die Schöffenauswahl
2.302 Führen der Kartei für die Jugendpflege
2.303 Bereitstellen von Daten für Jungbürger
2.304 Bereitstellen von Daten über Schulanfänger
2.305 Bereitstellen von Daten über Alters- und (oder) Ehejubilare
2.306 Bereitstellen von Daten für das Adreßbuch
2.307 Bereitstellen von Daten für die Kirchengemeinden
2.308 Bereitstellen von Daten über kinderreiche Familien
2.309 Bereitstellen von Daten für die Heimaufsicht nach dem Jugendwohlfahrtsgesetz
2.310 Zentralregister aller Personenstandsfälle
3. Entscheidungshilfen im Einwohnerwesen
3.1 Statistiken, auch unter Einbeziehung überörtlicher Daten
3.2 Strukturanalysen, auch unter Einbeziehung überörtlicher Daten
3.3 Prognosen, auch unter Einbeziehung überörtlicher Daten

4. Funktionsgruppe Bauwesen

1. Einrichtung und Fortführung der Datenbank für
1.1 Grundstücksdaten (Liegenschaftskataster)
1.11 mit den Folgedateien
1.111 Grenzpunktkoordinaten
1.112 Wertkataster
1.113 Städtische Grundstücke
1.114 Ortsbaurecht
1.12 mit den Sachdateien für alle Fachbereiche des Bauwesens
1.121 Richtwerte für Kosten und Zeitaufwand
1.122 Standardleistungskatalog einschl. Kurztexte
1.123 Mittelpreistabellen
1.124 Städtische Gebäude
1.2 Straßendaten (Straßenkataster) mit den Folgedateien
1.21 Netzknotenfolge
1.22 Stationierungsdaten
1.23 Querschnittsdaten
1.24 Streckendaten
1.3 Bauwerksdaten
1.4 Daten der Abwässerbeseitigung (Kanalkataster)
1.5 Daten der Versorgungsbetriebe (Leitungskataster)
1.6 Daten der öffentlichen Wasserläufe und Gewässer
2. Programmgesteuertes Verarbeiten von Daten für
2.1 Funktionskreis „Stadtentwicklungsplanung"
2.2 Funktionskreis „Investitionsplanung und -kontrolle"
2.21 Langfristige Investitionsplanung
2.22 Mittelfristige Investitionsplanung
2.23 Investitionskontrolle
2.3 Funktionskreis „Flächennutzungsplan"

2.31 Entwurf
2.32 Kostenschätzung
2.4 Funktionskreis „Bebauungsplanung"
2.41 Entwurf
2.42 Kostenschätzung
2.5 Funktionskreis „Bodenordnende Maßnahmen"
2.51 Ermittlung von Grundstückswerten
2.511 Kaufpreissammlung und Richtwerte
2.512 Vorbereitung Verkehrswert — Gutachten
2.52 Umlegung
2.521 Bestandsverzeichnis aus dem Liegenschaftskataster
2.522 Erstellung von Bestandsplänen
2.523 Richtwerte für Bodenwertermittlung
2.524 Zuteilungsberechnung (u. a. vermessungstechnische Berechnungen)
2.525 Aufstellung des Umlegungsplanes
2.53 Sanierung
2.531 Bestandsaufnahme
2.54 Grenzregelung
2.541 Bestandsverzeichnis aus dem Liegenschaftskataster
2.55 Enteignung und Grundstückskauf
2.551 Bestandsverzeichnis aus dem Liegenschaftskataster
2.552 Richtwerte für Bodenwertermittlung
2.6 Funktionskreis „Objektenentwurf und -ausführung"
2.61 Kostenschätzung
2.62 Entwurf
2.621 Hochbau
2.6211 Geländeaufnahme
2.6212 Massenermittlung
2.6213 Statik
2.6214 Wärmebedarf
2.6215 Lichtmengen
2.6216 Akustik
2.622 Straßenbau
2.6221 Grundriß
2.6222 Aufriß (Gradienten, Decken, Planum)
2.6223 Geländeaufnahme
2.6224 Massenermittlung
2.6225 Überprüfung der Linienführung
2.6226 Bauwerksabsteckung
2.623 U-Bahn-Bau
2.624 Tunnelbau
2.625 Brückenbau
2.626 Kanalbau
2.627 Wasserbau
2.628 Deichbau
2.63 Kostenanschlag
2.64 Ausschreibung
2.65 Angebotsauswertung
2.66 Mittelüberwachung
2.67 Leistungserfassung als Rechnungsgrundlage
2.671 Massenermittlung
2.672 Prüfung
2.68 Abrechnung (Verwendungsnachweis, Revisionsnachweis)
2.7 Funktionskreis „Objektverwaltung"
2.701 Verkehrszählung
2.7011 Fließender Verkehr

2.7012 Ruhender Verkehr
2.702 Berechnung von Steuerungsprogrammen für Signalanlagen
2.703 Verkehrsabhängige Steuerung von Signalanlagen
2.704 Energie- und Wärmebilanz
2.705 Bewirtschaftung und Betrieb von Gebäuden
2.706 Bauwerksüberwachung
2.707 Führung und Fortführung des Kanalbetriebsvermögens (vgl. auch Funktionsgruppe Finanzwesen)
2.708 Hydraulische Kanalnetzberechnungen
2.709 Registrierung und Auswertung von Regenmessungen, Grundwasserständen und Wasserstandsmessungen
2.710 Lagerhaltung von Bau- und Betriebshöfen (vgl. auch Funktionsgruppe Finanzwesen)

5. Funktionsgruppe Dokumentation und Information

1. Dokumentation für
1.11 Bücher und sonstiges Schriftgut
1.12 Archivalien
1.13 den medizinischen Bereich
1.14 den kriminalpolizeilichen Bereich
1.15 den rechtlichen Bereich

6. Funktionsgruppe wissenschaftliche Berechnungen

1. Wissenschaftliche Berechnungen für
1.11 Netzwerke (Netzplantechnik)
1.12 Regionalpläne
1.13 die Verfahrensforschung (operation research)
1.14 den medizinischen Bereich (z. B. Nuklearmedizin)

ANLAGE II

A. Automatisierbare Aufgaben der Landesverwaltung (nach: *Goller* u. a. S. 87–91)

Der Katalog der automatisierbaren Aufgaben einer Landesverwaltung ist weitaus vielfältiger als der Katalog in den Kommunalverwaltungen (vgl. Anlage I) und umfaßt beispielsweise nach einer Bestandsaufnahme der hessischen Zentrale für Datenverarbeitung in Wiesbaden 468 automatisierbare Aufgaben (vgl. Hessen '80, Datenverarbeitung, S. 147). Eine Einzeldarstellung ist daher zu umfangreich. Es sollen deshalb nur die einzelnen Funktionsgruppen mit ihren wichtigsten Aufgaben aufgeführt werden. Generell hat dieser Katalog auch Gültigkeit für die Aufgaben in den anderen Bundesländern. Die einzelnen Funktionsgruppen stellen sich wie folgt dar:

1. Personalwesen

Berechnen und Zahlbarmachen der Dienst- und Versorgungsbezüge, Vergütungen und Löhne einschließlich sonstiger Leistungen
Stellenplan, Personaldatei und sonstige Funktionen im Personalwesen
Statistiken, Analysen und sonstige Entscheidungshilfen (z. B. Personalstatistiken)

2. Finanzwesen

Haushaltsplan (Aufstellung und Ausführung)
Kassenwesen (Buchführung)
Rechnungswesen (Rechnungslegung)
Steuern, Gebühren, Beiträge (Festsetzung der verschiedensten Steuern wie Einkommen-, Körperschafts-, Umsatzsteuer, Kfz-Steuer usw.)
Einheitsbewertung des Grundbesitzes

Finanzausgleich (Schlüsselzuweisungen, Gewerbesteuerumlage, Ergänzungsanteile)
Staatsvermögens-, Staatsschuld- und Liegenschaftsverwaltung (z. B. Mieten, Pachten)
Finanzplanung
Statistiken, Analysen und sonstige Entscheidungshilfen (z. B. Landesfinanzstatistiken, Schuldenstandsstatistik des Landes, Jahresrechnungsstatistik der Gemeinden, Umsatzsteuer-, Lohnsteuer- und Einkommensteuerstatistiken)

3. *Einwohnerwesen*

Zentrale Vergabe des Personenkennzeichens
Wahlstatistiken
Staatsangehörigkeitsangelegenheiten, Ausländer
Volkszählungen (z. B. Volks- und Berufszählung, Wanderungsstatistiken, Geborenenstatistiken, Gestorbenenstatistiken, Eheschließungsstatistik)
Personenstandswesen
Gebäude- und Wohnungszählung

4. *Öffentliche Sicherheit und Ordnung, Gerichtswesen*

Verkehrsordnungswidrigkeiten
Kriminalpolizei (z. B. Personenfahndung, Kfz-Fahndung, Sachfahndung, Wirtschaftskriminalität, Daktyloskopie)
Zivilprozeß (z. B. Kostenfestsetzung, Erlaß von Zahlungs- und Vollstreckungsbefehlen)
Freiwillige Gerichtsbarkeit (z. B. Grundbuchwesen, Vereinsregister)
Verfahren der Staats-/Amtsanwaltschaften (z. B. Kostenrechnung in Strafsachen, Geschädigtenkarteien, Strafregisterwesen)
Strafvollzug (z. B. Führung der Betriebsbücher mit Berechnungen)
Statistiken, Analysen und Entscheidungshilfen (Strafverfolgungsstatistik, Strafvollzugsstatistik, Justizstatistik, Straßenverkehrsunfallstatistik)

5. *Wirtschaft, Landwirtschaft und Forsten*

Wirtschaft (Investitionshilfen nach Einzelprojekten, Wirtschaftszweigen, Kreisen, Gemeinden usw.)
Daten zur Erstellung von Analysen und Prognosen für Zwecke der regionalen und sektoralen Strukturpolitik
Landwirtschaft (Finanzierungshilfen, Ausgleichszahlungen, Subventionen, Betriebswirtschaft und Beratung, Acker- und Pflanzenbau, Tierzucht)
Ernährung (z. B. Durchführung des Ernährungssicherstellungsgesetzes, Bericht über Mengen- und Preisentwicklung bei Schlachtvieh, Fleisch, Eier, Geflügel)
Forsten (z. B. Holzeinnahme, Holzausgabe, Forstwegebau, Vermessung, Vermarkung, Flurbereinigung, Waldaufnahme)
Statistiken, Analysen und sonstige Entscheidungshilfen (z. B. volkswirtschaftliche Gesamtrechnungen, monatlicher Industriebericht, vierteljährliche Produktionsmeldung, Monatsbericht für das Bauhauptgewerbe, Erhebung der Wareneingänge und Warenvorräte im Handwerk, Handwerkszählung, Arbeitsstättenzählung, Fremdenverkehrsstatistik, Statistik der Baulandpreise, Bewilligungsstatistik im sozialen Wohnungsbau, Bodennutzungserhebungen, Weinerzeugungs- und Bestandsstatistik, Maschinenstatistik in der Landwirtschaft, Flächenstatistik in der Landwirtschaft, Viehzählung usw.)

6. *Technik*

Technische Rahmenplanung (z. B. Generalverkehrsplanung, wasserwirtschaftliche Rahmenplanung, Hochbaurahmenplanung)
Landesaufnahme und technische Messungen (z. B. Kartographie, Liegenschaftswesen, geologische Landesaufnahme)
Ausschreibung von Bauleistungen, Abbau, Ablaufplanung und Überwachung, Netzplantechnik (z. B. Auswertung von Straßenverkehrszählungen)
Technische Aufsicht (z. B. Arbeitsschutz, Gewässeraufsicht, Strahlenschutz, Terminpla-

nung und Zuteilung für Kfz-Prüfungen, Fahrerlaubnis-Prüfungen)
Technischer Datenbankbereich (z. B. Auswertung von Verkehrsdaten, Unfalldaten, Wasserdaten)
Zeichnerische Darstellung (Zeichnen von topographischen Karten, Zeichnen von Lageplänen, Höheplänen, Konstruktionsplänen)

7. *Sozial- und Gesundheitswesen*

Krankenhauswesen (z. B. Abrechnung für die stationären Patienten, Statistik über Belegung und Verweildauer, Lagerwirtschaft, Betriebsabrechnung, Betriebsstatistiken, Diagnostik, Laborauswertung)
Gesundheitsvorsorge (z. B. Registrierung der erfaßbaren Impfungen, Erfassung der Daten der Jahresgesundheitsberichte der Gesundheitsämter und Regierungspräsidenten)
Veterinärwesen (z. B. Abrechnung der Kosten der Schlachttier- und Fleischbeschau)
Wiedergutmachung (z. B. Auszahlung und Veränderung von Renten)
Lastenausgleich (z. B. Berechnen und Auszahlen der Kriegsschadenrenten, Statistik des Lastenausgleichs)
Versorgungsleistungen (z. B. Neuberechnung der Grundrenten)
Statistiken, Analysen und sonstige Entscheidungshilfen (z. B. Versorgungsgrade für Kindergärten, Kinderhorte, Einrichtungen für alte Menschen, Schwestern- und Personalwohnheime, Wohngeldstatistik, Statistik der Sozialhilfen, Todesursachenstatistik, Statistiken aus dem Gebiet der Kriegsopferversorgung)

8. *Bildungswesen*

Schulwesen (z. B. Lehrerdatei, Schülerdatei, Notendatei, Berechnung des Schulraumbedarfs, Berechnung der Personalkostenanteile, Erstellung von Stundenplänen für größere Schulen, computer-unterstütztes Lernen und Lehren, Auswertung von Schulaufgaben und Tests)
Hochschulen (z. B. Studierendendatei, Prognosen für die Entwicklung der Studierendenzahl)
Ausbildungsförderungsmaßnahmen (z. B. Berechnung und Zahlbarmachung der Leistungen nach dem Ausbildungsförderungsgesetz)
Erwachsenenbildung (z. B. Entwicklung und Fortschreibung der Veranstaltungspläne)
Theater, Film und Kunstsammlungen (z. B. Theaterstatistiken über Einnahmen, Ausgaben und Besucher, Erfassung und Fortschreibung von Literaturhinweisen)
Bibliotheken und Archive (z. B. Katalogisierung von Büchern und Zeitschriften, Ausleihen von Büchern, Zeitschriften)
Statistiken, Analysen und sonstige Entscheidungshilfen (z. B. Statistik der Lehrer in den verschiedenen Schulzweigen, Statistik der Hochschulprüfungen, Hochschulverlaufsstatistik)

9. *Recht und Politik (Dokumentation)*

Dokumentation des Landesrechts
Dokumentation des Pressewesens
Landesentwicklungsplan

B. Daten aus dem Bereich der sonstigen Körperschaften und Anstalten des öffentlichen Rechts

Hier sind insbesondere zu nennen:

1. Versicherten- und Sachdaten aus dem Bereich der Bundesversicherungsanstalt für Angestellte (Beitragsleistungen, Versicherungszeiten, freiwillige Beitragsleistungen usw. von rund 10 Millionen Versicherten)
2. Versicherten- und Sachdaten aus dem Bereich der Landesversicherungsanstalten, der Knappschaftsversicherung und der Seekasse (Beitragsleistungen, Versicherungszeiten für mehrere Millionen Versicherte)

3. Beschäftigtendaten und Betriebsdaten aus dem Bereich der Bundesanstalt für Arbeit mit Arbeitsämtern (z. B. Daten über Arbeitslose in den einzelnen Branchen und Regionen, Arbeitsmarktprognosen, Umschulungsmaßnahmen, Leistungen nach dem Arbeitsförderungsgesetz usw.)
4. Daten aus dem Bereich des Krankenversicherungswesens (z. B. Krankenstatistiken aufgegliedert nach Berufsgruppen und Altersschichtungen usw.)
5. Daten aus dem Bereich der Berufsgenossenschaften (Daten über Berufs- und Erwerbsunfähigkeit von Versicherten in den einzelnen Branchen u. v. a. m.).

Zusammenfassung

Der Aufsatz stellt die These auf, daß ungeachtet des vergleichsweise trivialen Standes der Automation der Rechtsanwendung und insbesondere der Justizautomation eine tiefgreifende Veränderung in der Rechtsautomation insgesamt bevorstehe, die auch vor einer Umstrukturierung der Justiz nicht halt mache, und zwar wegen der rapiden Entwicklung der Verwaltungsautomation (= strukturell ebenfalls Automation der Rechtsanwendung), die durch Aufbau zahlreicher automationsunterstützter Informationssysteme verschiedenster Arten ein solches Schwergewicht und eine solche Effizenzsteigerung erreicht, daß von ihr aus eine verwaltungsfömige Umstrukturierung der Justiz (oder, weniger wahrscheinlich, eine entsprechende Abwehrreaktion) einsetzen wird.

Zur Begründung dieser These wird folgender Weg eingeschlagen:

Nach Vorbemerkungen über Terminologie, Methode und historische Entwicklung der Rechtsautomation wird eine komplexere „interdisziplinäre" und problemorientierte Betrachtungsweise vorgeschlagen, die nicht mehr vom Endprodukt der juristischen Entscheidung, dem Urteil oder seinen Äquivalenten, ausgeht, sondern den juristischen Entscheidungsprozeß insgesamt mit allen seinen Vorstadien und seiner Einbettung in Informationssysteme mit oder ohne Computerunterstützung einbezieht. Diese system- und informationswissenschaftliche Betrachtungsweise wird ergänzt durch eine Analyse der ADV im Bereich von Staat und Recht als Mechanisierung und Automatisierung geistiger Prozesse, insbesondere von Entscheidungsprozessen. Die besonderen Eigenschaften von computerunterstützten Informationssystemen (milliardenfach größere Schnelligkeit, Zuverlässigkeit, Kapazität und Komplexität, Aufhebungen von Raum- und Zeitbeschränkungen, Anpassungsfähigkeit) führen dazu, daß sich diese Eigenschaften den entsprechenden Rechts- und Verwaltungsinformationssystemen mitteilen und von da aus eine Fülle von Auswirkungen auf das bisherige Informations- und Entscheidungsverhalten in Staat und Recht herbeiführen. Gefahren und Chancen dieser Entwicklungen, vor allem ihre allgemein- und rechtspolitischen Auswirkungen, werden diskutiert. Insbesondere der Modellcharakter von Informationssystemen (auch der juristischen Dokumentationssysteme als Unterart) erlaubt nicht nur (nach innen) eine bisher nicht für möglich gehaltene Kapazitätssteigerung der Verwaltung durch Multiplikation und Mechanisierung ihrer automatisierbaren Prozesse, sondern (nach außen) eine entsprechende Steigerung der Planbarkeit und Beherrschbarkeit gesellschaftlicher Prozesse.

Obwohl diese Entwicklung dort, wo sie am weitesten fortgeschritten ist, in der Verwaltung, immer noch in einem vergleichsweise primitiven Stadium verharrt, bietet sie dennoch so viele Vorteile, daß sich die Auswirkungen auf den Justizbereich (und analog auf die Legislative) bereits jetzt abzeichnen:

Entweder wird auch die Justiz eine eigene Informationsorganisation ausbilden, ihre Entscheidungsstruktur „automationsfreundlich" gestalten, juristische Dokumentationssysteme in übergreifende integrierte Systeme einbauen, die ihrerseits mit Verwaltungssystemen verschränkt sind, so daß also eine allgemeine Rationalisierung und Effizienzorientierung eintritt – oder (als Gegenreaktion) die Richterschaft verharrt in ihrer bisherigen Ferne zur Informationstechnologie, und damit zur Verwaltungsautomation, vermag der Entscheidungskapazitätssteigerung der Verwaltung nichts entgegenzusetzen, wird zunehmend kontrollunfähiger und verliert damit auch ihre Kontrollfunktion nicht nur gegenüber dem Bürger, sondern auch gegenüber den anderen Teilen der Staatsgewalt. Wüschenswertere

Alternativen werden diskutiert. (Auch Mittelwege oder gänzlich andere Entwicklungen sind denkbar, wenngleich weniger wahrscheinlich).

Abschließend werden die entsprechenden EDV-Rechtsnormen und ihre Funktion im Zusammenhang mit der Rechts- und Verwaltungsautomation diskutiert und auf die Kooperationsformen im internationalen Bereich hingewiesen.

Summary

The basic assumption of this inquiry is that the main development of EDP in the field of law will not take place in legal documentation systems and evenly not in the automation of judicial process, but in governmental and executive information systems (= GIS), and that this development will deeply change the whole automation in the field of law, indirectly even judicial behavior.

In order to explain this, the inquiry goes a long way. First, subject of the inquiry is not the judicial process alone. Since it can be automated in "trivial" cases only, i. e. if there is no explanatory work to be done, and since more complicated legal processes cannot reasonably be automated in lack of substantial research on judicial decision behavior (by the way the same is true with the executive and planning processes), it may be held that any non-trivial use of the computer in the field of law seems to be excluded, at least until this research will be done.

But this pessimistic assumption is not realistic. It contradicts the real development in the Federal Republic. But why? The answer lies in the nature of information processing. Information machinery is the first successful attempt of man to mechanize individual intellectual processes after having successfully mechanized handwork.

Adopting an "interdisciplinary" method, the author shows in terms of general systems theory the implications of this. – Information systems are the "factories" of information production. But these data plants show some peculiarities which make them most important for governmental purposes. Within information systems, information is ubiquitous, "eternal", and simultaneous to events happening in society. As early-warning-systems, and in several other ways, they are powerful cybernetic models of society and its parts.

Models of this kind are highly apt to experimentation and manipulation, besides to excluding participation of citizens. On behalf of their omnipresence, they cover the whole society as a network of computer utilities for the government. (Of course this is a prognosis rather than a merely empirical statement, but a prognosis with a good probability to become reality, if they are constructed the way they are planned – and the plans are well published.)

Their development has reached a stadium that will – as one of several possibilities – absorb or deeply influence other less developed parts of the state; e. g. courts and parliaments.

Details and alternatives of this possible trend are discussed. For instance, it is shown why the personal identification number is an essential element of information systems on persons, and that there are similar numbers representing other societal realities in the system, as representatives of buildings, groups, organisations, structures, and methods – simply the whole "world" is represented by coded informations.

The result is that probably the original basic assumption will become true in the near future, if no counteraction will take place. First of all, it will be necessary not to remain content with legal documentation systems, but to plan and implement additional computer-aided decision systems in aid for courts, but not only for courts alone. As far as the information technology is concerned, information systems in the field of law can help the citizen as well (the so-called "emancipatory" quality of computer-aided decision making) in case the system is a "model" developed mainly to the citizens' needs and faculties.

Which way will be gone lies not only in the bottom of future but as well in the hands of politicians – and legal experts.

Finally a survey of EDP Law in the Federal Republic is given. Its aim is to a good extent to make sure that the planning and constructing of governmental information nets will go on without – in cybernetic terms – "disturbances".

Resumen

El artículo sienta la tesis de que, no obstante la comparativamente trivial posició de la automatización de la aplicación del Derecho y especialmente de la automatización de la Justicia, es inminente en un sentido global una profunda modificación en la automatización del Derecho, la cual no se detendrá frente a la reestructuración de la Justicia y ésto, precisamente, a cause del rápido desarrollo de la automatización de la Administración (que es estructuralmente también una automatización de la aplicación del Derecho). Esta automatización de la Administración alcanza, a través de la construcción de numerosos sistemas automáticos de apoyo de las más variadas índoles, una tal preponderancia y un tal aumento de eficiencia que, por medio de ella, se producirá una reestructuración de la Justicia en forma administrativa (o, menos probable, una correspondiente reacción defensiva).

Para fundamentar esta tesis se ha seguido la siguiente vía:

Después de advertencias previas sobre terminología, método y desarrollo histórico de la automatización del Derecho, se propone un punto de vista más complejo que no parte del producto final de la decisión judicial, de la sentencia o de sus equivalentes, sino de incluir el proceso jurídico-decisorio total, con todas sus fases previas y su integración en los sistemas informáticos, con o sin apoyo de computadoras. Este punto de vista sistemático e informático-científico es completado a través de un análisis de la elaboración electrónica de datos en la esfera del Estado y el Derecho como mecanización y automatización de procesos mentales, especialmente, de procesos de decisión. Las propiedades especiales de los sistemas informáticos apoyados por computadoras (miles de millones de veces más rapidez, seguridad, capacidad y complejidad, anulación de limitaciones temporales y espaciales, adaptabilidad) conducen a que se comuniquen estas propiedades a los correspondientes sistemas informáticos del Derecho y la Administración y, de allí, a producir una abundancia de repercusiones en la anterior conducta de información y de decisión del Estado y del Derecho. Se discuten los peligros y ventajas de estos desarrollos, especialmente sus repercusiones en el campo de la política, general y legal. Especialmente el carácter modelo de los sistemas informáticos (de los cuales los sistemas de documentación jurídica son una subclase) permite, a través de la multiplicación y mecanización de los procesos automatizables, no sólo (hacia adentro) un aumento de capacidad de la Administración que hasta ahora no se creía poder alcanzar, sino también (hacia afuera) un correspondiente aumento de las posibilidades de planear y dominar los procesos sociales.

A pesar de que este desarrollo, aún alli donde mayores progresos ha hecho, es decir en la Administración, permanece todavía en una fase comparativamente primitiva, ofrece ya hoy tantas ventajas que ya hoy se vislumbran las repercusiones en la esfera de la Justicia (y analogamente en la legislativa).

O bien forma la Justicia también una propia organización informática, crea unas estructuras de decisión más abiertas a la automatización, coordina sus sistemas de documentación jurídica en sistemas integrados de modo global que, a su vez, estén ensamblados con los sistemas de la Administración de tal manera que se realice, por consiguiente, una racionalización y orientación hacia la eficiencia general, o bien (como equivalencia) permanece la Magistratura, como hasta ahora, en su anterior distanciamiento de la tecnología informática y, con ello, de la automatización administrativa, no pudiendo por ello oponer nada al aumento de la capacidad decisoria de la Administración, volviéndose crecientemente incapaz de controlarla y perdiendo aún su función de control no sólo frente a los ciudadanos sino también frente a las otras partes del poder estatal. (También términos medios o procesos de desarrollo completamente diferentes son imaginables, si bien menos probables).

Finalmente son discutidas las correspondientes normas jurídicas de la elaboración electrónica de datos en conexión con la automatización del Derecho y la Administración y se indican las formas de cooperación en la esfera internacional.

Werner Robert Svoboda

Automatisierte juristische Informations- und Dokumentationssysteme in Österreich

Übersicht

1 Bedeutung juristischer Informationssysteme

1.1 Informationssysteme im Recht sind in den letzten Jahren ein aktueller Forschungsbereich geworden. Dies zeigt nicht zuletzt auch die Tatsache, daß er als eines der Verhandlungsthemen für den diesjährigen Kongreß für Rechtsvergleichung gewählt wurde.

Eine Vielzahl juristischer Informationssysteme wurde geplant, Modelle mehr oder weniger umfangreicher Größe wurden erstellt[1], und eine umfangreiche Literatur beschäftigt sich mit diesen Problemen. Alle diese Anstrengungen zeichnen sich dadurch aus, daß juristische Informationssysteme (noch) kaum tatsächlich in Gebrauch stehen; sie befinden sich in irgendeinem Entwicklungsstadium und sind oft auch darin steckengeblieben.

---

[1] Allein für die BRD zählt *Berger*, DSWR 1973, S. 336, sechs Projekte EDV-unterstützter Rechtsdokumentation auf.

Diese Tatsache könnte an der für solche Großprojekte nötigen Entwicklungszeit beziehungsweise an der Neuartigkeit der Vorhaben liegen, es könnten aber auch andere Ursachen vorliegen.

1.2 Das Thema dieser Abteilung fordert zum Vergleich verschiedener Systeme auf. Von mindestens ebensolcher Bedeutung wäre es allerdings, anstelle dieser meines Erachtens technologisch verkürzten Fragestellung diejenigen Fragen zu diskutieren, die die Wechselwirkungen zwischen Informationssystemen und der Gesellschaft beziehungsweise den gesellschaftlichen Problemen aufwerfen. Dabei könnte auf zwei verschiedenen Ebenen angesetzt werden:

– Wie kann der bestehende (d. h. hypothetisch postulierte oder von den Betroffenen selbst festgelegte) Informationsbedarf der Entscheidungsträger (definiert als juristisch Tätige) befriedigt werden und welche Auswirkungen hätte eine bestimmte Informationsbedarfsdeckung auf das „Funktionieren" der Rechtsordnung?
– Wie schaut der Informationsbedarf und die Informationsgestaltung und -vermittlung für welche Personen aus, damit bestimmte Ziele (z. B. auch für den Einzelnen direkt wirksam gestaltete Rechtsschutzinstitutionen) erreicht werden?

Aus der Gegenüberstellung dieser beiden Fragen ergibt sich, daß die erste Fragestellung im Hinblick auf die zweite u. a. die Grundentscheidung, wer informiert werden soll, vorweggenommen hat. Um bei der ersten Fragestellung zu bleiben: Was nun als bestehender Informationsbedarf angenommen wird, ergibt sich daraus, welche Dokumentarten üblicherweise in juristischen Informationssystemen aufgenommen werden (sollen). Geht man davon aus, daß in den bestehenden, geplanten oder schon sanft entschlummerten Systemen in aller Regel Rechtsvorschriften, parlamentarische Materialien, Gerichtsentscheidungen, generelle Verwaltungsakte und Literatur Aufnahme finden und zählt man zu den Entscheidungsträgern auch die Rechtswissenschaftler (was höchstens insofern stimmt, als sie die eigentlichen Entscheidungsträger beeinflussen) und leitet man den Informationsbedarf hypothetisch aus den den Entscheidungsträgern zugewiesenen Aufgaben ab, so ergibt sich folgendes Bild:

Verwaltung als Normenvollzug
– Entscheidungen der Gerichtshöfe des öffentlichen Rechts
– Geltende Rechtsvorschriften (und Richtlinien)
  (von geringerer Bedeutung für ein umfassendes Informationssystem, da die benötigten Rechtsvorschriften in aller Regel vorhanden sind)

Zivil- und Strafgerichte
– Vorentscheidungen
– Geltende Rechtsvorschriften (von geringer Bedeutung)
– Literatur (wenn man den eher theoretischen Standpunkt vertritt, daß der Richter rechtswissenschaftliche Erkenntnisse berücksichtigt)

Öffentliche Gerichtsbarkeit
– Vorentscheidungen
– Geltende Rechtsvorschriften
– Außer Kraft getretene Rechtsvorschriften

– Parlamentsmaterialien (als Interpretationshilfe)
– Literatur

Berufsmäßige Rechtsberatung
– Vorentscheidungen
– Geltende Rechtsvorschriften (ist im Zivil- und Strafrecht wohl kein Problem, kommt nur für den Bereich des Verwaltungsrechts zum Tragen)

Parlamentarisch-politischer Bereich (Gesetzesvorbereitung, Regierung, Opposition usw.)
– Entscheidungen der obersten Gerichtshöfe
– Existierende Rechtsvorschriften
– Ausländische Rechtsvorschriften
– Parlamenstmaterialien
– Literatur

Rechtswissenschaften
– Sämtliche genannten Dokumentarten

Dieser grobe Überblick müßte nun verschiedentlich eingeschränkt werden. Die Verwaltung weiß in aller Regel über die von ihr zu vollziehenden Rechtsvorschriften genügend Bescheid. Ebenso erscheint die Kenntnis der (sich selten ändernden) straf- und zivilgerichtlichen Rechtsvorschriften unproblematisch. Die Literatur wird in vielen Fällen eine nur untergeordnete Rolle spielen usw.

Ein juristises Informationssystem herkömmlicher Konzeption ist daher im Grunde für nicht besonders viele Benützer interessant. Dazu kommt noch, daß die Adressaten solcher IS kaum Interesse daran haben, ihren Handlungsspielraum noch weiter eingeschränkt zu sehen (wenn alle Entscheidungen leicht zugänglich sind, müssen Richter alle Entscheidungen berücksichtigen, um sich keinen Vorwürfen auszusetzen; ebenso die Rechtswissenschaftler für alle Quellen usw.). Die Öffentlichkeit nimmt diese Versuche der Bewältigung juristischer Informationen (zu Recht) apathisch zur Kenntnis, da sich der Einzelne zur Befriedigung seiner Rechtsschutzbedürfnisse sicher nie solcher Einrichtungen wird bedienen können: die juristischen Informationssysteme sind ja für Juristen gemacht. Die eigentlichen Machtträger im Staat bedürfen einer Unterstützung durch derartige Informationssysteme nicht (vielleicht mit Ausnahme gewisser parlamentarischer Materialien, die in politischen Diskussionen als Argumentationshilfen verwendet werden können). Sollte dies vielleicht dafür mitentscheidend sein, daß man solange suchen muß, um ein operationelles juristisches Informationssystem zu finden?

1.3 Andererseits mag das große Interesse, mit dem diese Probleme diskutiert werden, an der heute vorherrschenden Tendenz liegen, auftauchende Probleme mit bloß technologischen Mitteln beseitigen zu wollen und mit der Technologiediskussion die bestehende grundsätzliche Unsicherheit zu verdecken. Bietet die Rechtsordnung noch eine ausreichende Grundlage dafür, daß sich eine Gesellschaft mit den heute geforderten Rationalitätsansprüchen organisieren und entsprechende Entscheidungsgrundlagen für die innerhalb der Gesellschaft ablaufenden Prozesse liefern kann? Genügt es im Hinblick auf unseren konkreten Anlaß, daß die vielzitierte Informationsflut aufbereitet und den überkommenen

Entscheidungsträgern leichter zugänglich gemacht wird, um die Probleme (hier z. B. die Transparenz der Rechtsordnung und der aus einem bestimmten Demokratieverständnis heraus geforderte Vollzug der Rechtsordnung) zu lösen? Vielleicht liegt das Problem grundsätzlich anders, als es uns hier gestellt wurde: Nicht die Informationsmenge und deren Bewältigung durch juristische Informationssysteme, sondern die Aufteilung der Informationen auf die zu wenigen Entscheidungsträger könnte das eigentliche Problem sein. Dann hilft allerdings ein juristisches Informationssystem herkömmlicher Struktur nicht weiter!

2 Allgemeine Situation in Österreich

2.1 Keine operationellen Systeme

Nach dieser allgemeinen Hinterfragung von Sinn und Zweck juristischer Informationssysteme möchte ich nun doch zum eigentlich gestellten Thema kommen. Faßt man den Begriff juristisches Informationssystem eng und rechnet dazu nur diejenigen Systeme, in denen die Dokumentarten Rechtsvorschriften (generelle Normen), parlamentarische Materialien, Judikatur und juristische Literatur aufgenommen werden, so existiert in Österreich kein operationelles[2] System, das auch nur einen der genannten Teilbereiche abdeckt[3].

Diese Situation besteht trotz des unten genauer geschilderten „Wiener Systems", eines groß angelegten Modells für ein juristisches Informationssystem", das am Bundeskanzleramt in den Jahren 1971 bis 1972 entwickelt wurde[3a].

2.2 In Planung stehende Systeme

Es gibt allerdings eine ganze Reihe von Plänen, juristische Teilbereiche auf der Grundlage des Wiener Systems zu automatisieren.

2.2.1 Bundesministerium für Justiz (Oberster Gerichtshof)

So plant das Bundesministerium für Justiz anläßlich des bevorstehenden Inkrafttretens des neuen Strafgesetzes (1. 1. 1975) eine automatisierte Dokumen-

---

[2] Als operationell bezeichne ich ein System, das laufend einen definierten Bereich bearbeitet und entsprechende Serviceleistungen anbietet.

[3] Das einzige umfangreiche Literaturdokumentationssystem in Österreich existiert an der Landesverteidigungsakademie/Bundesministerium für Landesverteidigung, auf dem Gebiet der militärstrategischen Literatur (DADOC). Dieses System ist ein Deskriptorsystem, welches mit Unterstützung eines modifizierten IRMS (IBM) arbeitet. Der Dokumentenumfang beträgt derzeit ca. 20 000 Dokumente. Als Ordnungssystem wurde bisher eine Schlagwortliste verwendet, die derzeit in einen Thesaurus umgearbeitet wird. Innerhalb dieses Systems ist auch eine Erlaßdokumentation (im Bereich des Bundesministeriums für Landesverteidigung) geplant, die eine EDV-gerechte Aufbereitung und Abfragemöglichkeit aller Erlässe des Bundesministeriums zum Ziel hat.

[3a] Es existieren in Österreich auch keine einschlägigen Forschungsprojekte; dies geht aus einer Untersuchung „Nationales Register der Forschungsvorhaben auf dem Gebiet des Bibliothekswesens und der Dokumentation", *Lang, F.* und *Mayerhöfer, J.*, Wien 1973, hervor. Die Firma IBM Österreich hat allerdings dem Bundeskanzleramt ein Projekt „MAEP" vorgeschlagen, welches eine Fortführung der Untersuchungen des EDV-Versuchsprojekts Verfassungsrecht enthält. Eine diesbezügliche Entscheidung steht noch aus.

tation der strafrechtlichen Entscheidungen des Obersten Gerichtshofes[4]. In diesem Zusammenhang wurde richtig erkannt, daß dieser Zeitpunkt der ideale Beginn einer automatisierten Dokumentation darstellen würde; die nur schwer und unter hohen Kosten zu bewerkstelligende Rückwärtsdokumentation erübrigt sich damit weitgehend, denn es werden nur mehr diejenigen alten Entscheidungen in das System aufgenommen, die auch für das neue Strafgesetz relevant sind. Darüber hinaus soll ab diesem Zeitpunkt auch mit der Vorwärtsdokumentation der zivilrechtlichen Entscheidungen des Obersten Gerichtshofes begonnen werden. Bis jetzt wurde die EDV in diesem Bereich allerdings nur eingesetzt, um (als Hilfsmittel für die Einschulung der Richter) Synopsen des neuen Strafgesetzes mit den verschiedenen Stadien des Strafgesetzentwurfes und den parlamentarischen Materialien dazu zu erstellen.

2.2.2 Verwaltungsgerichtshof

Innerhalb des Verwaltungsgerichtshofes ist eine lebhafte Diskussion darüber im Gange, in welcher Form das Evidenzbüro dieses Gerichtshofes mit EDV-Unterstützung zu einem automatisierten Dokumentationssystem auszubauen wäre. Den derzeitigen Stand der Diskussion (ohne daß endgültige Entscheidungen getroffen sind) kann man folgendermaßen charakterisieren:

- Es erscheint dem Verwaltungsgerichtshof zweckmäßig, das im Rahmen des Versuchsprojektes Verfassungsrecht im Bundeskanzleramt entwickelte Wiener System für seine Zwecke auf der Basis der bestehenden Unterlagen seines Evidenzbüros auszubauen und zu verbessern.
- Der Verwaltungsgerichtshof sieht die Volltextspeicherung seiner Entscheidungen als unbedingt notwendig an.
- Eine Rückwärtsdokumentation wird vom Gerichtshof als unerläßlich (vor allem aus organisatorischen Gründen) angesehen.
- Notwendiger Bestandteil der Entscheidungsdokumentation ist eine Gesetzesstellenkonkordanz (der problemlose Nachweis gleicher oder ähnlicher Gesetzesstellen, sei es in verschiedenen Landesgesetzen, durch formale Änderungen des Gesetzes bedingte Umreihungen von Normen (z. B. bei einer Wiederverlautbarung), durch Novellierung bedingte Änderungen in der Zählung oder durch Übernahme alter Rechtsvorschriften bei Neuerlassung von Gesetzen).
- Aufnahme sämtlicher formaler Kriterien, die für die automatische Erstellung einer Justizstatistik notwendig sind.

2.2.3 Bundesministerium für Finanzen

Seit neuestem herrscht beim Bundesministeriul für Finanzen reges Interesse an

[4] In Österreich ist die Gerichtsbarkeit Bundessache und insofern zentralisiert, als es für die Straf- und Zivilgerichtsbarkeit nur einen obersten Gerichtshof gibt; das gesamte (Bundes- und Landes-) Verwaltungsgeschehen (individuelle Verwaltungsakte) wird von nur einem Gericht, dem Verwaltungsgerichtshof, überprüft; die Staatsgerichtsbarkeit (u. a. Überprüfung genereller Normen auf Gesetz- und Verfassungsmäßigkeit, Kompetenzstreitigkeiten, Grundrechtsverletzungen) wird von nur einem Gericht, dem Verfassungsgerichtshof, wahrgenommen. Diese Gerichtsstruktur müßte die Organisation der Dokumentation in diesem Bereich sehr erleichtern.

einer automatisierten Dokumentation finanzrechtlicher Entscheidungen des Verwaltungs- und Verfassungsgerichtshofes und der einschlägigen Rechtsvorschriften und Literatur. Das Schwergewicht dieser Dokumentation wird sicherlich bei den (auch zahlenmäßig am meisten ins Gewicht fallenden) einschlägigen Entscheidungen des Verwaltungsgerichtshofes liegen. Deswegen sind auch entsprechende Koordinierungsfemühungen mit dem Verwaltungsgerichtshof (aber auch dem Verfassungsgerichtshof) im Gange.

2.2.4 Verfassungsgerichtshof

Der Verfassungsgerichtshof steht einer automatisierten Dokumentation seiner Entscheidungen ohne besonderes Interesse gegenüber, obwohl gerade am Beispiel seiner Entscheidungen im Rahmen des Wiener Systems eine automatisierte Judikaturdokumentation erstellt wurde. Diese Zurückhaltung erklärt sich wohl zum Teil aus der geringen Anzahl an Entscheidungen, die dieser Gerichtshof produziert (unter 1000 pro Jahr). Außerdem besteht gerade für die Verfassungsgerichtshofentscheidungen eine zwar umständliche und sehr arbeitsaufwendige, aber umfassende Dokumentation mit manuellen Mitteln.

2.2.5 Parlament

Das Parlament (Nationalrat und Bundesrat) geht sehr behutsam an die Lösung seiner Informationsprobleme heran. Meines Wissens existiert kein Gesamtkonzept für ein parlamentarisches Informationssystem. In letzter Zeit wurde neben verschiedenen Analysearbeiten besonderes Augenmerk auf die Datenerfassungsprobleme der parlamentarischen Materialien gelegt und im Hinblick auf die für ein automatisiertes System notwendig werdende Datenerfassung (aber natürlich auch, um den Druck- und Korrekturvorgang zu bescheunigen) eine LINOTRON-Setzmaschine angeschafft, die gleichzeitig mit dem Satz computerlesbare Datenträger des zu druckenden Textes (Bundesgesetzblätter, Materialien des Parlaments) liefert.

2.2.6 Juristische Literatur

Die Dokumentation der juristischen Literatur (insbesondere der unselbständigen Literatur) zeichnet sich in Österreich durch eine schier unüberbietbare Vielgleisigkeit aus[5]. Nicht nur die verschiedenen juristischen Fakultäten dokumentieren parallel, sondern es kommt auch vor, daß zwei Lehrkanzeln gleicher Art derselben Fakultät jeweils unabhängig voneinander eigene Dokumentationen betreiben (meines Wissens wird allerdings nirgends EDV als Unterstützung dieser Vorhaben herangezogen). Das Bedürfnis einer Vereinheitlichung und leichteren Zugänglichmachung der juristischen Literatur ist besonders stark im akademischen Mittelbau (auf dem ja in der Regel die Dokumentationsarbeit

---

[5] Seit der Einstellung der „Österreichischen Rechtsdokumentation", einem vom Bundeskanzleramt während dreier Jahre herausgegebenen Dokumentationsdienst, der sämtliche Parlamentarischen Materialien von Nationalrat, Bundesrat und den neun Landtagen, weiters alle im Bundesgesetzblatt und in den Landesgesetzblättern publizierten Rechtsvorschriften und sämtliche in Österreich erscheinende Rechtsliteratur nachwies, existiert für diesen Bereich überhaupt kein Hilfsmittel.

lastet) vorhanden. Es hat sich aber trotzdem bis jetzt niemand gefunden, der die Initiative für eine fakultätsübergreifende Koordinierung und Aufgabenteilung in diesem Bereich ergriffen hätte.

2.3 Elektronisches kriminalpolizeiliches Informationssystem

Faßt man den Begriff juristisches Informationssystem weiter und bezieht auch diejenigen Systeme mit ein, die sich nicht nur mit den Dokumentarten Rechtsvorschriften, parlamentarische Materialien, Gerichtsentscheidungen und Literatur beschäftigen, so wäre für Österreich ein besonders wichtiges operationelles System anzuführen (unter Ausschluß der statistischen Systeme, die für den Juristen von Bedeutung sind, und der verwaltungsinternen Systeme wie Gehaltsabrechnung, Budgetierung usw.). Es ist dies das „Elektronische kriminalpolizeiliche Informationssystem" EKIS beim Bundesminitserium für Inneres. Operationell sind die Teilsysteme Kriminalstatistik, Kraftfahrzeugzulassung und -fahndung und Strafregister[6].

In Vorbereitung steht insbesondere ein kriminalpolizeilicher Informationsdienst (der die Merkmale sämtlicher Täter und deren Taten enthalten soll) und eine Datenbank für die Personenfahndung.

3 Das Wiener System

3.1 Aufgabenstellung und Dokumentenumfang

Das EDV-Versuchsprojekt Verfassungsrecht, dessen Ergebnisse im Wiener System zusammengefaßt sind, wurde auf der Grundlage eines Vertrages zwischen der Republik Österreich (Bundeskanzleramt) und der Firma IBM Österreich in den Jahren 1971 und 1972 durchgeführt. Diesem Vertrag vorausgegangen war eine Ausschreibung, an der sich die Firmen Honeywell Bull AG, IBM Österreich, Siemens AG und UNIVAC beteiligt hatten. Ausschlaggebend für den Zuschlag an die Firma IBM war vor allem, daß sich deren Vorschlag nicht auf die Entwicklung eines juristischen Dokumentationssystems beschränkte, sondern ein Gesamtkonzept vorgeschlagen wurde, innerhalb dessen die Arbeiten für das Versuchsprojekt als ein Teilbereich der Automatisierung im österreichischen Rechtswesen gesehen wurde.

Aufgabe des Projektes war es, anhand eines beschränkten Datenbestandes aus dem Bereich des Verfassungsrechts unter Berücksichtigung der Dokumentarten Verfassungsgesetze, Entscheidungen des Verfassungsgerichtshofs und verfassungrechtlich relevanter Literatur die Möglichkeiten eines automatisierten juristischen Informations- und Dokumentationssystems aufzuzeigen. Der im Zuge dieses Projekts gespeicherte Dokumentenumfang betrug für den Bereich Rechtsvorschriften 5,4 Millionen Zeichen (Volltextspeicherung), für die Verfassungsgerichtshofentscheidungen 22,5 Millionen Zeichen (Volltextspeicherung der geringfügig gekürzten Entseidungen) und für die Literatur 1 Million Zeichen (nur bibliographische Angaben und Schlagworte beziehungsweise – wo vorhanden – Inhaltsverzeichnisse). EDV-mäßig unterstützt wird das Wiener System durch das

---

[6] Auf Grund des Tilgungsgesetzes 1972 werden nunmehr nach Ablauf der Tilgungsfrist die Strafen automatisch getilgt und Auszüge aus dem Strafregister automatisch erstellt.

im Projekt mit FAIR ausgebaute Retrieval-Programmpaket STAIRS. Da eine Entscheidung über die konkrete Anwendung des Wiener Systems noch nicht gefallen ist, kann das System derzeit nur bei IBM Österreich (wo es zu Demonstrationszwecken in Betrieb ist) besichtigt und getestet werden.

3.2 Inhaltliche Erschließung

Die inhaltliche Erschließung der im Wiener System enthaltenen Dokumente wurde zu Vergleichszwecken sowohl durch eine Klassifikation nach Wissensgebieten als auch durch Beschlagwortung nach Gegenständen beziehungsweise Aspekten (in Form von Einfachworten und durch ganze Wortgruppen) und durch die Strukturierung der Dokumente in Informationstypen (Kategorien) vorgenommen. Obwohl bis jetzt keine ausführlichen Vergleichstests durchgeführt wurden, läßt sich doch sagen, daß die Beschlagwortung für das Retrieval von geringster Bedeutung zu sein scheint (zumindest bei den Dokumentarten Rechtsvorschriften und Gerichtsentscheidungen). Dies hängt sicher damit zusammen, daß die im Projekt unternommenen Versuche zur Erstellung eines „Fachthesaurus Verfassungsrecht" fehlgeschlagen sind. Es zeigte sich ziemlich deutlich, daß der Arbeitsaufwand für die Erstellung eines solchen Thesaurus[7] im Verhältnis zum für das Retrieval daraus gezogenen Nutzen (unter Berücksichtigung der anderen vom System angebotenen Retrievalmöglichkeiten) viel zu groß wäre.

Für die Beurteilung des Nutzens einer Klassifizierung der Dokumente (oder Dokumentteile, sogenannter thematischer Einheiten) nach Fachbereichen ist der bearbeitete Dokumentenbestand meines Erachtens zu gering. Den weitaus größten Nutzen für das Retrieval brachte die sehr tief gehende Strukturierung der Dokumente (thematischen Einheiten) nach Informationstypen und die Möglichkeit, im Originaltext mit Hilfe von automatisch generierten Flexionsformen[8] zu suchen. Dies und das im folgenden Gesagte gilt nur für Rechtsvorschriften und Gerichtsentscheidungen; die juristische Literatur wurde im Projekt aus Zeitmangel stiefmütterlich behandelt, so daß über deren Dokumentationsmöglichkeiten kaum Aussagen gemacht werden können.

Auf die Strukturierung der Dokumente nach Informationstypen und die damit zusammenhängenden Fragen einer allgemeinen Verweisdokumentation und der

---

[7] Dies trotz des während des Projekts für die Erstellung des oben genannten Thesaurus entwickelten Programms GENTHES. Das Programm ermöglicht den EDV-unterstützten Aufbau eines Thesaurus über Datenstationen. Die für GENTHES gültigen Begriffsbeziehungen umfassen Synonyme, logische Beziehungen (Ober-, Unterbegriff und verwandter Begriff), Bestandsbeziehungen (Gesamt-, Teil- und Nachbarbegriff) und sonstige Beziehungen (beliebige Assoziationen). Die Automatik der Begriffsbeziehungen bewirkt, daß durch die Eingabe zweier mit einem Begriffsbeziehungs-Code verbundener Deskriptoren eine Reihe weiterer Beziehungen vom Programm hergestellt wird (mit eventuellen Fehlermeldungen und einer Reihe anderer Hilfsinformationen). Näheres siehe IBM-Form 0-410.

[8] Z. B. können auf Wunsch durch die Angabe des Suchbegriffes „Amt" alle Formen dieses Hauptwortes in die Suche eingeschlossen werden (also auch Ämter usw.), ohne daß man diese explizit angeben muß; ebenso gilt dies für Zeitwörter (auch für zusammengesetzte: z. B. mit dem Suchbegriff „wiederaufzunehmen" auch die im Text vorkommende Form „nahm ... wieder auf") und Eigenschaftswörter. Ebenso sind bestimmte Hilfsmittel für die Suche mit Komposita vorhanden.

automatisierten formellen Derogation (Rechtsvorschriften-Fortschreibung) als die meines Erachtens wichtigsten Ergebnisse dieses Projekts möchte ich nun näher eingehen.

3.3 Kategorien (Rubriken) und Symbole

Die Analyse der Dokumenttypen „Verfassungsgesetze" und „Verfassungsgerichtshof-Entscheidungen" brachte als Ergebnis zwei Kategorienschemata, die die immer wiederkehrenden Informationstypen (Kategorien) dieser Dokumente enthalten (siehe Anlage 1 und 2).

Diese Kategorienschemata bildeten die Grundlage für die Auswertung der Dokumente, wobei der Inhalt einer Reihe von Kategorien entweder mittels Symbollisten (siehe Anlage 3) oder mittels festgelegter Abkürzungen so vereinheitlicht und gekürzt wurde, daß einerseits eine Vereinfachung der Datenerfassung möglich war und umfangreiche Fehlerprüfprogramme erstellt werden konnten, andererseits viele formatierte Felder gebildet und das Abfragehilfsmittel der Maskierung optimal eingesetzt werden konnte.

3.4 Verweisdokumentation

Nun zur Verweisdokumentation innerhalb des Wiener Systems. Unter „Verweis" wird jede Art von ausdrücklicher Bezugnahme eines Dokuments auf ein anderes Dokument verstanden. Eine ausdrückliche Bezugnahme ist dann gegeben, wenn das zitierte Dokument mit Titel und Fundstellenangaben im zitierenden Dokument genannt ist, z. B. ein in einem Buch zitierter Aufsatz oder ein Gesetz, in dem eine Norm eines anderen Gesetzes ausdrücklich außer Kraft gesetzt (formell derogiert) wird. Es wurden also diejenigen Beziehungen ausgeklammert, die sich allein aus dem inhaltlichen Zusammenhang ergeben, z. B. wenn in einem Dokument ein Begriff verwendet wird, der in einem anderen Dokument näher erläutert ist oder der für den Juristen besonders wichtige inhaltliche Zusammenhang zwischen Gesetzen, dessen Folge die materielle Derogation der älteren Norm ist.

Abbildung 1 zeigt die ausdrücklichen Verweisungen bei Verfassungsgerichtshofentscheidungen (im zeitlichen Bereich 1960 bis 1969) für das Problem der Prozeßvoraussetzung der Erschöpfung des Instanzenzuges bei Wahlanfechtungen (Art. 141 B-VG).

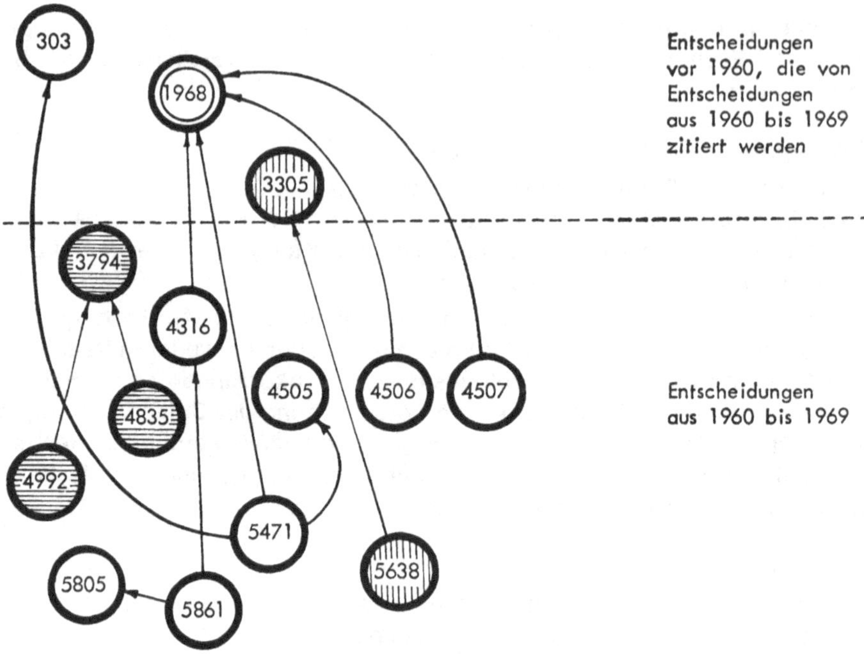

Abbildung 1 ((A)→(B) : im Dokument A zitierte Entscheidung B)

3.4.1 Verweise zwischen juristischen Dokumentarten

Solche mittels Verweisungen gegebenen Beziehungen gibt es aber nicht nur innerhalb der einzelnen Dokumentarten, wie im oben abgebildeten Beispiel dargestellt, sondern auch zwischen einzelnen Dokumentarten (siehe Abbildung 2).

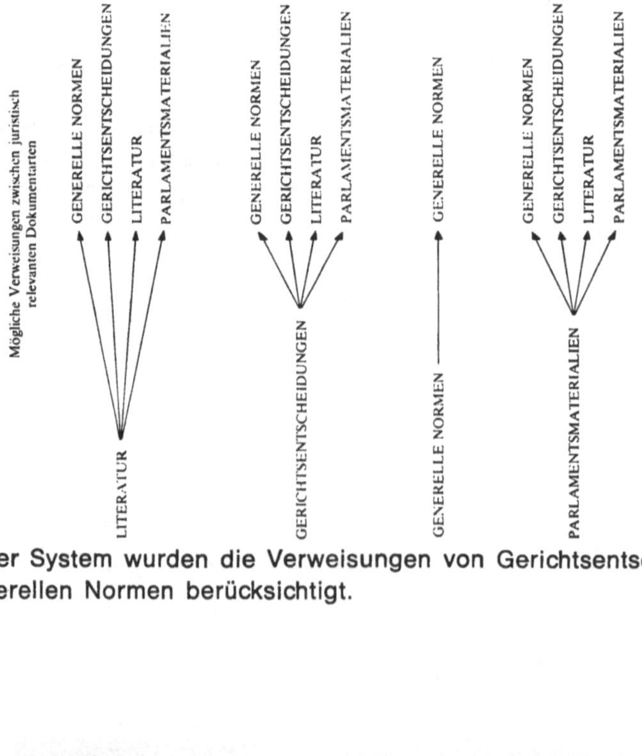

Abbildung 2

Im Wiener System wurden die Verweisungen von Gerichtsentscheidungen und von generellen Normen berücksichtigt.

3.4.2 Nutzen der Verweisdokumentation

Die Verweisdokumentation ermöglicht eine besondere Art der Suche nach relevanten Dokumenten:

- Zum Unterschied von Schlagwörtern und anderen Kriterien der inhaltlichen Beschreibung eines Dokuments stammen die Verweisungen vom Autor des Dokuments selbst und verweisen somit authentisch auf ähnliche Sachverhalte.
- In jeder wissenschaftlichen Arbeit werden Ideen und Fakten vorangegangener Arbeiten auf diesem Gebiet genutzt. Diese Arbeiten werden durch die Verweisdokumentation zugänglich gemacht.
- Geht man von einem einschlägigen Ausgangsdokument aus, wird durch die Verweisdokumentation nicht nur das Auffinden der von diesem Dokument zitierten Dokumente usw. in die Vergangenheit ermöglicht, sondern man kann auch zu denjenigen Dokumenten Zugang finden, die dieses Dokument zitieren und damit einschlägige Dokumente bis zu den zeitlich aktuellsten Dokumenten herauf bekommen.

Die Verweisdokumentation könnte auch Hinweise auf die Bedeutung eines Dokumentes über die Häufigkeit, mit der das Dokument zitiert wird, liefern (das gilt nicht für generelle Normen; außerdem müßten die Zitierungsbräuche im juristischen Bereich noch genauer untersucht werden, ehe man zu Aussagen in der genannten Richtung kommen kann).

Speziell für generelle Normen ergeben sich mit Hilfe einer Verweisdokumentation folgende Möglichkeiten:

- Der in jedem beliebigen Zeitpunkt (formell) geltende Rechtsbestand kann nachgewiesen werden (diesen Punkt werde ich weiter unten genauer ausführen).
- Bei Gesetzgebungsvorhaben oder Gesetzesänderungen kann mühelos festgestellt werden, welche Auswirkungen dieses Vorhaben auf die bestehenden Gesetze im Hinblick auf die darin enthaltenen Verweise haben wird.
- Nicht zuletzt muß darauf hingewiesen werden, daß ein (wenn nicht der wesentliche) Zugang des Juristen zu dem von ihm benötigten Material über Gesetzesstellen geht. Mit einer Verweisdokumentation werden ihm sämtliche Dokumente über diesen Zugang erschlossen.

Einschränkend für die Nützlichkeit (beziehungsweise Vollständigkeit) der Verweisdokumentation muß gesagt werden, daß gerade bei Verweisungen der Zufall eine gewisse Rolle spielt und daß es Zitierbräuche gibt, die sich auf die Verweisdokumentation negativ auswirken (z. B. Gefälligkeitszitate). Da diese Suchstrategie aber wohl nie als einzige angeboten werden wird (das ist schon wegen der Notwendigkeit, ein Ausgangsdokument zu haben, nicht möglich), werden diese Nachteile wohl nicht allzu schwer ins Gewicht fallen. Leider gibt es gerade zu diesen Problemen meines Wissens keine empirischen Untersuchungen für den kontinentalen Rechtsbereich.

3.4.3 Zusammenhänge (Prädikate) zwischen Dokumenten

Es geht aber nicht nur darum, die in Dokumenten vorkommenden Verweise zu erfassen, sondern es ist auch wesentlich, den speziellen Zusammenhang, der zwischen dem Zitat und dem zitierenden Dokument besteht, festzuhalten. Es ist für die Einschränkungsmöglichkeit einer Suchfrage von großer Bedeutung, ob z. B. nur Entscheidungen eines Gerichts gesucht werden, die sich zu einer bestimmten Entscheidung zustimmend oder die sich zu einer bestimmten Entscheidung ablehnend verhalten. Es kann für die Beantwortung einer Frage wichtig sein, ob z. B. der Verfassungsgerichtshof eine generelle Norm historisch interpretiert oder als verfassungsrechtlich unbedenklich erklärt usw. Weiters ist es bei den die Gültigkeit betreffenden Verweisen in generellen Normen für die automatische Herstellung der jeweils geltenden Rechtslage unumgänglich festzuhalten, ob eine bestimmte Norm wegfällt oder ersetzt wird durch eine andere oder eingefügt werden soll usw. Im Versuchsprojekt wurden daher mittels Analyse der betreffenden Dokumente typische Zusammenhänge zwischen dem Zitat und dem zitierenden Dokument herausgearbeitet. Für die in Entscheidungen zitierten Dokumente enthält die Symbolliste 1 diese typischen Zusammenhänge (siehe Anlage 3 unter den Zahlen 43 bis 49). Abbildung 3 enthält die entsprechenden Zusammenhänge für Gesetze (dabei wurden wegen der Beschränkung auf Verfassungsgesetze im Projekt nur diese berücksichtigt).

Abbildung 3 Symbolliste 4 (Inhaltlicher Zusammenhang bei Gesetzen)

0 GÜLTIGKEITSREGELUNGEN
- 01 Inkraftsetzen
- 02 Bedingtes Inkraftsetzen
- 03 Wiederinkraftsetzen
- 04 Verlängerung der Gültigkeit
- 05 Außerkraftsetzen
- 06 Bedingtes Außerkraftsetzen
- 07 Aufhebung durch den Verfassungsgerichtshof

1 ÄNDERNDE VERWEISUNGEN
- 11 Befristetes Ändern
- 12 Einfügen
- 13 Anfügen
- 14 Ersetzen
- 15 Berichtigen
- 16 Umordnen

2 INHALTLICHE VERWEISUNGEN
- 21 Anwendung
- 22 Nichtanwendung
- 23 Nicht mehr anwenden
- 24 Ermächtigung
- 25 Kompetenzfeststellung
- 26 Interpretation
- 27 Rechtsgrundlage mit Rückwirkung
- 28 Einordnung in den Stufenbau

3.5 Beispiele aus dem Wiener System

3.5.1 Auswertung eines Rechtsvorschriftenzitats

Ich möchte nun anhand von praktischen Beispielen auf die im Wiener System vorgenommene Verweisauswertung kommen. Als erstes Beispiel soll die Zitierung einer Rechtsvorschrift in einer Verfassungsgerichtshofentscheidung dienen (siehe Abbildung 4).

......
Der im bekämpften Bescheid bezeichnete Regulierungsplan ist im Protokoll über die Sitzung des Gemeinderates Idolsberg vom 2.4.1960 als "Verbauungsplan der Siedlung I am Stausee" bezeichnet. Im Protokoll heißt es, der Gemeinderat habe beschlossen, "die Vorschriften des Bebauungsplanes ... werden an der Amtstafel durch 14 Tage angeschlagen und veröffentlicht."
......
Der "Verbauungsplan" ist gemäß dem darauf befindlichen Vermerk vom 22.7.1966 bis 19.8.1966 an der Amtstafel angeschlagen gewesen.
......
Der "Verbauungsplan" enthält generelle Normen, die von einer Verwaltungsbehörde geschaffen worden sind. Es handelt sich also um eine Verordnung.
......
Aus dem "Verbauungsplan" ist nicht ersichtlich, daß es sich um Anordnungen des Gemeinderates oder ... eines sonstigen behördlichen Verwaltungsorganes handelt, schon gar nicht ist auf den Beschluß vom 2.4.1960 Bezug genommen.
......
Hier ist die die Verordnung erlassende Behörde im Rahmen der Kundmachung ... nicht bezeichnet worden. Die Verordnung ist daher gesetzwidrig. Wegen dieser Gesetzwidrigkeit war sie aufzuheben.

61411	Zitierung von Rechtsvorschriften	0,1
3251	Autor	233: Idolsberg (N)
441	Kurztitel unkontrolliert	Verbauungsplan der Siedlung I am Stausee
451	Titelabkürzung legal	
452	Titelabkürzung AZR	
172	Art der Rechtsvorschrift	71
6122	Publikationsorgan	Amtstafel
6123	Nummer des Publikationsorgans	
6123	Seite	
5411	Publikationsdatum	22.7.1966
5421	Datum des Beschlusses	2.4.1960
14112	Gliederung	
62	Inhaltlicher Zusammenhang	4691; 445

Abbildung 4

Bei diesem Beispiel ist der Zusammenhang zwischen Zitat und zitierendem Dokument durch die Symbole 4691 und 445 angegeben, welche „Einordnen in den Stufenbau der Rechtsordnung" und „Aufhebung der Rechtsvorschrift" bedeuten. Sollte also ein Benützer des Systems sich mit dem Problem beschäftigen, welchen Rang im Stufenbau der Rechtsordnung Verbauungspläne haben, und dies nach der Judikatur des Verfassungsgerichtshofes, so braucht er nur folgende Frage zu formulieren:

3251 (Autor des Dokumentes) = 11 (Verfassungsgerichtshof
61411 (Zitierung von Rechtsvorschriften) = 62 inhaltlicher Zusammenhang = 4691 Einordnung in den Stufenbau der Rechtsordnung)
723 (Text) = Verfauungsplan (wobei auch über die Flexionsformen dieses Wortes wie „Verbauungspläne" usw. gesucht wird).

Nach einer entsprechenden Verknüpfung dieser Suchzeilen wird er als Antwort das oben angeführte Dokument nachgewiesen bekommen.

3.5.2 Automatische Ergänzung der manuellen Dokumentenauswertung

Im nächsten Beispiel (Abbildung 5) ist in einer Entscheidung des Verfassungsgerichtshofs eine Rechtsvorschrift und eine Gerichtsentscheidung zitiert. Ich möchte nicht nochmals eine Suchstrategie erläutern, sondern auf ein anderes Problem aufmerksam machen. Wie aus der Abbildung ersichtlich, konnten einige der vorgesehenen Informationen nicht im Auswertungsblatt ausgefüllt werden, da sie nicht im Text der Entscheidung enthalten sind[9].

---

[9] Dieser Fall kommt nur bei der Rückwärtsdokumentation vor. Im Falle der Vorwärtsdokumentation, wo die Auswertung in den Entscheidungsfindungsprozeß selbst integriert wird, wäre der die Entscheidung Vorbereitende (und diese gleichzeitig Auswertende) veranlaßt, die nötigen Informationen in die Entscheidung und damit auch in das Auswertungsblatt aufzunehmen.

......
§ 59 der NÖ Gemeindeordnung schreibt vor, daß Verordnungen der Gemeinde zu ihrer Rechtswirksamkeit der öffentlichen Kundmachung durch Anschlag an der Amtstafel bedürfen. Das Gesetz verlangt zwar nicht ausdrücklich, daß dabei auch bekanntzugeben ist, welches behördliche Organ der Gemeinde Verordnungsgeber ist, dem Gesetz ist aber ein solcher Inhalt beizumessen. Die Gesetzmäßigkeit der Verordnung hängt nämlich u.a. auch von der Zuständigkeit des Verordnungsgebers ab ... Diesem Erfordernis muß bei der Kundmachung durch Anschlag an der Amtstafel dadurch Rechnung getragen werden, daß der Verordnungsgeber genannt wird (vgl. die Rechtsprechung des VfGH betr. die Bekanntgabe der Behörde, deren Genehmigung oder deren Einverständnis vor der Erlassung der Verordnung einzuholen ist; z.B. Erk. Slg. Nr. 4995/1965, 3896/1961, 3467/1958).
......

Weder aus den "Bebauungsvorschriften" noch aus dem "Bebauungsplan" ist ersichtlich, daß es sich um Anordnungen des Gemeinderates ... handelt.

61411	Zitierung von Rechtsvorschriften	04
3251	Autor	04: N
442	Kurztitel unkontrolliert	GdO
451	Titelabkürzung legal	
452	Titelabkürzung AZR	
172	Art der Rechtsvorschrift	
6122	Publikationsorgan	
6123	Nummer des Publikationsorgans	
6123	Seite	
5411	Publikationsdatum	
5421	Datum des Beschlusses	
14112	Gliederung	PA 59
62	Inhaltlicher Zusammenhang	4600

61413	Zitierung von Entscheidungen	05
3251	Organ	11
6123	Sammlungsnummer	4995; 3896; 3467
5421	Datum	
5171	Geschäftszahl	
62	Inhaltlicher Zusammenhang	477

Abbildung 5

Kann bei dem Gesetzeszitat ein genormter Titel angegeben werden, so können aufgrund der eingespeicherten Angaben zu dem betreffenden Gesetz über diesen genormten Titel (z. B. legale Titelabkürzung) automatisch die fehlenden Angaben ergänzt werden. Ist dies wie in unserem Beispiel nicht der Fall, werden die entsprechenden Dokumente vom System zur Verbesserung und Ergänzung ausgegeben und es muß manuell eine genormte Titelangabe hinzugefügt werden, damit dann automatisch der Rest ergänzt werden kann.

Anders liegt der Fall bei dem ebenfalls im Beispiel vorkommenden Zitat einer Entscheidung. Hier ist immer ein eindeutiger Anknüpfungspunkt gegeben (Geschäftszahl oder Sammlungsnummer), sodaß die fehlenden Angaben aus dem eingespeicherten Verfassungsgerichtshof-Register immer automatisch ergänzt werden können.

3.5.3 Gesetzesfortschreibung bei Novellierungen (Derogationszusammenhang)

Nun zum Beispiel eines Derogationszusammenhangs zwischen zwei Gesetzen.

Als kleinste Auswertungseinheit für die Erfassung der Gesetze wurde der Absatz gewählt. Darüber hinaus können sich aber Derogationsanweisungen auf jedes einzelne Zeichen einer Norm beziehen.

Ausgewertet werden im Wiener System das Stammgesetz und alle Novellen zu diesem Gesetz, wobei die Novellen als selbständige Dokumente behandelt werden, also genau mit dem im Publikationsorgan veröffentlichten Wortlaut erfaßt werden. Ist im System das Stammgesetz gespeichert und wird nun eine Novelle dieses Gesetzes ins System aufgenommen, generiert das System automatisch aufgrund der mitgespeicherten Steuerzeichen ein sogenanntes Kunstdokument (dieser Name deswegen, weil es ein solches Dokument als input in das System nicht gibt), das die ins Stammgesetz eingearbeitete Novelle enthält. Dieser Vorgang ist etwa vergleichbar mit einer konventionellen Gesetzesausgabe, die sich der Benutzer durch Überkleben der abgeänderten Gesetzesstellen aktuell gehalten hat oder mit einer Wiederverlautbarung. Das System hält aber nicht nur den Gesetzestext am laufenden (Fortschreibung), sondern bewahrt jede novellierte Fassung des Gesetzes (genauer jeden Absatz eines Gesetzes) separat auf samt den entsprechenden In- und Außerkrafttrete-Daten; dies und die vom System generierten Datumsangaben (in der Abbildung 6 mit = . . . = gekennzeichnet) ermöglichen eine Abfrage nach jeder vom Benützer gewünschten Fassung (definiert durch einen Stichtag oder die Fundstellenangabe der Novelle) des Gesetzes. Die geschilderte Organisation soll die Abbildung 6 schematisch zeigen.

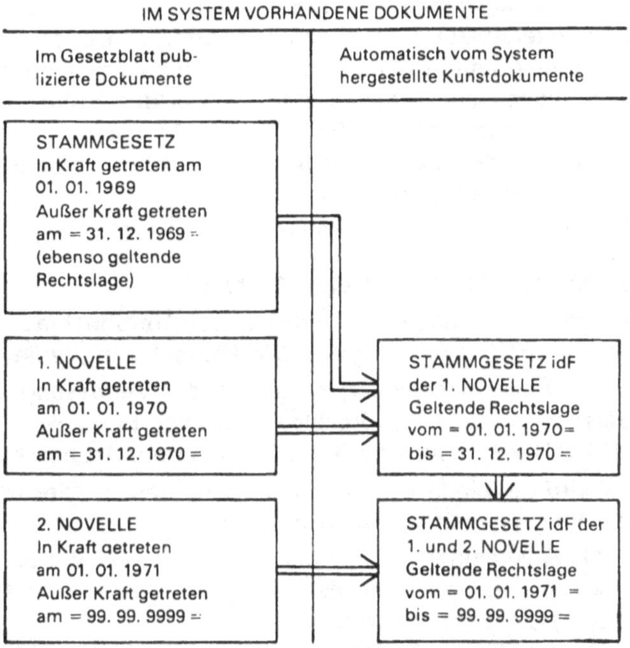

Abbildung 6

Abbildung 7 soll die Auswertung einer Rechtsvorschrift erläutern, mit deren Hilfe eine Gesetzesänderung automatisch erfolgt.

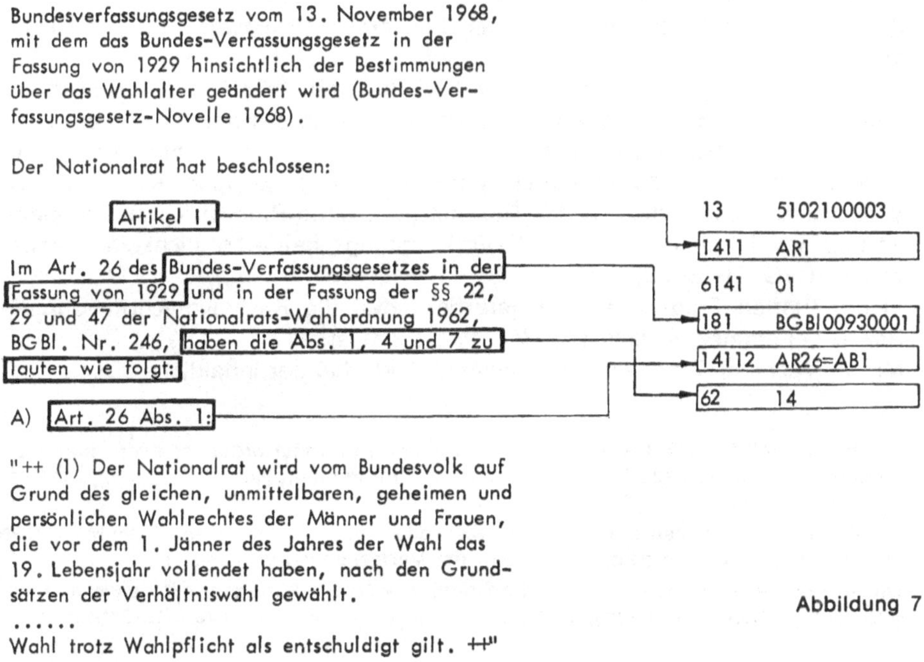

Abbildung 7

Die Programmabläufe zur Exekutierung ändernder Verweisungen benötigen eine Unterstützung durch den Auswerter. Dieser muß die Sonderzeichen „++“ am Anfang und am Ende des ersetzenden Textes eintragen. Über den Duplication Check Code (Kategorie 181) findet das System die zu ersetzende Rechtsvorschrift und führt entsprechend der Anweisung „Ersetzen“ (Symbol 14 in Kategorie 62) den Befehl durch. Mit ähnlicher Unterstützung durch den Auswerter kann jedes einzelne Zeichen in einer Rechtsvorschrift ersetzt oder auch Textstellen eingefügt usw. werden.

3.6 Abfrageablauf im Wiener System

Abschließend möchte ich noch einen Abfrageablauf im Wiener System näher schildern[9a] (siehe Anlage 4). Die Fragestellung lautet:

In welchen Entscheidungen hat sich der Verfassungsgerichtshof mit dem Kompetenztatbestand „Zivilrechtswesen“ des Bundes-Verfassungsgesetzes (Art. 10 [1] Z 6 B-VG) in historisch interpretierender Art beschäftigt?

Es wird auf einen Einstieg über Fachbereiche oder Deskriptoren verzichtet und die Frage folgendermaßen aufgebaut:

- Als Dokumente sollen Entscheidungen des Verfassungsgerichtshofs nachgewiesen werden, d. h. der Autor des Dokuments (KT 3251) muß der Verfassungsgerichtshof (Symbol 11) sein.
  Da detaillierte Fragebeantwortung gewünscht wird (set detail on), gibt das System die Fundstellennachweise und die Dokumentenanzahl für jeden Suchbestandteil der Frage separat an[10].
- Als zweiter Fragebestandteil wird der Suchbegriff „Zivilrechtswesen“ eingegeben, und zwar maskiert mit einer zusätzlichen Stelle[11].
- Als dritter Fragebestandteil wird das Zitat einer Rechtsvorschrift (KT 61411) gefordert.
- Als vierter Fragebestandteil wird der Titel der gesuchten Rechtsvorschrift angegeben. Der Anfragende war nicht sicher, welche der verschiedenen Titelkategorien (sie beginnen alle mit 4) heranzuziehen wäre und hat daher sämtliche dieser Titelkategorien mittels Maskierung herangezogen (KT 4$); außerdem war er nicht sicher, ob der Titel mit oder ohne Bindestrich zu schreiben ist und hat daher mit einer „oder-Verknüpfung“ beide Möglichkeiten einbezogen (BVG OR B-VG).
- In der fünften Fragezeile wird gefordert, daß die Rechtsvorschrift, auf die Bezug genommen werden soll, Art. 10 (1) Z 6 ist.
- Mit der sechsten Fragezeile wird ausgedrückt, daß der inhaltliche Zusammen-

---

[9a] Auf die speziell für STAIRS notwendigen formalen Abfrageerfordernisse wird hier nicht eingegangen. Siehe dazu STAIRS, Storage and Information Retrieval System, Ein IBM Dokumentationssystem, IBM Form M 12-1016-0, 1971

[10] Im übrigen erkennt man aus dieser Antwort des Systems, daß in der Datenbank 1696 Dokumente gespeichert sind, deren Autor der Verfassungsgerichtshof ist.

[11] Diese Abfrage ist im batch-Betrieb durchgeführt worden. Anfragen, mit denen automatisch flexionsbereinigt gesucht werden kann, sind derzeit nur im on-line-Betrieb möglich.

hang zwischen Zitat und zitierendem Dokument „historische Interpretation" (in der KT 62 soll das Symbol „450" stehen) sein soll.
- Die siebente Fragezeile besagt, daß die Fragezeilen drei bis sechs auf eine zitierte Rechtsvorschrift zutreffen müssen.
- Die achte Fragezeile schließlich verknüpft die erste, zweite und siebente Fragezeile.

Damit ist die Frage abgeschlossen und als Ergebnis der Suche kommen drei Dokumente heraus. Die Frage wurde aus Demonstrationsgründen in den kleinstmöglichen Schritten aufgebaut; es ist selbstverständlich auch möglich, die Frage viel kürzer und kompakter zu formulieren.

Der Anfragende wünscht sich nun den Ausdruck der nachgewiesenen Dokumente (BROWSE), und zwar nur bestimmter Bestandteile dieser Dokumente. Von diesen ist ein Auszug aus dem ersten und dritten nachgewiesenen Dokument (das zweite Dokument betrifft praktisch denselben Fall wie das erste, nur für ein anderes Bundesland) in der Anlage abgedruckt. Daraus ist ersichtlich, daß es sich um für die Fragestellung relevante Dokumente handelt.

Zusammenfassung

Einleitend wird die Bedeutung juristischer Informationssysteme und deren übliche Konzeption in Frage gestellt und das Informationsproblem vor allem als ein Informationsverteilungsproblem angesehen.

In Österreich existieren keine operationellen juristischen Informationssysteme; es gibt allerdings eine ganze Reihe von Plänen, juristische Teilbereiche auf der Grundlage des Wiener Systems zu automatisieren. Am fortgeschrittensten in der Planung ist derzeit das Vorhaben des Bundesministeriums für Justiz, welches anläßlich des bevorstehenden Inkrafttretens des neuen Strafgesetzes eine automatisierte Dokumentation der Entscheidungen des Obersten Gerichtshofs vorhat.

Ausgangspunkt aller Dokumentationsaktivitäten auf juristischem Gebiet ist in Österreich das Wiener System, die Zusammenfassung der Ergebnisse aus dem EDV-Versuchsprojekt Verfassungsrecht, welches in den Jahren 1971 und 1972 vom Bundeskanzleramt unter Mitwirkung von IBM-Österreich durchgeführt wurde. Bemerkenswerte Ergebnisse dieses Projektes waren eine besonders tiefgehende inhaltliche Erschließung, die durch eine detaillierte Analyse der einzelnen Dokumentarten ermöglicht wurde. In diesem Beitrag wird die allgemeine Verweisdokumentation des Wiener Systems näher geschildert und anhand von Auswertungsbeispielen erläutert. Insbesondere wird der Nutzen einer Verweisdokumentation für die Gesetzestextfortschreibung (Neuerstellung von novellierten Gesetzestexten) und die praktische Durchführung geschildert. Anhand eines Computerausdrucks einer Abfrage werden abschließend Fragestrategien im Wiener System erklärt und der Abfrageablauf dargestellt.

Summary

At the outset the significance of legal information systems and their customary conception is questioned by regarding the problem of information primarily as a problem of distributing information.

At the moment, operational legal information systems do not exist in Austria even though there are many projects to automate partial areas of the law on the basis of the "Vienna System". Most advanced in planning is, at present, the project of the Federal Ministry of Justice by which it is intended, on the occasion of the on-coming promulgation of the new Penal Code, to establish an automated documentation of Supreme Court decisionis.

All documentation activities in Austria in the area of law are based on the "Vienna System" which is the summary of the results of the EDP pilot project constitutional law which was carred out n 1971 and 1972 by the Bundeskanzleramt (Federal Chancellary) in co-operation with IBM Austria. One of the remarkable results of this project was a particularly thorough selective evaluation of contents which was made possible by a detailed analysis of the individual types of documents. The present article describes the general reference documentation of the Vienna System illustrated by retrieval examples. In partioular, the advantages of a referenoe documentation for the adaptation of statutory texts (reformulation of revised statutes) and its practical implementation are demonstrated. Finally, search strategies in the Vienna System are explained by means of a computer print-out of a search inquiry, and the search processing is delineated.

Anlage 1

Kategorienschema zur Erfassung von Rechtsvorschriften

Kat.-Code	Kategorienbenennung	Kat.-Code	Kategorienbenennung
*1	DOKUMENTANGABEN	4117	Sachtiteländerungen
11	System	4121	Untertitel
12	Systembetreuung	423	Originalnebentitel
13	Identifikationsnummer	43	Zitiertitelangaben
*14	Gliederungsangaben	44	Kurztitelangaben
*141	Formale Einheiten	*45	Titelabkürzungen
1411	Bezeichnung und Nummer der TE	451	Legalabkürzung
14111	Aufbau der gesamten Dokumen-	452	Regelgebundene Abkürzung
	tationseinheit	453	Freie Abkürzung
14112	Gliederung einer zitierenden oder	*5	QUELLENANGABEN
	zitierten Dokumentationseinheit	*51	Zählungsangaben
1413	Gesamtzahl der TE	*513	Bandangaben
*15	Speicherungsangaben	5131	Bandbezeichnung
151	Datum der Speicherung	5132	Bandzählung
152	Datum der Löschung	*514	Serienangaben
*17	Typenangaben	5141	Serienbezeichnung
171	Dokumentform	5142	Serienzählung
172	Dokumentart (SY 1)	5143	Untergeordnete Serien
173	Dokumenttyp (SY 1)	5144	Untergeordnete Serienzählung
*18	Kontrollangaben	5171	Aktenzeichen
181	Internationaler Duplication Check	*52	Ortsangaben
	Code	5211	Verlagsort
182	Kennschlüssel	5212	Druckort
*2	KLASSIFIKATIONSANGABEN	5214	Herausgeberort
2121	ÖRD-Klassifikation	*53	Verlagsangaben
*3	URHEBERANGABEN	531	Verlag
*31	Personenangaben	532	Drucker
311	Personennamen	534	Herausgeber
312	Personalangaben	*54	Datumsangaben
*32	Institutionenangaben	5411	Erscheinungsdatum
321	Institutionennamen	5421	Beschlußdatum
3251	Organ staatlicher Institutionen	5422	Inkrafttretedatum
	(SY 1)	5423	Außerkrafttretedatum
3252	Organ nichtstaatlicher Institu-	*55	Umfangsangaben
	tionen	551	Umfangszählung
3253	Gliederungsangaben	552	Umfangsbezeichnung
*33	Funktionsangaben	*6	ZUSAMMENHANGSANGABEN
331	FA zu Personenangaben	*61	Formale Zusammenhänge
332	FA zu Institutionenangaben	*612	Übergeordnete Gesamtheit
*4	TITELANGABEN	6121	Urheberangaben
*41	Haupttitelangaben	6122	Titelangaben
4112	Sachtitel	6123	Zählungsangaben

Kat.-Code	Kategorienbenennung
*614	Zitierungen
6141	Rückwärtszitierungen
6142	Vorwärtszitierungen
62	Inhaltliche Zusammenhänge (SY 4)
*7	INHALTSANGABEN
*71	Schlüsselwörter
711	Sachliche Schlüsselwörter
712	Personelle Schlüsselwörter
713	Institutionelle Schlüsselwörter
714	Topografische Schlüsselwörter
*72	Textangaben
724	Volltext
*9	VERWALTUNGSANGABEN
*95	Bearbeitungsangaben
*951	Auswertungsangaben
9511	Auswertungsdatum
9512	Auswertungsanweisung
9513	Auswerter
*952	Codierangaben
9521	Codierdatum
9522	Codieranweisung
9523	Codierer
*953	Datenerfassungsangaben
9531	DE-Datum
9532	DE-Anweisung
9533	Datentypist
9534	Datenträgerangaben
*954	Kontrollangaben
9541	Kontrolldatum
9542	Kontrollierer
*96	Standortangaben
9621	Eigensignatur
99	Allgemeine Verknüpfungskategorie

Anlage 2

Kategorienschema für die Verfassungsgerichtshof-Entscheidungen

13	Erfassungsnummer
14112	Gliederung
173	Dokumenttyp (Rechtsvorschriften = SY 1; Entscheidungen der Gerichte und Verwaltungsbehörden = SY 1; Typus der Gesetzgebungsmaterialien)
21211	Grobklassifikation der Schlüsselwörter für die gesamte Erkenntnis
21212	Grobklassifikation der Schlüsselwörter für die thematische Einheit
311	Personenangaben
3251	Organe der staatlichen Institutionen = SY 1
3253	Organisatorische Gliederung des Organs
331	Funktionsangaben zu Personenangaben (Entscheidende Mitglieder des Organs = SY 2; Präsident, monokratisch entscheidender Organwalter; Referent = SY 2; Schriftführer = SY 3)
4112	Voller Titel (Original)
41131	Fremdsprachiger Titel
43	Autorisierter Kurztitel (Original)
441	AZR-Kurztitel
442	Unkontrollierte Abkürzung
451	Legale Abkürzung
452	AZR-Abkürzung
453	Unkontrollierte Abkürzung
5171	Geschäftszahl
5411	Erscheinungsdatum (Datum des Publikationsorganes; Datum der Gesetzgebungsmaterialien)
5421	Beschlußdatum (Datum des Gesetzesbeschlusses; Datum der Entscheidung)
5422	Datum des Inkrafttretens
5423	Datum des Außerkrafttretens
6122	Titelangaben (Publikationsorgan; Gesetzgebungsmaterialien; Zeitschrift)
6123	Zählungsangaben (Nummer des Publikationsorgans; Seite; Sammlungsnummer; nähere Bestimmung für Literatur)
61231	Zählungsangaben (Gesetzgebungs- oder Wahlperiode; Jahr[gang])
61232	Zähungsangaben (Nummer der Gesetzgebungsmaterialien; Heftnummer bei Literatur)
61233	Zählungsangaben, nähere Bestimmung der Gesetzgebungsmaterialien
61411	Rückwärtszitierungen von Rechtsvorschriften
61412	Rückwärtszitierungen von Gesetzgebungsmaterialien
61413	Rückwärtszitierungen von Entscheidungen der Gerichte und Verwaltung
61414	Rückwärtszitierungen von Literatur
62	Inhaltlicher Zusammenhang = SY 1

Kat.-Code	Kategorienbenennung	Kat.-Code	Kategorienbenennung
71111	Schlüsselwörter zur gesamten Entscheidung	72638	Rechtssatz
71112	Schlüsselwörter zu den thematischen Einheiten	72639	Kundmachungsverpflichtung beim Rechtssatz
71113	Schlüsselwörter zum Quasirechtssatz	7311	Art der Verfahrensinitiative = SY 1
71115	Phrasen zur gesamten Entscheidung	7312	Autor der Verfahrensinitiative = SY 1
71116	Phrasen zu den thematischen Einheiten	73121	Vertreter des Autors der Verfahrensinitiative vor dem VfGH = SY 1
7113	Stichworte und Phrasen aus dem Volltext	732	Verfahrensgegenstand (Akt) = SY 1
723	Exkludierter Text	7321	Geschäftszahl des individuellen Vollziehungsaktes letzter Instanz
724	Volltext	7322	Datum des individuellen Vollziehungsaktes letzter Instanz
725	Annotationen	733	Autor des Verfahrensgegenstandes = SY 1
7261	Quasirechtssätze	7331	Vertreter des Antragsgegners vor dem VfGH = SY 1
72631	Spruch im engeren Sinn	7332	Beklagter nach Art. 137 = SY 1
72632	Frist für das Außerkrafttreten von Gesetzen	734	Beteiligter = SY 1
72633	Frist für das Außerkrafttreten von Verordnungen	7341	Vertreter des Beteiligten = SY 1
72634	Ausspruch über die Kosten des Verfahrens	735	Abwicklung des Verfahrens = SY 1
72635	Wiederinkrafttreten alter Normen	736	Erledigung des Verfahrens = SY 1
72636	Kundmachungsverpflichtung bei Gesetzen	95	Verwaltungsangaben
72637	Kundmachungsverpflichtung bei Verordnungen		

Anlage 3

Symbolliste 1 für die strukturierten Inhaltsangaben der Entscheidungen des Verfassungsrerichtshofes

Symbol	Benennung	Symbol	Benennung
*0	GESETZGEBUNG	214	133 Z 4 Bundesbehörden
01	Nationalrat	215	Finanzbehörden
011	Nationalratsausschuß	216	Polizeibehörden
02	Bundesrat	219	sonstige Bundesbehörden
021	Bundesratsausschuß	22	Land
03	Bundesversammlung	221	Landesregierung von (Stadtsenat von Wien)
04	Landtag von	222	Landeshauptmann von
041	Landtagsausschuß	223	Bezirkshauptmann von
09	Sonstige	224	133 Z 4 Landesbehörden
*1	GERICHTE	229	sonstige Landesbehörden
11	VfGH	23	Gemeinden
12	VwGH	231	Bürgermeister von
13	OGH	232	Magistrat von
17	sonstige ordentliche Gerichte	233	Gemeinderat (-vertretung) von
18	andere Gerichte	234	Gemeindevorstand (Stadtrat) von
*2	VERWALTUNG	235	sonstige Gemeindeorgane
21	Bund	239	Stadtsenat von
211	Bundespräsident	24	gesetzliche berufliche Vertretungen
212	Bundesregierung		
213	Bundesminister für		

Symbol	Benennung
25	Sozialversicherungsträger
26	Fonds
27	Hochschulen
29	sonstige Rechtsträger und Organe
*3	NICHT-STAATSORGANE
39	Nicht-Staatsorgane
*4	MODALITÄTEN UND ZUSAMMENHÄNGE
411	Mündliche Verhandlung
412	Nicht-öffentliche Sitzung
413	Parteienvernehmung
414	Zeugenvernehmung
421	Plenum
422	Kleiner Senat
425	Zurückstellung wegen Formmangels
43	VON DEN PARTEIEN HERANGEZOGENE NORM
430	von der belangten Behörde angewendete Norm
431	vom Antragsgegner zur Stützung seiner Rechtsansicht herangezogene Norm
432	vom Antragsteller als Prüfungsmaßstab herangezogene Norm
433	vom Antragsteller behauptete Verfassungswidrigkeit einer Norm
434	Anspruchsgrundlage in einem A-Verfahren
435	Behauptung der Verletzung einer Norm
44	NORMPRÜFUNG DURCH DEN VfGH
440	implizit geprüfte Norm
441	Normprüfung ohne materielle Entscheidung
442	keine Rechtsvorschrift
443	Anlaß für die Einleitung eines Normprüfungsverfahrens
444	ausdrücklich geprüft und nicht aufgehoben
445	geprüfte und aufgehobene Norm
446	teilweise aufgehobene Norm
447	keine analoge Anwendung
448	analoge Anwendung
45	VOM VfGH ANGEWENDETE INTERPRETATIONSREGELN
450	historische Interpretation
451	Wortinterpretation
452	teleologische Interpretation
453	systematische Interpretation
454	Vergleich
455	verfassungskonforme Interpretation
46	NORMINTERPRETATION DES VfGH
460	vom VfGH als Prüfungsmaßstab herangezogene Norm
4600	verletzte Rechtsvorschrift
461	vom VfGH angewendete Verfahrensvorschrift
462	derogierende Norm
463	außer Kraft getretene Norm
464	denkmögliche Anwendung
465	willkürliche Anwendung
466	denkunmögliche Anwendung
467	keine willkürliche Anwendung
468	keine Präjudizialität
469	als geltend festgestellt
4691	Einordnung im Stufenbau
47	ENTSCHEIDUNGEN UND LITERATUR
470	vom Antragsgegner zur Stützung seiner Rechtsansicht herangezogene Entscheidung oder Literatur
471	vom Antragsteller zur Stützung seiner Rechtsansicht herangezogene Entscheidung oder Literatur
472	Entscheidung zum selben Sachverhalt
473	Gegenstand des Kompetenzkonfliktes
474	Bindungswirkung
475	Anlaßfall
476	Inzidenzfall
477	Zustimmung des VfGH
478	Quasirechtssatz
479	Ablehnung des VfGH
480	anderer Sachverhalt
49	sonstiger Zusammenhang
491	bloßer Hinweis
*5	AKTE DER GESETZGEBUNGSORGANE
5	Gesetze
51	Verfassungsgesetze
52	einfache Gesetze
53	Grundsatzgesetze
54	Ausführungsgesetze
55	sonstige Akte
*6	AKTE DER GERICHTE
610	Erkenntnisse
611	Teilerkenntnisse
612	Zwischenerkenntnisse
613	Enderkenntnisse
620	Beschlüsse
621	Kostenbeschluß
622	Unterbrechungsbeschluß
623	Beschluß über Wiederaufnahme
624	Beschluß über Wiedereinsetzung
625	Beschluß über Exekutionsantrag

Symbol	Benennung	Symbol	Benennung
630	Urteil		B-VG
651	Zurückweisung	741	Gesetzesentwürfe
652	Abweisung	742	Verordnungsentwürfe
653	Aufhebung	743	Entwürfe für individuelle
654	Nichtigerklärung		Verwaltungsakte
655	Mandatsverlust	75	Bescheid
656	Verurteilung	76	Faktische Amtshandlung
657	Feststellung	79	sonstige individuelle Verwal-
658	Einstellung		tungsakte
661	Frist für das Außerkrafttreten	*8	WAHL- UND ABSTIMMUNGS-
662	Wiederinkrafttreten		AKTE
663	Abtreten an VwGH	81	Wahlen
6630	Abweisung des Abtretungs-	82	Mandatsverlust
	antrags	831	Volksabstimmung
664	Stattgebung des Antrags auf	832	Volksbegehren
	Armenrecht	*9	SONSTIGE AKTE
6640	Abweisung des Antrags auf	911	Klage
	Armenrecht	912	Antrag
*7	AKTE DER VERWALTUNGS-	913	Anklage
	ORGANE	914	Beschwerde
71	Verordnungen	921	Wiederaufnahme
72	Staatsverträge	922	Wiedereinsetzung
73	sonstige generelle Verwaltungs-	931	Gutachten
	akte	991	Sonstige
74	Entwürfe im Sinne des Art. 138 (2)		

Anlage 4
Computerausdruck

```
00001
..SEARCH
AQUARIUS - SEARCH MODE - BEGIN YOUR QUERY AFTER THE STATEMENT NUMBER
00001
KT3251 SAME '11'
KT3251                      5275 OCCURRENCES    1899 DOCUMENTS
11                          3890 OCCURRENCES    1764 DOCUMENTS
RESULT                      1831 OCCURRENCES    1696 DOCUMENTS
00002
ZIVILRECHTSWESENS1
ZIVILRECHTSWESENS01           71 OCCURRENCES
ZIVILRECHTSWESEN              58 OCCURRENCES      21 DOCUMENTS
ZIVILRECHTSWESENS             13 OCCURRENCES       4 DOCUMENTS
RESULT                        71 OCCURRENCES      22 DOCUMENTS
00003
KT61411
KT61411                     1571 OCCURRENCES    1571 DOCUMENTS
RESULT                      1571 OCCURRENCES    1571 DOCUMENTS
00004
KT4$ WITH (BVG OR B-VG)
KT4$                        4928 OCCURRENCES
KT43                        1153 OCCURRENCES     824 DOCUMENTS
KT442                       1226 OCCURRENCES     769 DOCUMENTS
KT451                        516 OCCURRENCES     383 DOCUMENTS
KT452                       2033 OCCURRENCES    1219 DOCUMENTS
```

```
EVG                                      34 OCCURRENCES       23 DOCUMENTS
B-VG                                   1352 OCCURRENCES      496 DOCUMENTS
RESULT                                  397 OCCURRENCES      356 DOCUMENTS
00005
KT14112 WITH AR10AB1ZI6
KT14112                                3432 OCCURRENCES     1533 DOCUMENTS
AR10AB1ZI6                               20 OCCURRENCES       20 DOCUMENTS
RESULT                                   20 OCCURRENCES       20 DOCUMENTS
00006
KT62 WITH '450'
KT62                                   6936 OCCURRENCES     1659 DOCUMENTS
450                                     176 OCCURRENCES      102 DOCUMENTS
RESULT                                  174 OCCURRENCES      100 DOCUMENTS
00007
3 SAME 4 SAME 5 SAME 6
3      KT61411                         1571 OCCURRENCES     1571 DOCUMENTS
4      KT4$ WITH (EVG OR B-VG)          397 OCCURRENCES      356 DOCUMENTS
5      KT14112 WITH AR10AB1ZI6           20 OCCURRENCES       20 DOCUMENTS
6      KT62 WITH '450'                  174 OCCURRENCES      100 DOCUMENTS
RESULT                                    7 OCCURRENCES        7 DOCUMENTS
00008
1 AND 2 AND 7
1      KT3251 SAME '11'                1831 OCCURRENCES     1696 DOCUMENTS
2      ZIVILRECHTSWESEN$1                71 OCCURRENCES       22 DOCUMENTS
7      3 SAME 4 SAME 5 SAME 6             7 OCCURRENCES        7 DOCUMENTS
RESULT                                    3 OCCURRENCES        3 DOCUMENTS
00009
..BROWSE 8 1,3,4,5,6,7,11

VFG000000135  DOCUMENT =      1  OF      3  NUMBER OF LINES =    189
SPR,ANN,T VFGH: BESCHLUS
          SAMMLUNGSNUMMER: 5521
          27.06.1967
          GESCH#FTSZAHL:
          G 8/67, G 10/67;
          SPRUCH IM ENGEREN SINN:
          I. 1. DIE WORTE ''DIE $BERTRAGUNG DES EIGENTUMS ODER''
          IM PA 1 ABS 1 DES GESETZES $BER DEN GRUNDST$CKERWERB
          DURCH AUSL#NDER (AUSL#NDERGRUNDERWERBSGESETZ - AGG),
          VORARLBERGER LANDESGESETZBLATT NR 33/1962, WERDEN ALS
          VERFASSUNGSWIDRIG AUFGEHOBEN.
          2. DEN ANTR#GEN DES VERWALTUNGSGERICHTSHOFES AUF AUF=
          HEBUNG DES PA 3 DES AUSL#NDERGRUNDERWERBSGESETZES WIRD
          KEINE FOLGE GEGEBEN.
          II. DIE ANTR#GE DES VERWALTUNGSGERICHTSHOFES AUF AUFHEBUNG
          DES AUSL#NDERGRUNDERWERBSGESETZES $BER DEN UMFANG DES
          PUNKTES I DIESES ERKENNTNISSES HINAUS WERDEN ZUR$CK=
          GEWIESEN.
          ENTSCHEIDUNGSGR$NDE: 52
          ANNOTATIONEN:
          AUFHEBUNG EINES TEILES DES PA 1 (1) V AUSL#NDERGRUNDERWERBS=
          GESETZ 1962 WEGEN EINGRIFFES IN DIE BUNDESKOMPETENZ
          ''ZIVILRECHTSWESEN'' (NICHT ''#USZERE ANGELEGENHEITEN'').
          EXKLUDIERTER TEXT:
          DER VWGH HAT IN SEINEN ANTR#GEN DER MEINUNG AUSDRUCK VER=
          LIEHEN, DASZ VORSCHRIFTEN, DIE DEN ERWERB VON LIEGENSCHAFTEN
          DURCH AUSL#NDER BESCHR#NKUNGEN UNTERWERFEN, UNTER DEN
          KOMPETENZTATBESTAND ''#USZERE ANGELEGENHEITEN'' IS ART 10
          (1) Z 2 B-VG FALLEN.  DIE MATERIE ''#USZERE ANGELEGENHEITEN''
          UMFASZT VORSCHRIFTEN, DIE DAS VERH#LTNIS DER REPUBLIK @STER=
          REICH ZU ANDEREN STAATEN UND AUCH - IN EINEM NACH DEN GRUND=
          S#TZEN DER HISTORISCHEN AUSLEGUNG ZU ERMITTELNDEN UMFANG -
          VON @STERR STB ZU FREMDEN STAATEN REGELN.  IM ERK 3472/58
          HAT DER VFGH ERKANNT, DASZ DIE FRAGE, OB @STERR STB AUS=
          L#NDISCHE ORDEN UND EHRENZEICHEN TRAGEN D$RFEN, DIESEM
          KOMPETENZTATBESTAND ZUZUORDNEN IST.  HIERAUS ERGIBT SICH
          ABER KEINESFALLS, DASZ DIE REGELUNG DER RECHTSSTELLUNG DER
          AUSL#NDER IM INLAND IM ALLGEMEINEN UND INSONDERHEIT IN
          BEZUG AUF DEN ERWERB VON INL#NDISCHEN LIEGENSCHAFTEN DEN
          ''#USZEREN ANGELEGENHEITEN'' ZUZUZ#HLEN IST.
```

DER VFGH IST VIELMEHR DER ANSICHT, DASZ DAS G EINE MATERIE
DES ZIVILRECHTSWESENS NACH ART 10 (1) Z 6 B-VG ENTH#LT.
ER HAT DIESE AUFFASSUNG IN DEM DAS S AUSL#NDERGRUNDER=
WERBSGESETZ 1964, LGBLS 96, BETREFFENDEN ERK G 9/67,
G 11/67 DES N#HEREN BEGR$NDET.
ES SCHEINT AUSREICHEND ZU SEIN, HIER DESSEN GRUNDGEDANKEN
IN K$RZE ZU WIEDERHOLEN.
DIE ER@RTERUNGEN ZUM PA 364 ABGB IM ERK 2658/54 LASSEN
KEINE SCHL$SSE ZU, DIE GEEIGNET W#REN, DIE AUFFASSUNG
DER V LREG $BER DIE KOMPETENZRECHTLICHE EINORDNUNG
DES AUSL#NDERGRUNDERWERBSGESETZES ZU UNTERST$TZEN. DORT
HAT DER VFGH IN HANDHABUNG DER AUCH SONST VON IHM
GE$BTEN HISTORISCHEN AUSLEGUNG DER KOMPETENZTATBEST#NDE
DER BUNDESVERFASSUNG FESTGESTELLT, DASZ UNTER ''ZIVILRECHTS=
WESEN'' NACH ART 10 (1) Z 6 B-VG NUR JENE MATERIEN ZU SUB=
SUMIEREN SIND, DIE NACH DER SYSTEMATIK DER RECHTSORDNUNG IM
ZEITPUNKT DES WIRKSAMWERDENS DER KOMPETENZVERTEILUNG DES
B-VG ALS ANGELEGENHEIT DES ZIVIL-, PROZESZ- UND EXEKUTIONS=
RECHTES ANZUSEHEN WAREN. IN KONSEQUENZ DIESER METHODE HAT
DER VFGH IM ERK 2820/55 AUS DEM BEGRIFF DES ''ZIVILRECHTS=
WESENS'' DIE MASZNAHMEN AUSGESCHIEDEN, DIE ZUM ZIEL HATTEN,
DEN AUS DER FREIHEIT DES VERKEHRS MIT GRUND UND BODEN
NAMENTLICH NACH DEM ERSTEN WELTKRIEG ERKENNBAR GEWORDENEN
GEFAHREN F$R DIE B#UERLICHE SIEDLUNG ZU STEUERN. ER HAT
HIERAUS DIE FOLGERUNG GEZOGEN, DASZ DIE REGELUNG SOLCHER MASZ=
NAHMEN IN DIE L#NDERKOMPETENZ NACH ART 15 (1) B-VG F#LLT.
ANDERERSEITS ERGIBT DIE HISTORISCHE AUSLEGUNG, DASZ ZUR
REGELUNG DER RECHTSSTELLUNG DER AUSL#NDER IM INLAND AUCH DER
MATERIENGESETZGEBER ZUST#NDIG IST. SO IST ZB PA 8 GEWO $BER
DIE GEWERBERECHTLICHE STELLUNG VON AUSL#NDERN DER MATERIE
''ANGELEGENHEITEN DES GEW'' (ART 10(1) Z 8 B-VG) ZUZURECHNEN.
DIE REGELUNG DES PA 33 ABGB IVM DEN BG V 4. 7. 1924, BGBL 247,
UND V 18. 4. 1928, BGBL 106, ZEIGT, DASZ DIE REGELUNG DER
EXKLUDIERTER TEXT:
RECHTSSTELLUNG VON AUSL#NDERN IN ANGELEGENHEITEN DES
ERWERBES VON INL#NDISCHEM GRUNDEIGENTUM EINE MATERIE DES
''ZIVILRECHTSWESENS'' IST.
ES WAREN DAHER DIE WORTE IM PA 1 (1) AUSL#NDERGRUNDERWERBS=
GESETZES, LGBL 33/1962, ''DIE
$BERTRAGUNG DES EIGENTUMS ODER'' ALS VERFASSUNGSWIDRIG AUFZU=
HEBEN.

```
VFG000000747  DOCUMENT =      3  OF        3  NUMBER OF LINES =     160
SPR.ANN.T VFGH: ERKENNTNIS
          SAMMLUNGSNUMMER: 5741
          02.07.1968
          GESCH#FTSZAHL:
          G 1/67, G 2/67;
          SPRUCH IM ENGEREN SINN:
          DIE WORTE ''ZUSAMMENLEGUNGS-'' UND ''ZUSAMMENLEGUNG'' IN
          PA 89 ABS 2 DES GESETZES VOM 16. JULI 1952 LGBL F$R TIROL
          NR 32, $BER DIE REGELUNG DER FLURVERFASSUNG (FLURVER=
          FASSUNGS-LANDESGESETZ FLG) UND DAS WORT ''ZUSAMMENLEGUNG''
          IN PA 34 ABS 3 FLURVERFASSUNGS-GRUNDSATZGESETZ 1951, ANLAGE
          ZUR WIEDERVERLAUTBARUNGSKUNDMACHUNG DER BUNDESREGIERUNG VOM
          13. FEBER 1951 BGBL NR 103, WERDEN NICHT ALS VERFASSUNGS=
          WIDRIG AUFGEHOBEN.
          IM $BRIGEN WIRD DAS GESETZESPR$FUNGSVERFAHREN EINGESTELLT.
          ENTSCHEIDUNGSGR$NDE: 52
          ANNOTATIONEN:
          PA 89 (2) TIR FLURVERFASSUNGS-LG UND PA 34 (3)
          FLURVERFASSUNGSGRUNDSATZG ENTSPRECHEN ART 12 (1) Z 5 B-VG.
          EXKLUDIERTER TEXT:
          SOWOHL DEM KOMPETENZBEGRIFF ''BODENREFORM'' (ART 12 ABS 1
          Z 5 B-VG) ALS AUCH DEM KOMPETENZBEGRIFF ''ZIVILRECHTSWESEN''
          (ART 10 ABS 1 Z 6 B-VG) KOMMT NACH DER VERSTEINERUNGS=
          THEORIE DER INHALT ZU, DER IHNEN NACH DEM STAND DER RECHTS=
          ORDNUNG VOM 1.10.25 BEIZUMESSEN WAR (VGL ERK 4064/1961,
          3121/1956, G 8/67, G 10/67 VOM 27.6.1967). ZUR ''BODEN=
          REFORM'' GEH@REN GEM#SZ ART 12 (1) Z 5 B-VG ''INSBESONDERE
          AGRARISCHE OPERATIONEN UND WIEDERBESIEDLUNG''.
          GEM#SZ PA 1 REICHSRAHMENGESETZ RGBL 1883/94, BETREFFEND DIE
          TEILUNG GEMEINSCHAFTLICHER GRUNST$CKE UND DIE REGULIERUNG
          DER HIERAUF BEZ$GLICHEN GEMEINSCHAFTLICHEN BEN$TZUNGS- UND
          VERWALTUNGSRECHTE STAND DEN AGRARBEH@RDEN DIE BEHANDLUNG
          UND ENTSCHEIDUNG VON STREITIGKEITEN ZU, WELCHE ZWISCHEN
          TEILGENOSSEN DER (AGRAR)GEMEINSCHAFTLICHEN GRUNDST$CKE
          $BER BESITZ ODER EIGENTUM AN TEILEN DIESER GRUNDST$CKE
          ENTSTANDEN SIND.

          AN DIESER FESTSTELLUNG #NDERT NICHTS, DASZ NACH DEM GESETZ
          RGBL 1883/92, BETREFFEND DIE ZUSAMMENLEGUNG LANDWIRTSCHAFT=
          LICHER GRUNDST$CKE, STREITIGKEITEN $BER EIGENTUM UND
          BESITZ AN DEN IN DAS ZUSAMMENLEGUNGSVERFAHREN EINBE=
          ZOGENEN GRUNDST$CKEN NICHT IN DIE ENTSCHEIDUNGSZUST#NDIGKEIT
          DER AGRARBEH@RDEN FIELEN. DIE KONZENTRATION DER BEH@RD=
          LICHEN ENTSCHEIDUNGSZUST#NDIGKEITEN BETREFFEND DIE IM
          OPERATIONSVERFARHEN RELEVANTEN VERH#LTNISSE BEI DER AGRAR=
          BEH@RDE HERBEIZUF$HREN, IST GRUNDGEDANKE DER AGRARISCHEN
          OPERATION, DER AUS DEN REICHSRAHMENGESETZEN SCHLECHTHIN
          HERVORLEUCHTET. EINE DER VERWIRKLICHUNG DIESES GRUNDGE=
          DANKENS DIENENDE REGELUNG, DIE AM 1.10.25 BESTANDTEIL EINES
          ANDEREN REICHSRAHMENGESETZES WAR. ES K@NNEN ALLERDINGS
          BESONDERE UMST#NDE ZU EINEM ANDEREN SCHLUSZ F$HREN. HIER
          LIEGEN SOLCHE UMST#NDE ABER NICHT VOR.
          DIE IN PR$FUNG STEHENDEN GESETZESWORTE STEHEN - WEIL IHR
          INHALT VOM KOMPETENZBEGRIFF ''BODENREFORM'' ERFASZT WIRD -
          NICHT IM WIDERSPRUCH ZU DEN KOMPETENZVERTEILUNGSVOR=
          SCHRIFTEN DER BUNDESVERFASSUNG.
```

Anlage 5

Literaturzusammenstellung

Die Aufstellung der Literatur österreichischer Autoren zu Problemen juristischer Informationsssteme läßt erkennen, wie sehr am Rande diese Probleme noch in Österreich diskutiert und bearbeitet werden.

Brun, Waltraud, und *Pfeiffer, Oskar*: Automatische Generierung von Flexionsformen als linguistisches Hilfsmittel zur Informationssuche in juristischen Texten, in: Wiener Beiträge zur elektronischen Erschließung der Information im Recht, IBM 1973, S. 239

Kofler, Rudolf: Die formelle Erfassung der Daten im EDV-Versuchsprojekt Verfassungsrecht, in: Wiener Beiträge, S. 159.

Pfistershemmer, Sebastian: Schlüsselwörter und Grobklassifikation zum Beschreiben und Suchen juristischer Dokumente, in: Wiener Beiträge, S. 187.

Reisinger, Leo: Thesaurusstrukturen juristischer Datenbanken, DSWR 1972, S. 437 und 1973, S. 27

Schuster, Heribert: Elektronische Rechtsdokumentation — ein lebendes Instrument, in: Wiener Beiträge, S. 43.

Schuster, Johann: Elektronische Datenverarbeitung in Bundesverwaltung und Justiz, Österreichische Richterzeitung 1972, S. 93.

Stadler, Gerhard: Neue Wege der juristischen Information auch in Österreich, Österreichisches Anwaltsblatt 1972, S. 72.

—, Rechtserkenntnis aus höchstgerichtlichen Entscheidungen, Österreichische Notariatszeitung 1973, S. 3.

—, Benutzerforschung vor der Anwendung der EDV im Rechtsbereich, in: Wiener Beiträge S. 73.

—, Rechtsordnung und Rechtsinformationssysteme, in: Die Evolution des öffentlichen Rechts, Festschrift für Felix Ermacora (im Erscheinen).

Svoboda, Werner Robert: Die Zitatendokumentation auf dem Gebiet der Rechtswissenschaften, DVR 1973, S. 355.

—, Typische juristische Fragestellungen und deren Beantwortung durch das „Wiener System", DSWR 1973, S. 115

—, Juristische Informationssysteme und ihre Auswirkungen, Beitrag zum 4. Internationalen Kongreß „Datenverarbeitung im europäischen Raum", 1973, S. 471.

Leo Reisinger

Probleme der Bewertung und des Vergleiches automatisierter juristischer Informationssysteme

Übersicht

Vorbemerkung

EDV-unterstützte juristische Dokumentationssysteme bzw. automatisierte juristische Informationssysteme (AJIS) haben in den letzten Jahren zunehmend an Bedeutung gewonnen[1]. Zahlreiche Systeme werden bereits mit Erfolg in der Praxis eingesetzt oder sind im Aufbau begriffen. Aufgrund dieser Entwicklung wird das Problem der Bewertung und des Vergleiches von AJIS immer wichtiger. In der wissenschaftlichen Literatur werden Kriterien und Maßzahlen diskutiert, welche diese Aufgabe lösen sollen. Allerdings beschränken sich diese Vorschläge regelmäßig auf bestimmte Teilaspekte der AJIS. Der vorliegende Aufsatz versucht einen Beitrag zu dieser Problematik zu liefern, indem er von der Prämisse ausgeht, daß eine adäquate Bewertung eines AJIS viel weiter auszuholen hat, als dies gewöhnlich der Fall ist. Da die Struktur eines AJIS aus den Funktionen abzuleiten ist, welche es als Subsystem des übergeordneten Rechtsinformationssystems übernimmt, muß jede Bewertung dieses übergeordnete System ebenfalls berücksichtigen.

---

[1] Ein Informationssystem kann definiert werden als ein Subsystem mit Kanaleigenschaften und der folgenden Rolle: a) Es dient der Sammlung vieler Nachrichten und ihrer Weiterleitung; b) Es erlaubt Speicherung von Nachrichten; c) Es unterstützt die Gewinnung von Information aus Nachrichten (die Interpretation von Nachrichten) durch die empfangende Instanz. Vgl. Bundesministerium der Justiz (Hrsg.), Das Juristische Informationssystem. Analyse, Planung, Vorschläge (Karlsruhe 1972) S. 32. Vgl. auch *Fiedler*, Automatisierung im Recht und juristische Informatik. JuS 1970, S. 604. „Das Juristische Informationssystem wird verstanden als ein System zur umfassenden Information eines Aufgabenträgers für dessen juristische Entscheidung." Nach Fiedler geht die Zielsetzung des Juristischen Informationssystems über jene des Dokumentationssystems („Juristische Datenbank") hinaus. Die Nomenklatur ist jedoch nicht einheitlich. Im vorliegenden Aufsatz wird keine strikte Trennung vorgenommen, statt „Informationssystem" kann daher auch „Dokumentationssystem" gesetzt werden. Als Überblick vorhandener juristischer Informationssysteme (Dokumentationssysteme) vgl. *Haft*, Elektronische Datenverarbeitung im Recht (Berlin 1970) S. 102 ff.; *Simitis/Voss-Eckermann/Dammann*, Materialien zur Rechtsinformatik Folge 1 ff. (Frankfurt/M. 1971 ff.).

Im einzelnen wird die folgende Vorgangsweise der Bewertung eines AJIS vorgeschlagen:

1. Bestimmung des Istzustandes des Rechtsinformationssystems;
2. Bestimmung des Sollzustandes des Rechtsinformationssystems;
3. Ist—Soll-Vergleich des Rechtsinformationssystems. Aus diesem Vergleich ergeben sich die Funktionen des AJIS zur Verbesserung des Rechtsinformationssystems.
4. Die möglichen Alternativen (Aufbau eines neuen AJIS, Übernahme eines bestehenden Systems) haben sich an diesen Funktionen zu orientieren.

Aufgrund dieser Überlegungen erscheint ein Vergleich von AJIS, der nur die Hardware und Software berücksichtigt bzw. einzelne Maßzahlen für den Vergleich heranzieht, als allzu verkürzt. Jeder umfassenden Bewertung müßte eine ausreichende Systemanalyse des Rechtsinformationssystems vorangehen. Diese Aufgabe kann nur durch eine interdisziplinäre Zusammenarbeit im Rahmen der rechtsinformatorischen Forschung geleistet werden.

1 Das Rechtsinformationssystem — Die Ist-Analyse

Im Sinne der Systemtheorie läßt sich „Gesellschaft" als ein komplexes System deuten, das in verschiedene interaktive Subsysteme zerlegt werden kann[2]. Gemäß dieser Konzeption läßt sich das Recht als ein das gesellschaftliche Gesamtsystem steuerndes Subsystem deuten, das Informationen verarbeitete. Eine geordnete Menge von Entscheidungsinstanzen ist verknüpft durch ein Subsystem von Informationskanälen, dem Rechtsinformationssystem, aus denen diese ständig aus anderen Instanzen gesendete Nachrichten entnehmen oder über die sie neue Nachrichten an andere Instanzen absenden[3]. Damit ist das Rechtsinformationssystem integraler Bestandteil des jeweiligen Rechtssystems, jede wesentliche Änderung von Kanaleigenschaften verändert den Informationsfluß und damit die Erzeugung rechtlicher Information, d. h. das Rechtssystem selbst.

Eine Entscheidung über die Ersetzung oder Ergänzung des vorhandenen Rechtsinformationssystems durch ein AJIS hat daher mit der Analyse des Ist-Zustandes, insbesondere der Instanzen, Kanäle und Nachrichten des Rechtsinformationssystems zu beginnen.

Verhältnismäßig einfach feststellbar sind die einzelnen Instanzen und deren Anzahl. Aussagen über die Systemstrukturen sind jedoch erst möglich, wenn Gesetzmäßigkeiten des Informationsverhaltens angegeben werden können. Hierfür bietet sich die vom System her definierte Rollenverteilung an. Die Rolle des Richters, Staatsanwaltes, der Parteien, etc. wird durch die Aufgabe definiert,

---

[2] Grundlegend für diese Konzeption sind die Arbeiten *Parsons* (The Structure of Social Action [1961], zuerst 1937; Essays in Sociological Theory, 1954). Im deutschen Sprachraum wurden die Gedanken *Parsons* vor allem durch *Luhmann* weiterentwickelt. Vgl. Funktionen und Folgen formaler Organisation, 1964; Zweckbegriff und Systemrationalität, 1968; Legitimation durch Verfahren, 1969; (gemeinsam mit *Habermas*) Theorie der Gesellschaft oder Sozialtechnologie (1971).

[3] Vgl. zum folgenden *Zielinski*, Das Juristische Informationssystem, DVR 1 (1973), S. 63 ff.

die er als Akteur im Rahmen des Systems erfüllt. Hierbei ist davon auszugehen, daß die Rolle als Ausschnitt des möglichen Verhaltens nicht unbedingt mit dem tatsächlichen Verhalten übereinzustimmen braucht. Eng mit diesem Problem ist das Leitbild einer Instanz verwandt, das aus dem möglichen Tätigkeitsspielraum den tatsächlichen auswählt. Das Leitbild einer Instanz kann von vielen Faktoren abhängen, z. B. vom Verständnis der eigenen Rolle und der Rolle des Systems in der Umwelt; der Kenntnis über Aussehen und derzeitiges Verhalten des Systems; Bevorzugung gewisser Aufgaben innerhalb der eigenen Rolle; Bevorzugung bestimmter Kanäle. Ob und inwieweit Rolle und Leitbild je Instanz voneinander abweichen, ist weitgehend unbekannt. Erst in jüngster Zeit geht man im Rahmen der Rechtstatsachenforschung dazu über, das Informationsverhalten der Akteure des Rechtsinformationssystems empirisch zu erforschen[4].

Von besonderer Wichtigkeit für den Aufbau eines AJIS erscheint die Analyse der Kanäle des vorhandenen Rechtsinformationssystems. Jede Instanz muß notwendigerweise selektieren. Bei den traditionellen manuellen Dokumentationssystemen beschränkt sich jeder Benützer in der Regel auf bestimmte Dokumentklassen (z. B. Judikate), bestimmte Nachrichtensender (z. B. der Sozialgerichte), bestimmte Kanäle (z. B. amtliche Entscheidungssammlung, Zeitschrift, Hausbibliothek, Fachverlage). Diese Vorselektion hängt von der Relation zwischen Benutzerleitbild und Kanalleitbild ab. Durch sie werden kanalspezifische Barrieren und Vorteile aufgebaut, die eine bestimmte Informationsvermittlung behindern bzw. besonders fördern. Eine Gleichheit der Chance für sämtliche Nachrichten, vom potentiellen Adressaten empfangen und verwertet zu werden, ist nicht gegeben.

Eng verwandt mit der kanalspezifischen Vorselektion ist das Problem der Bestimmung des „juristisch relevanten" Nachrichtenmaterials. Traditionellerweise werden hier die Dokumentenklassen Normen, Judikale und juristische Literatur genannt. Bereits bei letzterer sind die Abgrenzungskriterien jedoch nicht eindeutig. Noch stärker tritt dieses Problem allerdings auf bei sonstigen juristischen Dokumenten (z. B. Gesetzesentwürfen; Gesetzgebungsmaterialien; Bestandteilen von Gerichtsakten wie Klagen, Anzeigen, Sitzungsprotokollen; Gutachten; Presseveröffentlichungen zu Gerichtsentscheidungen; allgemeine Geschäfts- und Vertragsbedingungen) sowie bei Rechtstatsachen und Sozialdaten. Insbesondere für das zuletzt genannte Nachrichtenmaterial gilt, daß es für verschiedene Instanzen in unterschiedlichem Maße als relevant angesehen wird.

Diese skizzenhafte Darstellung der Instanzen, Kanäle und Nachrichten des Rechtsinformationssystems zeigt, daß eine ausreichende Ist-Analyse in den meisten Fällen noch aussteht. Dies bedeutet, daß jede ad-hoc-Entscheidung über Einsatz und Umfang eines AJIS Gefahr läuft, den Bedürfnissen der präsumptiven Benützer nicht gerecht zu werden. Da jede Korrektur einer einmal gefaßten Grundsatzentscheidung erhebliche Verluste an Geld, Manpower und Zeit mit

---

[4] Vgl. *Jungjohann/Seidel/Sörgel/Uhlig*, Informationsverhalten und Informationsbedarf von Juristen. Eine Erhebung von Infratest Sozialforschung, München, im Auftrag des Bundesministeriums der Justiz und der Gesellschaft für Mathematik und Datenverarbeitung. DVR-Beiheft 2 (Berlin 1974).

sich bringt und aus diesem Grund ein Vorgehen nach Trial and Error ausgeschlossen ist, bildet eine ausreichende Benutzerforschung eine der grundlegenden Prämissen für den Aufbau eines AJIS.

2 Das Rechtsinformationssystem – Die Soll-Analyse

2.1 Methoden der Soll-Analyse

Nach der Feststellung des Iststandes des Rechtsinformationssystems hat als nächster Schritt eine Analyse der Sollvorstellungen anzuschließen. Ihr Ziel ist es – nach Möglichkeit –, eine Hierarchie an Zielen sowie Methoden und Maßnahmen zur Erreichung dieser Ziele zu erstellen. Hierbei tritt jedoch das grundlegende Problem der Interdependenz und Antinomie bestimmter Ziele auf. Aus diesem Grunde benötigt man wissenschaftliche Verfahren, welche auch bei komplexen Systemen sicherstellen, daß alle Relationen dieser Art berücksichtigt werden. Als Verfahren, die sich für diesen Zweck besonders eignen, sind die Morphologiemethode und die Methode der Relevanzbäume zu nennen.

Die von *F. Zwicky* entwickelte Morphologiemethode[6] stellt einen Spezialfall des kombinatorischen Denkens dar. Sie kann definiert werden als "a technique for identifying, indexing, counting and parametrising the collection of all possible devices to achieve a functional capability"[7].

Die Morphologiemethode läßt sich in verschiedener Weise einsetzen[8]:
– als Rahmen zur Sammlung relevanter Information (data collecting model);
– als Hilfe zur Überprüfung aller Folgen einer gegeben Ursache;
– als Hilfe zum Auffinden aller Lösungen eines gegebenen Problems.

In dieser letzten Eigenschaft ist die Methode für die Ziel-Mittel-Problematik der finalen Regelung von besonderem Interesse. *Zwicky* beschreibt die einzelnen Stufen der Morphologiemethode wie folgt:

1. Das zu lösende Problem muß möglichst präzise und vollständig definiert werden.
2. Das Problem wird sodann durch Bestimmungsmerkmale (Parameter) p_i beschrieben ($i = 1, 2 \ldots, n$).
3. Jedem Parameter p_i wird eine Anzahl k_i verschiedener, nicht mehr teilbarer Erscheinungsformen (Ausprägungen) p_i^1, p_i^2, ... $p_i^{k_i}$ zugeordnet. Alle Elemente p_i^j in einer Matrix angeordnet ergeben den „morphologischen Kasten".

---

[5] Diese Überlegung führte in der BRD zu einer ausgedehnten empirischen Untersuchung, welche als Grundlage der Entscheidung über das geplante Juristische Informationssystem des Bundes dienen soll. Vgl. Bundesministerium der Jutiz, Das Juristische Informationssystem, S. 35–73, 304–307.

[6] *Zwicky*, Morphology of Propulsive Power (Pasadena 1962); *ders.*, Entdecken, Erfinden, Forschen im morphologischen Weltbild (München-Zürich 1966); *ders.*, Morphologische Forschung, Wesen und Wandel materieller und geistiger struktureller Zusammenhänge (Pasadena 1959); *ders.*, Morphologisches Denken und Vorgehen, in: *Tumm* (Hrsg.), Die neuen Methoden der Entscheidungsfindung (München 1972) S. 130 ff.; *Zwicky/Wilson*, New Methods of Thought and Procedure (Heidelberg 1967).

[7] *Ayres*, Technological Forecasting and Long-range Planning (New York 1969), S. 72.

[8] *Clement*, Conceptual and Technical Problems in Long-range Educational Planning (Council of Europe, Strasbourg 1971) S. 58.

$$\begin{pmatrix} p_1^1, & p_1^2, & \ldots\ldots\ldots\ldots\ldots, & p_1^{k_1} \\ p_2^1, & p_2^2, & \ldots\ldots\ldots\ldots\ldots, & p_2^{k_2} \\ \vdots & \vdots & & \vdots \\ p_n^1, & p_n^2, & \ldots\ldots\ldots\ldots\ldots, & p_n^{k_n} \end{pmatrix}$$

Die Verbindungen von jeweils einem Element jeder Zeile ergibt eine „Lösung" $(p_i^{j_1}, p_i^{j_2}, \ldots p_n^{j_n})$ $1 \leqq j_i \leqq k_j$. Insgesamt sind k_1 x k_2 x ... x k_n Lösungen möglich. In der Praxis kann diese Zahl meist durch Ausscheiden sinnloser oder unmöglicher Lösungen reduziert werden.

4. Nach vollständiger Ermittlung der insgesamt denkbaren Kombinationen müssen bestimmte Bewertungskriterien für die in der Matrix enthaltenen Lösungen aufgestellt werden.
5. Eine spezielle Lösung wird nach diesen Kriterien ausgewählt.

Die Schwierigkeit dieser Methode liegt vor allem in der Forderung, eine vollständige Definition des Problems, der Parameter und Erscheinungsformen aufzustellen. Außerdem ist ein Durchrechnen aller Lösungen auch mit EDV-Einsatz in praxi nur bei nicht allzu umfangreichen Matrizen möglich.

Eng mit dem morphologischen Kasten ist die Methode des Relevanzbaumes verwandt[10]. Ein Relevanzbaum ist ein Modell einer Menge von Relationen zwischen Elementen, die in hierarchischen Ebenen angeordnet sind. Am häufigsten sind diese Elemente Ziele, Unterziele, Methoden und Maßnahmen zu ihrer Erreichung. Dadurch, daß die Elemente auf den verschiedenen Wirkungsebenen systematisch mit der Spitze des Relevanzbaumes (mit dem Oberziel) verbunden sind, werden alle möglichen Pfade zur Zielerreichung offengelegt.

In dieser ersten Stufe unterscheidet sich der Relevanzbaum vom morphologischen Kasten vor allem dadurch, daß eine hierarchische Anordnung der Elemente vorliegt. In einer zweiten Stufe, die über die morphologische Methode hinausgeht, wird eine numerische Bestimmung der optimalen Lösung durch Einführung von Bewertungen der einzelnen Elemente versucht. Dieser Schritt – am weite-

---

[9] *Zwicky*, Entdecken, Erfinden, Forschen im morphologischen Weltbild, S. 116 ff.

[10] Vgl. dazu *Gerardin*, Les Arbres de Pertinence. IEEE Seminar on Research Organization, Paris, 28. Mai 1970; *Comtesse*, Normative Methodology for Long-Term Planning. Institut de Recherches et d'Etudes Sociologiques et Economiques (Genf (1969)).

sten in der Methode *PATTERN*[11] gediehen – ist jedoch in der Literatur noch ziemlich umstritten.

Für die Methoden des morphologischen Kastens und des Relevanzbaumes gilt in gleicher Weise wie für ähnliche Verfahren, daß das eigentliche Problem, nämlich die Bewertung der einzelnen Ziele und Mittel, der subjektiven Beurteilung des Menschen überlassen bleibt. Durch die mit Hilfe dieser Methoden durchgeführte Analyse und Strukturierung der Teilprobleme kann jedoch eine größere Klarheit für die Bewertung und damit ein höherer Grad an Rationalität der Entscheidung erreicht werden.

2.2 Die Ziel-Analyse des Rechtsinformationssystems

Trotz der genannten Probleme setzt die Entscheidung über den Aufbau eines AJIS eine Ziel-Analyse des Rechtsinformationssystems voraus. In erster Annäherung läßt sich diese wie folgt durchführen[12]:

Oberstes Ziel des Rechtsinformationssystems muß es sein, die Funktionsfähigkeit des Rechtssystems zu verbessern. Diesem Oberziel dienen die auf der nächsten Stufe angeordneten Teilziele: Rechtsinnovation, Rechtssicherheit, Beschleunigung der Entscheidungsprozesse sowie Transparenz des Rechtssystems.

Rechtsinnovation bedeutet Anpassung des Rechts an veränderte gesellschaftliche Verhältnisse. Dazu gehört die Berücksichtigung gesellschaftlicher Veränderungen, welche wieder ihre Ermittlung voraussetzt. Als Maßnahmen dazu sind Rechtstatsachenforschung und Analyse der Rechtsfolgen zu nennen.

Rechtssicherheit bedingt, daß die Instanzen des Rechtssystems gleiche Sachverhalte regelmäßig gleich entscheiden; ihre Entscheidungen müssen weitgehend vorausschaubar sein. Die Verhinderung unbewußter Abweichungen läßt sich erreichen einerseits durch eindeutige Interpretation der Nachricht über Entscheidungsregeln (Vermeidung von Lücken und Widersprüchen), andererseits durch die allgemeine Verfügbarkeit der Nachricht über Regeln und Interpretationshilfen bei mehrdeutigen Regeln. Bewußte Abweichungen können erschwert werden durch Vorlagebestimmungen bei beabsichtigter Abweichung und Kontrolle der Entscheidungen. Sie dürfen jedoch nicht verhindert werden, da sonst die Gefahr der Erstarrung des gesamten Systems bestünde und damit das Ziel der Rechtsinnovation unerreichbar würde.

Die Beschleunigung der Entscheidungsprozesse kann durch Beschleunigung der Informationsgewinnung und durch Standardisierung der Entscheidungsprozesse gefördert werden. Erstere wird erreicht durch einheitliche Zitierweise, Erleichterung der Interpretation relevanter Nachrichten (ausreichende Erschließungshilfen) und Erleichterung des Zugriffs zu relevanten Nachrichten. Hierbei muß man

---

[11] Vgl. dazu *Esch*, Planning, Assistance through Technical Evaluation of Relevance Numbers, in: *Arnfield* (ed.), Technological Forecasting (Edinburgh 1969); *Fischer*, Toward a Mathematical Theory of Relevance Trees, in: Technological Forecasting, vol. 1 no. 4 (1970).

[12] Vgl. zum folgenden Bundesministerium der Justiz, Das Juristische Informationssystem, S. 35 ff.

sich klarmachen, daß die wesentliche Tätigkeit der Instanzen des Rechtssystems in der Informationsverarbeitung besteht.

Die Transparenz des Rechtssystems läßt sich durch die Verdeutlichung der Zusammenhänge zwischen Regeln und durch Durchschaubarkeit der Entscheidungsprozesse erreichen. Die Forderung nach Transparenz zwingt dazu offenzulegen, an welcher Stelle der komplexen Struktur des Rechtssystems eine Instanz eine Entscheidung zu treffen hat, welche Einflüsse auf diese Entscheidung einwirken und welche Instanzen von der getroffenen Entscheidung wiederum beeinflußt werden.

3 Der Ist–Soll-Vergleich des Rechtsinformationssystems

Der Ist–Soll-Vergleich des Rechtsinformationssystems zeigt in der Regel, daß der Istzustand dem Sollzustand in vielen Bereichen nicht entspricht. Allerdings krankt jeder derartige in der Praxis durchgeführte Vergleich daran, daß einerseits der Istzustand nur teilweise bekannt ist, andererseits nicht immer Konsens über die Zielhierarchie des Sollzustandes hergestellt werden kann. Aus diesem Grund kann nicht mit einer vollständigen Analyse der alternativen Mittel zur Angleichung des Istzustandes an den Sollzustand gerechnet werden. Diese Unsicherheit wird noch größer, wenn nicht mehr die Verbesserung der Funktionsfähigkeit des Rechtssystems als oberstes Ziel angenommen wird, sondern dieses selbst wieder mit anderen, z. B. wirtschaftlichen oder sozialpolitischen Zielen konkurriert.

Unter Berücksichtigung dieser Fehlerquellen läßt sich dennoch als hervorragendes Mittel der Verbesserung des Rechtsinformationssystems die Einrichtung eines oder mehrerer AJIS feststellen[13]. Im Bereich der Rechtsinnovation läßt sich die Anpassung durch AJIS beschleunigen, wenn mit ihrer Hilfe die Veränderungen schneller allgemein bewußt werden. Dies kann durch schnellere und weitere Verbreitung von Entscheidungen und Beiträgen der Rechtsliteratur, die solche Veränderungen anzeigen, sowie der Rechtstatsachenforschung und Rechtsfolgeanalyse geschehen.

In ähnlicher Weise gilt für die Rechtssicherheit, daß die Zahl der unbewußt abweichenden Entscheidungen durch bessere Information verringert werden kann. Weiters kann das AJIS auch ausreichende Interpretationshilfen zur Verfügung stellen, welche für eine bestimmte Nachricht nach Möglichkeit nur eine Interpretationsmöglichkeit zulassen. Diese Hilfe ist auch für die Beschleunigung des Entscheidungsprozesses wichtig. Dazu tritt in diesem Fall noch die Verbesserung der Informationsgewinnung durch erleichterten Zugriff zu den Nachrichten. Der Ist–Soll-Vergleich des Rechtsinformationssystems führt daher in der Regel zu der positiven Entscheidung über ein AJIS.

Damit stellt sich die Aufgabe, durch nähere Analyse der Funktionen eines solchen Systems Kriterien für die Bewertung und den Vergleich bereits existierender AJIS zu gewinnen.

---

[13] Vgl. dazu grundlegend *Simitis*, Informationskrise des Rechts und Datenverarbeitung (Karlsruhe 1970).

4 Die Soll-Analyse des AJIS

Aufbauend auf der Sollanalyse des Rechtsinformationssystems und der grundsätzlichen Entscheidung für ein AJIS hat die Sollanalyse des AJIS einen Katalog von Zielen zu erstellen, die beim Aufbau des AJIS zu berücksichtigen sind. Die Formulierung dieser Ziele hat die vorhandenen Ressourcen und andere Einschränkungen zu berücksichtigen.

Ein typischer Zielkatalog eines AJIS umfaßt die folgenden Forderungen[14]:

1. Vollständigkeit des Informationsmaterials

Diese Forderung ergibt sich aus der in Abschnitt 1 dargestellten Vorselektion der Kanäle und Nachrichten des traditionellen Rechtsinformationssystems. Durch ein umfassendes AJIS können kanalspezifische Barrieren, die eine Informationsvermittlung bisher behindert haben, nivelliert werden. Damit ist für sämtliche Nachrichten in etwa die Gleichheit der Chancen herstellbar, von potentiellen Adressaten empfangen und verwertet zu werden. Alllgemein würde dies zu einer Beschneidung des meinungsbildenden Einflusses der berufsmäßigen Selektierer in Verlagen und Bibliotheken führen[15]. Insbesondere besteht die Hoffnung, daß bei Einsatz eines AJIS die juristische Fachliteratur mehr als bisher als Unterlage der Einzelentscheidung herangezogen würde.

Diese begrüßenswerte Auswirkung umfassender Dokumentation, die dem Benutzer die Chance zu mehr Informationsfreiheit gibt, belastet das System selbst mit der Verantwortung für eine möglichst manipulationsfreie Garantie dieser Chance. Dies bedeutet als Ziele eines AJIS den Aufbau einer großen Datenbasis mit Volltextspeicherung. Allerdings steht dieses Ziel vielfach mit den vorhandenen Ressourcen im Widerspruch. Eine Volltextspeicherung wird jedoch auf jeden Fall für Rechtsnormen zu fordern sein; auch für Entscheidungen genügt eine Beschränkung auf Leitsätze nicht, insbesondere hat die Speicherung eine Darstellung des Sachverhaltes zu enthalten. Schwierigkeiten bereitet das Postulat der Vollständigkeit jedoch bei der Speicherung der juristischen Literatur und der relevanten Sozialdaten. Auch bei den größten bisher in Aussicht genommenen Systemen mußten hier Abstriche gemacht werden[16].

2. Aktualität des Informationsmaterials

Aufgrund der raschen Veränderung des Rechtssystems durch die „Informationslawine im Recht“ muß eine aktuelle Datenbasis gefordert werden, insbesondere eine geringe Verzögerung bei der Eingabe und Speicherung. Das gleiche gilt für die Ergänzung (updating) der Nachrichten.

3. Objektivität des Systems

Dazu zählen der Grundsatz einer möglichst geringen Vorinterpretation der Nachrichten, eine hohe Selektionsgüte (vgl. dazu Abschnitt 5.2) und das unter Punkt 1 angeführte Ziel der Vollständigkeit. Ebenfalls sind eng mit der Objektivität des Systems die Vorkehrungen der Datensicherung verknüpft.

---

[14] Vgl. Bundesministerium der Justiz, Das Juristische Informationssystem, S. 75 ff.

[15] Vgl. *Fechner*, Funktionen des Rechts in der menschlichen Gesellschaft, in: Jahrbuch für Rechtssoziologie und Rechtstheorie (1970), S. 100 f.

[16] Vgl. für das „Wiener System“ *Lang/Bock*, Wiener Beiträge zur elektronischen Erschließung der Information im Recht (IBM. Wien 1973).

4. Transparenz des Systems
Die Transparenz des Systems wird durch eine gute Systembeschreibung mit verständlichen Regeln für Dokumentenauswahl und Dokumentenbearbeitung gewährleistet.

5. Leistungsfähigkeit des Systems
Die Leistungsfähigkeit des Systems kann nach Hardware, Software und äußerer Organisation (Orgware) unterschieden werden. Als wichtige Forderungen sind zu nennen: die Möglichkeit des Dialogverkehrs über Bildschirmgeräte, eine kurze Reaktionszeit mit schneller Anzeige, einfach zu erlernendes Information Retrieval, Suchhilfen (z. B. Thesauri); insgesamt also ein möglichst weitgehender Benutzerkomfort.

6. Wirtschaftlichkeit des Systems
Dazu zählen niedrige fixe Gesamtkosten, weitgehende Verwendung einheitlicher, möglichst genormter Bausteine; niedrige Kosten pro Dokument für die Datenerfassung und niedrige Kosten pro Frage.

7. Schnelle Verwirklichung des Systems
Hierher ist der Grundsatz des raschen Aufbaus und der schnellen Implementierung des AJIS zu zählen, insbesondere die unter Punkt 6 genannte Verwendung genormter Einheiten (Baukastenprinzip).

Diesem (nicht vollständigen) Zielkatalog sind die verfügbaren Ressourcen und andere Einschränkungen gegenüberzustellen. Dazu zählen insbesondere:

1. Finanzielle Ressourcen (kurzfristig und längerfristig verfügbare öffentliche Gelder, Gebühreneinnahmen für die Systembenutzung);
2. angebotene Produkte (Hardware, Software);
3. angebotene Dienstleistungen (z. B. Datenerfassung außer Haus);
4. personelle Ressourcen (Personal für Auswahl des Dokumentenmaterials, der Datenaufbereitung und Datenerfassung; Personal für Systementwurf, Programmierung und Systembetrieb; Personal für Beratung und Schulung der Benutzer);
5. zur Verfügung stehende Zeit.

Es ist klar, daß zwischen Zielen, Mitteln und verfügbaren Ressourcen zahlreiche Interdependenzen, insbesondere Antinomien bestehen[17]. So stehen etwa innerhalb der Ziele Leistungsfähigkeit und Wirtschaftlichkeit des Systems zueinander in Widerspruch, im Bereich der Mittel Größe der Datenbasis und kurze Reaktionszeit. Trivialerweise stehen die verfügbaren Ressourcen zu nahezu allen Zielen in Widerspruch. In der Regel kann daher zur Bestimmung des optimalen AJIS nicht von einer eindimensionalen Zielhierarchie ausgegangen werden. Für den Vergleich existierender AJIS bedeutet dies insbesondere, daß eine Bewertung mit exakten Methoden nur für bestimmte Teilbereiche möglich ist. Ein allgemeines Verfahren zur Bewertung von AJIS ist zum gegenwärtigen Zeitpunkt nicht verfügbar.

5 Die Ist-Analyse des AJIS

Entsprechend den Ausführungen in Abschnitt 4 muß jedes AJIS als mehrdimen-

[17] Vgl. dazu *Zangemeister*, Nutzwertanalyse in der Systemtechnik (München 1970) S .95 ff.

sional aufgefaßt werden[18]. Dies bedeutet, daß eine eindeutige Rangordnung im allgemeinen nicht angebbar ist. Bei existierenden AJIS bestehen erhebliche Unterschiede insbesondere hinsichtlich

- der verfolgten Ziele
- des Benutzerkreises
- des zu dokumentierenden Materials (Art und Umfang)
- der Hardware
- der Software.

Aus diesem Grunde ist jeder Vergleich und jede Bewertung zwangsläufig unvollständig. Im folgenden sollen 2 Teilproblemkreise herausgegriffen werden: die Kosten—Nutzen-Analyse des Systems und die Bewertung des Information Retrieval.

5.1 Die Kosten—-Nutzen-Analyse

Die Kosten—Nutzen-Analyse versucht durch Gegenüberstellung der Kosten und des „Nutzens" einen Beitrag zur Bestimmung der „Leistung" eines Informationssystems zu geben[19].

Hierbei ist eine grundlegende Trennung der rechnerischen Wirtschaftlichkeit von den nicht in Geld bewertbaren Faktoren vorzunehmen.

Die rechnerische Wirtschaftlichkeit umfaßt die Gegenüberstellung der Kosten und Erträge im engeren Sinn. Als Kosten sind zu unterscheiden:

1. Einmalige Kosten. Diese teilen sich wieder in die Kosten des Entwicklungs-/Übernahmeaufwandes (Kosten für Problemanalyse, Erstellung des Systemvorschlags, der Programmierung und Implementierung) und die Kosten des Anpassungs-/Umstellungsaufwandes (Schulung und Organisationsumstellung, Ersterfassungskosten, Maschinenkauf, Raumausstattungskosten und einmalige Sachkosten).
2. Laufende Kosten (anteilige Maschinenmiete, anteiliger Personalaufwand, Materialaufwand, Transportaufwand der Datenträger, Kosten für Projekt- und Programmpflege, anteilige Raum-, Energie- und Wartungskosten).

In ähnlicher Weise werden die Erträge unterschieden in:

1. einmalige Erträge (diese treten insbesondere bei Umstellung durch Maschinenfreisetzung und Sachmittelfreisetzung auf);
2. laufende Erträge (Personal- und Maschinenfreisetzung, Sachminderaufwand, als wichtigster Posten Gebühreneinnahmen für die Systembenutzung).

---

[18] Vgl. *Vigier*, Beurteilungskriterien für Datenbanksysteme, in: BTA 5 (1971).

[19] Vgl. *Niesing/Uphoff*, Kosten—-Nutzen-Betrachtungen als Grundlage der Auswahl von Alternativen — dargestellt an einem Beispiel aus der Datenerfassung, in: ÖVD 11 (1972); *Recktenwald*, Die Kosten—Nutzen-Analyse (Tübingen 1971); *Peters*, Cost-Benefit-Analyse und staatliche Aktivität (Hamburg 1968); *Uhlig*, Zur Problematik der Bewertung eines Juristischen Informationssystems, in: DVR 1 (1972), *Sharpe*, The Economics of Computers (New York-London 1969); *Großmann/Niesing/Uphoff*, Voruntersuchungen als Ausgangspunkt von Automationsprojekten der öffentlichen Verwaltung, in: ÖVD 6 (1973); *Riepl*, Zur Wirtschaftlichkeitsanalyse für Datenbanksysteme, in: ÖVD 5 (1973).

Die Daten der rechnerischen Wirtschaftlichkeit können prinzipiell erfaßt werden. Es ist jedoch wichtig festzuhalten, daß dieser Aspekt nur einen Teil der Kosten-Nutzen-Analyse umfaßt. Bei einer umfassenden Analyse sind auch die nicht in Geld bewertbaren Faktoren zu berücksichtigen. Dazu zählt ein Großteil der in Abschnitt 4 genannten Ziele, insbesondere die Vollständigkeit und Aktualität des Informationsmaterials sowie die Objektivität und Transparenz des Systems. Letztlich würde eine umfassende Kosten—-Nutzen-Analyse erfordern, den Beitrag zur Verbesserung des Rechtsinformationssystems und damit des Rechtssystems insgesamt zu bewerten. Da es sich hiebei vielfach zumindest beim gegenwärtigen Stand der Forschung um Faktoren handelt, die sich einer quantitativen Bewertung entziehen, kann eine umfassende Kosten—Nutzen-Analyse eines AJIS beim augenblicklichen Stand des Wissens nicht vorgenommen werden.

5.2 Die Bewertung des Information Retrieval

Ein weiterer Teilaspekt eines AJIS, der für den Vergleich verschiedener Systeme eine große Bedeutung hat, ist die Bewertung des Information Retrieval. Diese geht in der Regel von der folgenden Überlegung aus[20]:

Dem konkreten AJIS, das auf eine bestimmte Anfrage eine Menge von Dokumenten nachweist, die für die gestellte Anfrage nur zum Teil relevant sind, wird ein ideales System gegenübergestellt, das genau die relevanten Dokumente nachweist. Enstprechend dem Mengenkalkül läßt sich dieser Sachverhalt wie folgt darstellen.

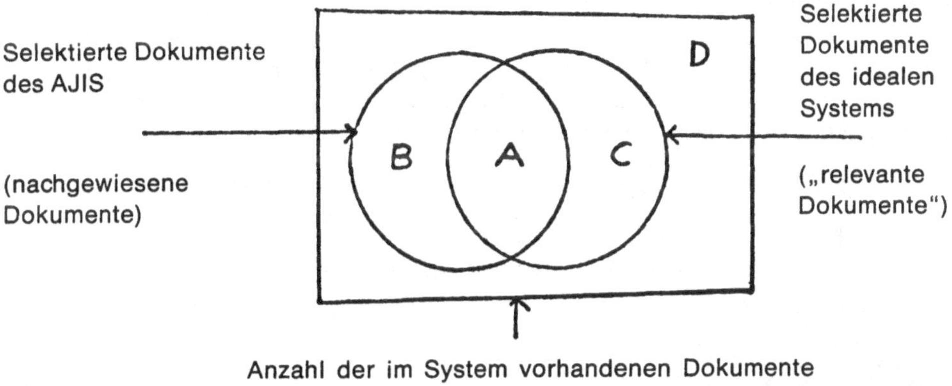

Die Menge A enthält alle Dokumente, die vom AJIS nachgewiesen und vom Benutzer als „relevant" klassifiziert werden. Die Menge B enthält alle vom AJIS nachgewiesenen, aber „nicht relevanten" Dokumente. Die Menge C enthält alle „relevanten" aber nicht nachgewiesenen Dokumente und die Menge D alle Dokumente, die weder relevant sind noch nachgewiesen werden.

---

[20] Vgl. *Swets*, Information Retrieval System, in: Science 1963, S. 245 ff.; *Salton*, Computer Evaluation of Indexing and Text Processing, in: Journal of the ACM 1 (1968); *ders.*, Automatic Information Organization and Retrieval (New York-Toronto-London-Sydney 1968); *ders.*, Automatic Text Analysis, in: Science 1970, S. 335; *Schwuchow*, Über die Bewertung von Dokumentationssystemen, in: Nachrichten für Dokumentation 6 (1970).

Als Ausgangsgrößen für die Selektionsgüte eines AJIS ergeben sich damit die folgenden Größen:

		Benutzerurteil	
		relevant	nicht relevant
AJIS	nachgewiesen	n (A)	n (B)
	nicht nachgewiesen	n (C)	n (D)

Als wichtigste Maßzahlen der Selektionsgüte ergeben sich daraus:

Recall (Nachweisquote)

$$R = \frac{n(A)}{n(A) + n(C)} = \frac{\text{nachgewiesene, relevante Dokumente}}{\text{relevante Dokumente}}$$

Precision (Relevanzquote)

$$P = \frac{n(A)}{n(A) + n(B)} = \frac{\text{nachgewiesene, relevante Dokumente}}{\text{nachgewiesene Dokumente}}$$

Im allgemeinen besteht ein negativer Zusammenhang zwischen Recall und Precision, da Suchstrategien, die den Nachweis möglichst aller relevanten Dokumente anstreben, einen hohen Ballast (auch viele nicht relevante Dokumente im Nachweis) in Kauf nehmen müsse.

Beim Vergleich zwischen verschiedenen AJIS ist zu erwarten, daß jenes mit dem besseren Information Retrieval (z. B. durch Verwendung eines Thesaurus) für vorgegebenen Recall eine höhere Precision erreicht und umgekehrt. Ein derartiger Vergleich läßt sich graphisch wie folgt darstellen:

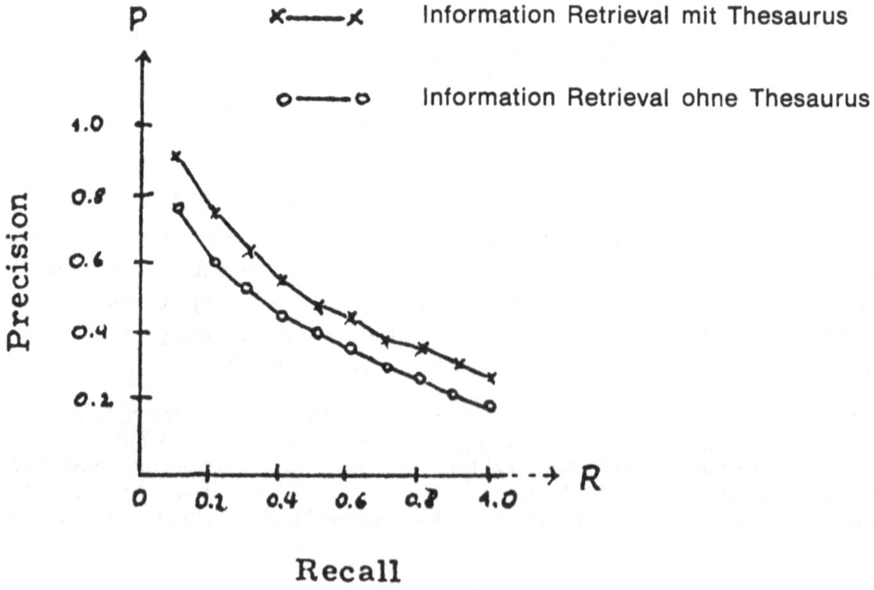

Allerdings sind Recall und Precision als Maßzahlen für den Vergleich der Selektionsgüte verschiedener Systeme nicht unbestritten. Als wichtigste Einwendungen gegen ihre Verwendung sind zu nennen:[21]

1. Keine Aussagen können darüber gemacht werden, ob bei der inhaltlichen Analyse alle Dokumente fachlich richtig und vollständig ausgewertet wurden.
2. Die Anzahl der tatsächlich im System vorhandenen relevanten Dokumente kann – besonders bei großer Dokumentenzahl – nicht exakt festgestellt werden, es sei denn, die ganze Datenbasis wird durch Einsicht der Originaldokumente vom Benutzer überprüft, womit der Sinn der Information Retrieval ad absurdum geführt wäre.
3. Für die meisten Benutzer ist es weniger interessant, in welchem Verhältnis die erhaltenen Dokumente zu den im Speicher vorhandenen relevanten Dokumenten stehen, sonder vielmehr, in welchem Verhältnis die erhaltenen Dokumente zu den überhaupt existierenden relevanten Dokumenten stehen. Darüber kann jedoch der Recall nichts aussagen.

Es gibt deshalb eine Fülle von Vorschlägen für die Bewertung (evaluation) von Retrieval-Systemen, die über einfache Maßzahlen wie Recall und Precision hinausgehen[22]. Bisher konnte jedoch noch keine Einigung unter den Autoren erzielt werden, die Diskussion ist noch voll im Gange.

Zusammenfassung

In den Abschnitten 1 bis 6 wurde versucht, die wichtigsten Probleme bei der Bewertung und dem Vergleich von AJIS kurz darzustellen. Die Ergebnisse dieser Überlegung können wie folgt zusammengefaßt werden[23]:

1. Jedes AJIS ist vom Rechtsinformationssystem abhängig, dieses wieder vom gesamten Rechtssystem.
2. Aus dieser Abhängigkeit ergibt sich für den Aufbau eines AJIS, daß als Ausgangspunkt jeder Überlegung eine System-Aanalyse des Rechtsinformationssystems mit einem Ist–Soll-Vergleich durchzuführen ist. Eine Einbeziehung des gesamten Rechtssystems dürfte in der Regel nur für die Definition der Makroziele des Rechtsinformationssystems nötig sein.
3. Für den Vergleich und die Bewertung von AJIS folgt daraus, daß diese nur im Zusammenhang mit dem zugehörigen Rechtsinformationssystem vorgenommen werden können. Eine Analyse der AJIS ohne die Berücksichtigung dieser Zusammenhänge muß zu falschen Ergebnissen führen.

---

[21] *Laisiepen/Lutterbeck/Meyer-Uhlenried*, Grundlagen der praktischen Information und Dokumentation (München/Pullach-Berlin 1972), S. 357.

[22] Vgl. *te Nuyl*, Evaluation of Information Retrieval Systems (The Hague, Institute on Information Retrieval Systems, July (1965); *Salton*, Information Storage and Retrieval (Ithaca N. Y., September 1969); *Maron/Kuhns*, On relevance, prohabilistic indexing and information retrieval, in: J. Assoc. f. Computing Mach. 7 (1960); *Hungermann*, Zur Planung, Erstellung und Bewertung von Dokumentationssystemen. Dok. Fachbibl. Werksbuch 12 (1964); *te Nuyl*,, Examination of the validity of the conclusions, arrived at in the ASLIB-Cranfield-Research-Project, Zeist: FID, Committee on Classification Research 1967; *von Consbruch*, Erfahrungen in einer Literaturauskunftsstelle, in: Nachr-Dok. 18 (1967); *Gresser/Paschen/Schwuchow*, Die Kosten der wissenschaftlichen und technischen Information. Ein Standardsystem für statistische Erhebungen (München-Berlin 1970); *Schwuchow*, Über die Bewertung von Dokumentationssystemen.

[23] Vgl. *Friedler*, Perspektiven juristischer Informationssysteme, in: ÖVD 10 (1973).

4. Der für die Bewertung eines AJIS erforderliche Merkmalskatalog ergibt sich aus einer Systemanalyse seiner Funktionen im Rechtsinformationssystem.
5. Da aufgrund des Merkmalskataloges jedes AJIS mehrdimensional ist, kann im allgemeinen keine eindimensionale Ordnung der Bewertung erreicht werden.
6. Neben der Mehrdimensionalität wird die Möglichkeit des Vergleiches weiters dadurch grundsätzlich beschränkt, daß zahlreiche Merkmale nicht quantitativ bewertbar sind.
7. Befriedigende Bewertungen und Vergleiche sind daher nur für Teilaspekte des AJIS möglich; dazu zählen insbesondere eine Analyse der rechnerischen Wirtschaftlichkeit und eine Bewertung der Selektionsgüte des Information Retrieval.
8. Ein umfassender Vergleich von AJIS auf fundierter Basis setzt eine eingehende Analyse der Struktur von Rechtsinformationssystemen voraus. Sie zu erarbeiten ist eine der wesentlichen Aufgaben der Rechtsinformatik.

Summary

In sections 1 through 6, the attemp has been made briefly to present the most important problems in the evaluation and comparison of automated legal information systems (ALIS). The results of these considerations may be summerized as follows:

1. Any ALIS is dependent upon the legal information system in general which for its part is dependent upon the legal system as a whole.

2. It follows from this interdependence that all deliberations in regard to the establishment of an ALIS have to start from a systems' analysis of the legal information system coupled with a determination of actual and target data. The inclusion of the legal system as a whole appears to be necessary in general only for the definition of the macro-aims of the legal information system.

3. As a result, ALIS may be evaluated and compared with each other only in connection with the respective legal information system. An analysis of ALIS without considering these connections must lead to wrong results.

4. The catalog of characteristics required for the evaluation of an ALIS results from a systems analysis of its functions within the legal information system.

5. Because any ALIS is, based upon the catalog of characteristics, multi-dimensional, in general no one-dimensional order of evaluation may be attained.

6. In addition to the multi-dimensional structure, the possibilities of comparison are further in principle limited by the fact that many characteristics cannot be quantitatively evaluated.

7. Therefore, satisfactory evaluations and comparisons are possible only for partial aspects of the ALIS; among these are, in particular, an analysis of cost efficiency and an evaluation of the selective quality of information retrieval.

8. A comprehensive comparison of ALIS on a firm foundation presupposes a thorough analysis of the structure of legal information systems. This is one of the essential tasks of Jurimetrics.

Résumé

Il a été tenté, aux sections 1 à 6, de présenter brièvement les principaux problèmes se posant lors de l'appréciation et de la comparaison de systèmes d'information juridique automatisés (SIJA). Les résultats de ces réflexions peuvent être résumés de la façon suivante:

1. Tout SIJA dépend du système d'information juridique dans son ensemble, et celui-ci à son tour de l'ensemble du système de droit.

2. Cette dépendance a pour conséquence, pour l'organisation d'un SIJA, qu'il y a lieu de procéder, comme point de départ de toute réflexion, à une analyse systématique du système d'information juridique dans son ensemble à l'aide d'une comparaison entre ce qui existe et les buts doivent être atteints. Il ne devrait en général être nécessaire de

prendre en considération le système de droit dans son ensemble que pour la définition des macro-objectifs du système d'information juridique.

3. Il ressort de ceci que la comparaison et l'appréciation de SIJA ne peuvent être entreprises qu'en relation avec le système d'information Juridique sur lequel ils portent. Une analyse des SIJA menée sans tenir compte de ces rapports conduit forcément à de faux résultats.

4. Le catalogue de caractéristiques nécessaire pour apprécier la valeur d'un SIJA ressort d'une analyse systématique de ses fonctions dans le système d'information juridique en général.

5. Etant donné qu'en raison du catalogue de caractéristiques tout SIJA est multidimensionnel, on ne peut en général amener l'appréciation de sa valeur à s'exprimer par une dimension unique.

6. A côté de la multidimensionnalité, la possibilité de comparaison est encore en principe limitée par le fait que de nombreuses caractéristiques ne peuvent donner lieu à une appréciation quantitative.

7. Il n'est de ce fait possible d'apprécier et de comparer de façon satisfaisante que des aspects partiels des SIJA; de ceux-ci font partie particulièrement une analyse de rentabilité sur le plan comptable et une appréciation de la valeur sélective du « Information Retrieval ».

8. Une large comparaison des SIJA sur une base solide suppose une analyse détaillée de la structure des systèmes d'information juridique. C'est une des principales missions de l'informatique juridique que d'y procéder.

Literatur

Datenschutz

Juristische Grundsatzfragen beim Einsatz elektronischer Datenverarbeitungsanlagen in Wirtschaft und Verwaltung. Hrsg. *Wolfgang Kilian, Klaus Lenk, Wilhelm Steinmüller.* (Beiträge zur juristischen Informatik, Band 1). Verlagsbuchhandlung S. Toeche-Mittler, Darmstadt. 1973. 330 Seiten. DM 54,–

Der erste Band der begrüßenswerten Reihe „Beiträge zur juristischen Informatik" (bis März 1974 noch vom Athenäum-Verlag, Frankfurt, herausgegeben), die von *H. Brinckmann* und *W. Kilian* ediert wird, enthält die Referate einer auf Einladung der Deutschen Forschungsgemeinschaft im November 1972 in Regensburg abgehaltenen Tagung, auf der die Probleme des Datenschutzes in wissenschaftlicher Breite andiskutiert wurden. Die einzelnen Beiträge des Bandes ergeben einen Querschnitt, sie zeigen unterschiedliche und nicht aufeinander abgestimmte Lösungsansätze, aber keinen vollständigen Lösungsvorschlag. Dem sich mit dem Datenschutz Beschäftigenden wird eine Fülle von Anregungen geboten, die das Buch zu einer wertvollen Hilfe auch für den Legisten machen.

Geht man vom grundsätzlichen Beitrag von *W. Steinmüller* aus (Objektbereich „Verwaltungsautomation und Prinzipien des Datenschutzes", S. 51–76), der in sehr klarer Form die Problematik umreißt und einen Ausbau dieser Ansätze erwarten läßt (vgl. ähnlich auch ÖVD 1972/11 und im Band über die Münchener Ringvorlesung EDV und Recht, in: EDV und Recht, 6, S. 175–198), so ist nach Ansicht des Rezensenten weniger das „magische Dreieck" des Datenschutzes bemerkenswert (Datenschutzmaßnahmen dürfen die Verwaltung nicht mehr als notwendig behindern; die Organisation der Verwaltung muß EDV-gerecht sein; der rechtliche Vorbehalt der Verfassung), sondern die Darstellung, wie das Arbeitsmittel „Datenverarbeitung" die Struktur der öffentlichen Verwaltung verändert, und daß aus einer Analyse dieses Prozesses die Gefahren erkannt werden können, denen mit dem Datenschutzrecht zu begegnen ist. Ausgangspunkt des Datenschutzes muß daher die Verwaltung, ihre Organisation und ihr Informationssystem sein, nicht aber die Privatsphäre (die in keinem Fall absolut frei von staatlichem Zugriff ist) oder die „personenbezogenen Daten" (da im Zusammenhang mit geeigneten Zusatzinformationen jede Information „personenbezogen" wird); Datenschutz ist primär Programmkontrolle und sekundär eine am Rechtsstaatsprinzip (Art. 20 GG) orientierte kompetenzbezogene Datenverarbeitung (dazu kommen als flankierende Maßnahmen Datensicherung und Dissoziation der Verwaltung, da Trennung der Verwaltungsverfahren in einen manuellen und einen automatisierten Teil). Die Forderung nach Programmkontrolle durch eine kompetente, unabhängige, mächtige, jedoch nicht eigeninteressierte Stelle (ähnlich auch *A. Podlech* in seinem Beitrag: Prinzipien des Datenschutzes in der öffentlichen Verwaltung, der aber durch das Beiheft 1 zur DVR überholt ist) hat aber nicht nur Vorteile, sondern auch wesentliche Nachteile: Es wird hier eine der gegebenen Verwaltung fremde, höchstens noch mit der Rechnungskontrolle vergleichbare Kontrollverwaltung aufgebaut, die metasprachliche Normen (!) prüfen müßte (konsequenterweise müßte das Programm als Rechtsvorschrift qualifiziert werden) und organisatorisch nur der Staatsgewalt Gesetzgebung zugeordnet werden könnte, wenn man vom Prinzip des demokratischen Rechtsstaates ausgeht. Bei Billigung des Grundgedankens von *Steinmüller*, der „Integrierung des Datenschutzes in die Organisation der EDV" (74) böte sich vielleicht doch die „Verrechtlichung" der Informationsflüsse (71) als sach-adäquatere Lösung, sie ist jedenfalls in der Verfassung eher vorgezeichnet (Gewaltenteilung, Ressortprinzip, Amtsgeheimnis, Amtshilfe). Der Zusammenhang von „Datenschutz und Gewaltenteilung" bedeutet nicht nur ein Informationsgleichgewicht zwischen Gesetzgebung und Exekutive (so der Beitrag von *H. Geiger*, S. 173–185, sowie *B. Lutterbeck*, Entscheidungstheoretische Bemerkungen zum Gewaltenteilungsprinzip. Zur Problematik parlamentarischer Informationsrechte im Datenschutzrecht, S. 187–206), sondern auch die Wahrung der aus der Organisationsgröße traditionell gegebenen Gewaltenteilung innerhalb der Verwaltung, die zwar in der Verfassung nicht ausdrücklich genannt ist, aber ein elementares Verfassungsprinzip darstellt (zu vergleichen der sarkastische Satz *de Closets* „Der einzig wahre Schutz der Grundrechte ist die Ineffektivität der staatlichen Verwaltung."). Eine Aufhebung dieser Gewaltenteilung wäre durch ein vollintegriertes Informationssystem der Verwaltung möglich und würde eine von jeder politischen Führung gewünschte Steigerung der Chance politischer Einwirkung auf gesellschaftliche Verhältnisse bedeuten. Daher weist *K. Lenk* (Datenschutz in der öffentlichen Verwaltung, S. 15–50) mit Recht darauf hin, daß die Grundprinzipien des Datenschutzes emminent (rechts)politisch sind; man kann noch hinzufügen, daß Datenschutz Verzicht auf (andere) Staatsziele ist. Damit ist bereits auf die Grenzen des Datenschutzes hingewiesen, die sich in der Verfassung finden: Die von der Demokratie und dem Rechtsstaat geforderte Transparenz staatlicher Entscheidungen und die kommunikativen Grundrechte (Meinungs- und Informationsfreiheit), die im Beitrag von *H. Brinckmann* (Datenschutz und Recht auf Information, S. 77–89) behandelt werden (neben Art. 5 GG wäre aber auch Art. 10 MRK zu erörtern gewesen).

Mit den bisher üblichen Ansätzen des Datenschutzes setzen sich *H. Garstka* (Grundbegriffe für den Datenschutz, S. 209–222) sowie hinsichtlich des allgemeinen Persönlichkeitsrechts und der Privatsphäre *B. Schlink* (Der Bürger als Datenobjekt, S. 155–172) und *A. Hasselkuß* gemeinsam mit *C. J. Kaminski* (Persönlichkeitsrecht und Datenschutz, S. 109–128) auseinander. Daß die kontinentaleuropäische Gesetzgebung bei einer Ausrichtung des Datenschutzes auf die in der anglo-amerikanischen Judikatur ausgebildete (und in den US-Verfassungen nur vorgezeichneten, aber nicht ausdrücklich festgelegten) „privacy" die auf Grund unserer Verwaltungsorganisation her anders gelagerten Probleme nicht lösen kann, ist inzwischen allgemein anerkannt (vgl. zuletzt *S. Simitis*, DVR 1973, S. 148), was auch von den Autoren des Rezensionsbandes durchwegs bejaht wird.

Auch auf die weiteren Beiträge des Bandes darf nicht vergessen werden: *B. Bühnemann* (Datenschutz im privatwirtschaftlichen Bereich, S. 91–106) und *W. Kilian* (Datenschutz in Wirtschaftsunternehmen, S. 289–309) fordern einen Datenschutz auch für den privatwirtschaftlichen Bereich, wo er noch dringlicher als in der öffentlichen Verwaltung sein dürfte, da diese wenigstens durch das Gesetzmäßigkeitsprinzip und die demokratische Kontrolle beschränkt ist, während sich die Unternehmensziele weitgehend im rechtsfreien Raum bewegen. Daher ist der Beitrag von Kilian besonders hinsichtlich seiner empirischen Angaben überaus wertvoll. *O. Mallmann* stellt den Inhalt des Fair Credit Reporting Act dar (Kreditauskunfteien und Datenschutz in den Vereinigten Staaten, S. 311–330) und legt die Frage nahe, wie es mit der Praxis der Kreditauskunfteien und der sonstigen Auskunftsbüros im deutschen Raum aussieht. Mit Einzelfragen beschäftigen sich *D. Zielinski* (Das legislatorische Problem „Datenschutz" aus strafrechtlicher Sicht, S. 129–154), der vor allem das geltende Strafrecht auf Delikte gegen den Datenschutz untersucht und ein unbefriedigendes Ergebnis feststellt; *K. Grimmer* (Probleme der Institutionalisierung von Informationssystemen im öffentlichen Bereich, S. 237–255); *U. Dammann* (Datenschutzprobleme bei Planungs- und Entscheidungshilfesystemen, S. 257–278), wobei er vom Hessischen Planungs- und Analysesystem ausgeht; *D. Rave* (Datenschutzprobleme am Beispiel des Gesundheistwesens, S. 277–287).

Technisch zeichnet sich der Band durch deutsche und englische Zusammenfassungen der Beiträge sowie durch Mitarbeiterbiographien aus. (Die Werke der Rechtsinformatik sind hier für die Arbeiten der anderen juristischen Disziplinen Vorbild!) Eine ergänzende Deskriptorenliste wäre vorteilhaft gewesen. Von der Themenwahl her hätte man sich noch einen Bericht über statistische Datenbank und Datenschutz gewünscht (nur *Garstka* weist darauf hin, daß aggregierte und sogar anonymisierte Daten grundsätzlich individualisierbar sind; es kommt nur auf die zur Verfügung stehenden Zusatzinformationen an), über das Verhältnis des Art. 35 GG zum Datenschutz, sowie über das Problem, vor dem sich eine empirische Sozialwissenschaft bei stringenten Datenschutzbestimmungen gestellt sähe.

Gerhard Stadler

Stefano Rodotà. Elaboratori elettronici e controllo sociale
(= Quaderni dell'IRSTA 2) Il Mulino, Bologna. 1973. 199 S.

Viel Literatur zum Datenschutzproblem gibt es in Italien nicht. Auch Gesetzgebungsinitiativen sind nicht bekannt geworden, sieht man einmal ab von Bestimmungen in den Statuten einzelner italienischer Regionen, die Aussagen über Akentöffentlichkeit und Zugang zu öffentlichen Daten enthalten. Um so erfreulicher ist es, daß die erste Monographie zum Thema – der Autor ist Professor an der rechtswissenschaftlichen Fakultät der Universität Rom – nicht in jener Tradition italienischer Rechtswissenschaft steht, die kritiklos alles rezipiert, was aus Frankrech, Deutschland und neuerdings den angelsächsischen Ländern kommt. Vielmehr handelt es sich um eine Arbeit, die das Ende 1972 zur Verfügung stehende Material kritisch verarbeitet und zu Schlußfolgerungen gelangt, die in der deutschsprachigen Diskussion über Datenschutz keineswegs Gemeingut sind.

Schon die einleitenden Bemerkungen verdienen besondere Beachtung. Selten sind die sozialen Ursprünge der Erregung über den Einbruch der Datenverarbeitung in die Privatsphäre so klar und präzise angegeben worden wie bei *Rodotà*. Bei den meisten Autoren fungiert diese Erregung ja nach wie vor als Motivation für ihre Arbeit; wenn die Literatur durchweg noch von einem undefinierten Privatsphärenbegriff ausgeht oder diesen Begriff durch nicht minder verwaschene Vorstellungen ersetzt, so zeigt das, wie schwer es ist, sich über seine eigenen Voraussetzungen klar zu werden und nicht durch Übertreibungen die Datenschutzdiskussion festfahren zu lassen. *Rodotà* geht davon aus, daß die Angst vor Eingriffen in die Privatsphäre verschiedene Ursachen hat, je nachdem, welches Ziel mit Informationssammlung verfolgt wird: Sammlung der notwendigen Daten für die Vorbereitung und Durchführung von Programmen der Leistungsverwaltung oder der staatlichen Intervention in Sozialbereiche auf der einen Seite; Kontrolle der Konformität der Bürger im Hinblick auf herrschende politische Vorstellungen, verstärkte Überwachung auf der anderen (S. 29 f.). So könne die Opposition gegen einige Fragen im US-Zensus 1971 als Widerstand gegenüber sozialen Programmen verstanden werden, für die Informationen bereitgestellt werden mußten. Hinter der Verteidigung der Privatsphpäre versteckte sich hier die Opposition gegen höhere Steuern und gegen eine staatliche Interventionspolitik, die auf die Verringerung sozialer Unggleichheiten abzielt. Ähnliches berichtet *Rodotà* auch aus Italien, wo Datenschutzargumente gegen die Errichtung eines Registers aller Steuerpflichtigen vorgebracht wurden, welches das unübersichtliche Besteuerungssystem effizienter und gerechter machen soll. Das reale Motiv dieser Opposition war Angst vor Aufdeckung der Steuerflucht. Da man schlecht unmittelbar hiermit argumentieren konnte, führte man einen indirekten Angriff durch Hinweis auf den möglichen Mißbrauch von Steuerdaten und auf die Gefahr einer Benutzung der Zensusdaten für Steuerzwecke (S. 31). Auch für die andere Quelle der Besorgnis, nämlich Informationssammlung zu Zwecken der politischen Überwachung, führt *Rodotà* ein Beispiel aus Italien an. Dort entwickelte sich in der politischen Linken ein Bewußtsein der Gefahren, nachdem bei einer durch einen Arbeitsrechtsstreit veranlaßten Durchsuchung der Hauptverwaltung von Fiat im August 1971 eine private Kartei mit Angaben über etwa 350 000 „politisch unzuverlässige" Personen sichergestellt wurde (S. 19).

Die Bedeutung von *Rodotàs* Monographie liegt vor allem darin, daß sie nicht auf Gefahren der Datenverarbeitung für das Individuum fixiert ist, sondern das Problem sofort in einen weiteren Zusammenhang stellt. Nicht nur um Verletzungen geht es, die das Individuum als solche wahrnimmt. *Rodotà* versucht vielmehr, gesellschaftliche Vorteile und gesellschaftliche Nachteile der Datenverarbeitung gleichermaßen zu erfassen. Die Verarbeitung personenbezogener Informationen könne auch erhebliche gesellschaftliche Vorteile mit sich bringen. Unter ihnen befänden sich nicht nur mögliche Effizienzsteigerungen in einigen Bereichen, sondern auch die Möglichkeit, neue Formen der Verwaltung gesellschaftlcher Macht zu entwickeln. Hieraus könnten sich dann auch für die Individualfreiheiten Entfaltungsmöglichkeiten ergeben, die bis heute unbekannt sind (S. 37). Nur durch die Berücksichtigung positiver und negativer Folgen der Datenverarbeitung zugleich könne man daher den rechtlich-instituionellen Rahmen schaffen, den die Verbreitung der Datenverarbeitung erfordere (S. 24). Dabei seien Vor- und Nachteile nicht sauber zu trennen; sie mögen oft eng miteinander verbunden sein, sich aber auf verschiedenen Ebenen niederschlagen. Vorteile oder Nachteile könnten dem zukommen, der DV-Kapazität zu seiner Verfügung hat oder der Gesellschaft in ihrer Gesamtheit, oder einzelnen Gruppen von ihr oder schließlich Individuen. In vielen Fällen zeige die genaue Analyse angeblicher Vorteile, daß diese Vorteile einseitig enzelnen Benutzern oder bestimmten sozialen Gruppen zugute kommen, während sie gesamtgesellschaftlich oder für die Betroffenen nichts als Nachteile bringen (S. 26 f.).

Damit ist nicht weniger formuliert als die Problemstellung einer allgemeinen Informationspolitik. Diese wird dann nötig, wenn neue Informationstechnologien es wegen zu erwartender gesellschaftlicher Folgen nicht mehr zulassen, den Informationshaushalt in Teilbereichen der Gesellschaft sich weiter naturwüchsig entwickeln zu lassen. Ihre Perspektive ist eine gesamtgesellschaftlich-politische. Indem *Rodotà* aus dieser Perspektive argumentiert, hat er den individualbezogenen Ausgangspunkt des Juristen aufgegeben, an dem Verfechter des Datenschutzes hierzulande in der Regel auch dann noch festhalten, wenn sie erkannt haben, daß die nachträgliche gerichtliche Kontrolle, die eine solche Anknüpfung verlangt, als Schutzmechanismus nicht ausreicht.

Rodotà versucht, die übliche defensive Betrachtung des Schutzes der Bürgerfreiheiten einschließlich des Persönlichkeitsschutzes hinter sich zu lassen. Mit den Problemen des Persönlichkeitsrechts hält er sich nicht lange auf. Man könne sich nicht auf die kleinen Freiheiten versteifen, während zugleich die großen unbesehen schwänden. Es gehe um den umfassenden Schutz der Bürgerrechte, der auch als Kontrolle über öffentliche und private Machtausübung verstanden werden müsse (S. 39). Selbst der Schutz der Privatsphäre hänge letztlich ab von der Fähigkeit des Individuums, die Stellen der Informationssammlung kollektiv zu kontrollieren (S. 121).

Rodotà wird nicht müde, die herkömmliche justizorientierte Betrachtung des Problems als unzulänglich zu kritiersen. Der Rechtsweg, der Einzelinitiatve erfordere, sei unangemessen, wenn ein Machtunterschied zwischen dem Geschädigten und dem Urheber des Schadens bestehe (S. 45). Der gerichtliche Schutz sei atomisiert: Es seien keine ernsthaften Kontrollen über die gesamte Informationssammlung und -verwendung öffentlicher und privater Institutionen möglich (S. 53 f.). Instrumente sozialer Kontrolle seien der Reaktion beschwerter Individuen vorzuziehen. Auch wenn einige der herkömmlichen Mechanismen des Individualschutzes aufgegeben würden, könne dies kompensiert werden durch die Existenz eines wachsamen und wirksamen Kontrollapparats. Das Vertrauen auf Individualinitiative, auf die Verantwortung des Individuums für die Kontrolle gesellschaftlicher und staatlicher Macht seien ebenso wie die Fiktion der Einwilligung des Individuums in mögliche Verletzungen nur das Alibi eines Herrschaftssystems, welches unfähig sei, wirksame Instrumente der sozialen Kontrolle bereitzustellen und vom einzelnen verlange, er solle auf seine Kräfte bauen – und dabei im Regelfall verlieren (S. 46 f.).

Rodotà läßt seine Leser freilich weithin im Unklaren darüber, wie wirksame Kontrollinstrumente aussehen müßten. Organisationssoziologische Überlegungen, die hier weiterhelfen können, klingen bei *Rodotà* noch nicht an. Zu Recht verspricht er sich aber effektiven Schutz von Verboten der Informationssammlung, wobei er auch Art. 8 des italienischen Arbeiterstatuts erwähnt, der die Sammlung von Informationen über politische, weltanschauliche und religiöse Meinungen von Arbeitnehmern verbietet (S. 63 ff.).

Den Problemen des Zugangs zu Informationen widmet *Rodotà* breiten Raum. Während sich für Individualdaten neue Schutz- und Geheimhaltungsprobleme ergäben, sei für allgemeine Daten das Problem umgekehrt: Datenverarbeitung könne möglicherweise dem Recht auf Information als einer Voraussetzung von Demokratie zur Realisierung verhelfen (S. 79). Eine Erweiterung von Interventions- und Partizipationsmöglichkeiten sei auch der einzige Weg, um zu verhindern, daß Machtverschiebungen sich nur in eine Richtung hin ergäben, nämlich zugunsten von immer weniger Gruppen mit geschlossenen und zentralisierten Strukturen (S. 116). *Rodotà* empfiehlt eine weitgehende Vergesellschaftung der Information, besonders der wirtschaftlichen Information (S. 117–119). Der gegenwärtige Geheimnisschutz ist ihm zu weitgehend; er sei vor allem ein Privileg für die Inhaber von Information (S. 66). Nicht nur anonymisierte Wirtschaftsdaten müßten öffentlich zugänglich sein, sondern auch persönliche Informationen von wirtschaftlicher Bedeutung. Daß die Prioritäten überdacht werden müssen, beweist ein kleiner Seitenhieb auf die BRD: hier sei die Veröffentlichung von Steuerdaten noch ein Vergehen und die Sammlung von Informationen über politische Meinungen ein öffentlich benutztes Mittel, um Anwärter auf den öffentlichen Dienst zu diskriminieren (S. 69).

Freilich läßt auch dieses Buch die rechtspolitischen Grundfragen bei der Regelung des gesellschaftlichen Informationshaushalts in einzelnen Bereichen unbeantwortet. Die dringend nötigen Detailuntersuchungen, etwa zum Datenschutz im Bildungswesen oder im kriminalpolitischen Bereich kann es nicht ersetzen. Aber der vom Autor gewählte gesamtgesellschaftliche Ansatz stellt das Problem so, daß die Konflikte zwischen Informationsbedürfnissen und Interessen an der Zurückhaltung von Information über spektakuläre Einzelfälle hinaus offengelegt werden können und eine rationale Diskussion über sie möglich wird. Aus dem von Juristen enwickelten Datenschutzrecht entsteht bei *Rodotà* unversehens eine „politische" Sicht des Problems. Er verzichtet darauf, voreilig gezimmerte Maßnahmenkataloge auf noch unerkannte Gefahren loszulassen und damit das Problem als gelöst anzusehen. Eine Informationspolitik, die gegenüber staatlicher und gesellschaftlicher Macht nicht blind ist und tragfähige Vorschläge zur Regelung des gesellschaftlichen Informationshaushalts entwickeln will, wird an seiner Arbeit nicht vorbeigehen können.

Klaus Lenk

Münchener Ringvorlesung EDV und Recht — Möglichkeiten und Probleme

Vorträge von *F. L. Bauer, M. von Berg, H. Fiedler, F. Haft, E. Heinz, K. J. Hopt, A. Kaufmann, A. Langseder, H .Müller-Krumbhaar, H. C. Müller-Lutz, M. Paul, A. Podlech, J. Rödig, J. Scheubel, A. Schödlbauer, W. Steinmüller* anläßlich der Ringvorlesung der Juristischen Fakultät der Universität München im Wintersemester 1971/72. Herausgegeben von *Arthur Kaufmann* (EDV und Recht, Band 6). J. Schweitzer Verlag, Berlin. 1973. VIII, 243 S. DM 68,—

Die juristische Fakultät der Universität München veranstaltete im Wintersemester 1971/72 eine Ringvorlesung unter dem Thema „Die Anwendung der elektronischen Datenverarbeitung im Recht — Möglichkeiten und Probleme", bei der Informatiker, Rechtsinformatiker, Verwaltungsfachleute, Kommunikationswissenschaftler und Rechtstheoretiker vortrugen. Diese Vorträge sind (mit Ausnahme der Vorträge von *S. Simitis* und *U. Klug*) in der vorliegenden Publikation gesammelt.

Aus Gründen des beschränkten Umfangs einer Rezension können die einzelnen Vorträge nicht in dem ihnen gebührenden Maße besprochen werden. Es sei nur auf einige Schwerpunkte verwiesen, welche nach Meinung des Rezensenten den Kernbereich der Rechtsinformatik betreffen. *H. Müller-Krumbhaar* geht in seinem Referat „Selbstkonsistenz des Systems als Modellgrundlage für juristische Entscheidung und Planung" von der Systemtheorie und den Begriffen „System" und „Modell" aus. Er zeigt, daß der Regelungsvorgang des Rechts die Selbstkonsistenz des Systems als Übereinstimmung beliebig herausgegriffener Teile oder Teilabläufe des Systems erfordert. Diese Selbstkonsistenz stellt nichts anderes als den Gleichheitsgrundsatz dar. Dieser Grundsatz ist bei jeder Entscheidungshilfe durch den Computer, insbesondere bei der Falldokumentation, zu berücksichtigen.

J. Rödig diskutiert in seinem Vortrag „Axiomatisierbarkeit juristischer Systeme" die Möglichkeiten und Grenzen der axiomatischen Methode im Recht. Nach der Definition der Axiomatisierung und der begrifflichen Unterscheidung von Axiomatisierung und Formalisierung werden die Anforderungen an juristische Axiomensysteme (Widerspruchsfreiheit, Vollständigkeit) angeführt und die Transformation von Rechtssätzen in Normen beschrieben. Das Referat schließt mit der Diskussion wissenschaftssoziologischer Aspekte, insbesondere der Frage, ob durch Axiomatisierung ein Zementierungseffekt im Recht eintreten würde.

F. Haft gibt in seinem Referat „Juristische Dokumentation mit Computern — Entwicklungsstand, Probleme und künftige Möglichkeiten" einen Überblick über die Anwendung der EDV bei der Literaturdokumentation im juristischen Bereich. Hierbei werden die Bedeutung der Berücksichtigung des juristischen Benutzerbedürfnisses und die daraus folgende Notwendigkeit der Benutzerforschung hervorgehoben. Daran anschließend wird eine dem Sprechschema folgende Methode der Fallbeschreibung entwickelt und ihre Bedeutung für die juristische Dokumentation gezeigt.

In seinem Vortrag „Stellenwert der EDV in der öffentlichen Verwaltung und Prinzipien des Datenschutzrechts" geht *W. Steinmüller* vom „magischen Dreieck der EDV" aus: Datenschutzmaßnahmen dürfen die moderne Verwaltung nicht mehr als notwendig behindern; die Organisation der Verwaltungsautomation muß EDV-gerecht sein; die Ergebnisse des EDV-Einsatzes müssen rechtspolitisch erwünscht sein. Aus einer Analye des Mensch-Maschine-Systems „Verwaltung" werden die Grundsätze der integrierten Datenverarbeitung entwickelt sowie Restriktionen und Gefahrenquellen aufgezeigt. Schließlich unterzieht der Autor die bisherigen Ansätze des Datenschutzes einer kritischen Würdigung und weist auf die Notwendigkeit flankierender Maßnahmen hin.

Das Referat *A. Podlechs* „Verfassungsrechtliche Probleme öffentlicher Informationssysteme" enthält Überlegungen zu den möglichen Entwicklungen und Auswirkungen EDV-unterstützter Informationssysteme. Nach der Skizzierung der Aufbauprinzipien solcher Systeme werden die Auswirkungen auf den Geheimnisschutz der Einzelperson sowie auf die Organisationsformen und Interdependenzen der staatlichen Gewalten diskutiert. Insbesondere hebt der Autor das Prinzip der gesellschaftlichen Offenheit öffentlicher Informationssysteme (die technische und rechtliche Ermöglichung der Datenübertragung zwischen öffentlichen und privaten Informationssystemen) und seine rechtlichen Auswirkungen hervor.

H. Fiedler setzt sich in seinem Vortrag „Forschungsaufgaben der juristischen Informatik" mit Begriff und Gegenstand der Rechtsinformatik auseinander. Er betont als Merkmal dieser Disziplin ihre Strukturbezogenheit und umschreibt sie als (strukturell orientierte) Theorie der Datenverarbeitung in Recht und Verwaltung. Im einzelnen unterscheidet der Autor eine spezielle Rechtsinformatik (Grundaufgaben und Methodik der Automation in Recht und Verwaltung; Ansätze zu einer Theorie), eine allgemeine Rechtsinformatik (allgemeine Strukturtheorie der juristischen Organisation, Information und Entscheidung, Strukturtheorie der sprachlichen Darstellung und Kommunikation im rechtlichen Bereich) und die Theorie des DV-Rechts und eines allgemeinen Informationsrechts.

Einführende Referate (*A. Kaufmann*: Elektronische Datenverarbeitung im Recht – Chancen und Gefahren; *F. L. Bauer*: Die Lage der Informatik in der Bundesrepublik Deutschland; *H. C. Müller-Lutz*: Was der Jurist von der elektronischen Datenverarbeitung wissen sollte; *M. Paul*: Programmiersprachen – Eine einführende Übersicht) und Referate über Beziehungen zu Nachbardisziplinen (*K. J. Hopt*: Rechtssoziologische und rechtsinformatische Aspekte im Wirtschaftsrecht; *M. v. Berg*: Die Rolle der Verwaltungswissenschaft für die Automation in der öffentlichen Verwaltung; *E. Heinz*: Kommunikationswissenschaftliche Modelle zur Lösung juristischer Informationsprobleme) runden den vorliegenden Band ebenso ab wie Vorträge über den praktischen Einsatz der EDV (*J. Scheubel/A. Schödlbauer*: Stand und Organisation der Datenverarbeitung in der öffentlichen Verwaltung Bayerns; *A. Langseder*: Dezentrale elektronische Datenverarbeitung in Mehrzweckrechenzentren).

Zu einem Zeitpunkt, da die Rechtsinformatik noch um die Angemessenheit ihres Begriffsapparats und ihrer Methoden ringt, ist die Forderung nach einer geschlossenen Theorie dieser Disziplin verfrüht. Gerade die vielfach unterschiedlichen Ansätze der Referate des vorliegenden Buchs beleuchten die Heterogenität des Gegenstands in ausgezeichneter Weise. Außerdem enthalten sie die Darstellung eines Großteils der Probleme, welche dem Bereich der Rechtsinformatik üblicherweise zugerechnet werden. Für jeden, der sich mit dem Problemkreis der Rechtsinformatik auseinandersetzen will, ist der vorliegende Band daher Pflichtlektüre.

Leo Reisinger

Kybernetik — Datenverarbeitung — Recht

Veröffentlichungen der Forschungsstelle für juristische Dokumentation, Band 3. Materialien zur Rechtsinformatik, herausgegeben von *Spiros Simitis, Helga Voss-Eckermann* und *Ulrich Dammann.* Folge 2 Dokumentationssystem CELEX, DOCILIS, IRETIJ, Bibliographie. Alfred Metzner Verlag, Frankfurt/M. 1972. 174 Seiten. DM 32,–

Auf die Besprechung der ersten Folge in DVR Bd. 1 S. 109 wird verwiesen. Die jetzt vorliegende zweite Folge zeichnet sich durch instruktive und mit vielen Einzelangaben versehene Berichte und durch die Fortsetzung der Literaturauswertung aus.

Hélène Bauer-Bernet und *Jochen Streil* stellen das „Dokumentationssystem für das Recht der Europäischen Gemeinschaften (Brüssel)" vor, *Jean-Marie Breton* und *Dieter Rave* beschäftigen sich mit dem „System DOCILIS und CEDIJ", *Albrecht Berger* berichtet über das „Dokumentationssystem von IRETIJ" an der Universität Montpellier. Die Berichte geben zugleich eine Bewertung der vorgestellten Systeme. Durch englische und französische Kurzfassungen am Ende des Buches werden die Ausführungen besser auswertbar.

Besonderes Verdienst gebührt dem Abstract-Dienst in den Materialien, der von *Ulrich Dammann* und *Jochen Streil* bearbeitet wurde. In dieser Ausgabe ist die Literatur aus dem Zeitraum vom 1. 4. bis 31. 12. 1971 behandelt, jedoch sind auch zahlreiche Veröffentlichungen aus der Zeit vom 1. 1. 1969 bis 31. 12. 1971 eingearbeitet, die den Autoren erst nach Abschluß der ersten Folge bekannt wurden. Sigmar Uhlig

Alfred Wittmann/Joël Klos, Fachwörterbuch der Datenverarbeitung

mit Anwendungsgebieten in Industrie, Verwaltung und Wirtschaft. 2. Auflage. R. Oldenbourg Verlag, München und Wien. 1973. 335 Seiten. Steif. Kunstst. DM 78,–

Das Fachwörterbuch liegt nunmehr in zweiter Auflage vor. Der neue Titel – früher Fachwörterbuch der Nachrichtenverarbeitung – folgt der gründlichen Überarbeitung und Erweiterung der ersten Auflage. Der Aufbau des Wörterbuches ist nicht für alle Arbeiten gleich günstig. Die ca. 4500 Leitbegriffe sind in englischer Sprache alphabetisch geordnet. Zu jedem englischen Begriff ist die deutsche und französische Übersetzung angegeben. Wer also – deutschsprachig oder französischsprachig – englische Texte lesen und in Zweifelsfällen nachschauen will, der kann damit gut arbeiten. Wer einen französischen Text mit diesem Wörterbuch erschließen will, der wird mehrfach nachschlagen müssen. Die deutschen und die französischen Wörter sind jeweils alphabetisch sortiert abgedruckt. Hinter jedem Wort ist ein Buchstabe und eine Zahl angegeben, mit deren Hilfe das zugehörige englische Wort in der alphabetischen Auflistung gefunden werden kann. Dort ist dann erst die eigentliche Übersetzung möglich.

Da es sich um ein Wörterbuch der Datenverarbeitung handelt, sollte der Verlag einmal überlegen, ob er nicht die neuen Möglichkeiten der Datenverarbeitung nutzen und durch einen Satzrechner den vollständigen Satz für die jeweilige Sortierung in englisch, in französisch und in deutsch erstellen lassen kann. Dies würde den Wert und die praktische Gebrauchsmöglichkeit des – auch so – sehr nützlichen Werkes erheblich verbessern.

Die vorgenommenen Stichproben führten immer zum Erfolg. Dies scheint mir ein Zeichen dafür zu sein, daß tatsächlich alle wesentlichen Begriffe eingearbeitet werden konnten.

Sigmar Uhlig

FSC
www.fsc.org
MIX
Papier | Fördert gute Waldnutzung
FSC® C083411

Kolibri 360 GmbH
Ferdinand-Jühlke-Straße 7
99095 Erfurt, Deutschland
produktsicherheit@kolibri360.de